江西省牛羊产业发展研究

郭锦墉　曹大宇　著

中国农业出版社

北　京

本专著受江西省现代农业产业技术体系"牛羊产业技术体系"（JXARS‐13）、江西省一流专业"农林经济管理"建设项目、江西农业大学江西省乡村振兴战略研究院联合资助，在此表示感谢。

前　　言

　　牛羊产业是畜牧业的重要组成部分。随着经济的发展，人民群众收入水平不断提升，人们对肉类食品的需求也越来越多元化。牛羊产业的发展对于满足人民群众不断增长的肉类多元化的需求、改善人们的膳食结构、提高营养水平具有重要的意义。因此，牛羊产业的健康发展对于我国实现农业高质量发展具有重要的作用。

　　长期以来，我国牛羊产业发展呈现出北方强南方弱的格局。为贯彻落实中央1号文件精神，促进南方草地畜牧业发展，2014年中央财政安排"畜牧发展扶持资金"，支持安徽、江西、湖北、湖南、广东、广西、重庆、四川、贵州和云南等10个省（自治区、直辖市）实施开展南方现代草地畜牧业推进行动。江西省作为发展南方草地畜牧业的重要省份，在牛羊产业发展上也具有巨大的潜力。总结分析江西省牛羊产业发展的现状和问题，对于更好地推进南方草地畜牧业的发展具有重要的借鉴意义。

　　本书较为全面地梳理了江西省牛羊产业发展的状况，为读者了解江西省牛羊产业发展提供尽可能详细的参考资料。全书包括十章，内容涵盖江西省牛羊产业发展的各个方面。第一章概括地梳理了世界、中国和江西牛羊产业发展的现状，把脉现状才能更好地研判未来走势。第二章主要介绍江西省牛羊产业的布局与优化。在对江西省牛羊产业布局的资源条件进行考察的基础上，对江西省牛羊产业的品种布局和空间布局进行了分析，并提出江西省牛羊产业空间布局的优化建议，为牛羊产业集群发展提供理论支撑。第三章对江西省牛羊产业养殖模式及适宜规模进行了分析。在对江西省牛羊养殖的传统模式、养殖模式发展趋势、养殖的适宜规模进行分析的基础上，提出促进江西省牛羊养殖模式转变的对策建议。第四章介绍了江西省牛羊产业的牧草种植与加工状况。在对江西省牧草种植模式现状、牧草种植模式变化及发展趋势、牧草种植模式的适宜规模进行分析的基础上，提出优化江西省牧草种植模式的对策建议；在对江西省牧草加工企业发展现状、牧草加工企业市场绩效分析、牧草加工企业的典型案例分析的基础上，提出促进江西省牧草加工企业发展的政策建议。第五章考察了江西省牛羊养殖业疫病防控与兽（医）药产业相关问题。在对江西省牛羊养殖业常见疫病和疫病防控现状进行梳理的基础上，对江西省牛羊兽（医）药产业发展概况和存在的问题进行了剖析，并在此基础上提出相应的对策。第六章考察了江西省牛羊屠宰加工业的发展状况。在对江西省牛羊屠宰加工企业发展现状及市场绩效分析的基础上，提出促进江西省牛羊屠宰加工企业发展的对策建议。第七章主要研究了江西省牛羊养殖业的生产效率问题。主要对江西省牛羊养殖企业（户）生产效率进行了测算，探究了江西省不同地区牛羊养殖企业（户）生产效率差异分析，并对江西省牛羊养殖企业（户）生产效率影响因素进行了分析，为提高生产效率提供可靠依据。第八章分析了江西省牛羊产品市场消费。通过对江西省牛羊肉产品总体消费概况和牛羊肉产品消费趋势的统计分析，探究江西省牛羊肉产品消费水平和牛羊肉产品消费结构的影响因素，据此，提出了有效引导居民牛羊肉消费的对策建议。第九章展示了江西省牛羊产业发展的典型案例，基于这些案例从政府和市场两个方面总结经验。第十章提出江西省牛羊产业发展的对策建议。通过借鉴国内外牛羊产业发展的经验，通过对江西省牛羊产业发展的内、外部环境进行分析，提出促进江西省牛羊产业发展的政策建议。

　　全书是在江西省牛羊产业技术体系各岗站的共同努力、通力合作下完成的，从选题到文献检索，从研究内容的拟定到本书的框架结构，从研究方法的确定到研究思路的形成，从实地调研、访谈到数据整理，再到书稿的撰写等，无不凝聚了体系全体成员的大量心血。具体的分工如下：经济岗负责第一、二、七、八、九、十章；肉牛岗、肉羊岗负责第二、三章；牧草岗负责第四章；疫病岗负责第五章；加工岗负责第六章；经济岗负责全书统稿工作。

　　感谢江西省牛羊产业技术体系首席教授欧阳克蕙教授，从选题到定稿，欧阳教授都给予了大量的指导和帮助；感谢参与书稿撰写的肉牛岗、肉羊岗、牧草岗、疫病岗、加工岗岗位专家和岗位成员，以及帮助、配合调研工作的赣北实验站、赣中南实验站、赣西实验站、赣东实验站站长和站成员；还要感谢孙焕洲、刘琳、范寅、杨帆、代雪艳、陈凌利、范晓雪、黄文斌、潘倩倩、刘长霖、赖萍、石龙飞、李深权等，他们直接参与了本书的资料整理和文字撰写工作，感谢他们！

　　本书的出版得到了江西省牛羊产业技术体系、中国农业出版社、江西农业大学经济管理学院的大力支持。衷心感谢各位领导、各位专家学者、同学们对本书出版的关心、帮助、指导；感谢中国农业出版社的图书编辑和排版、校对人员的辛苦付出！

　　本书在撰写过程中，参阅和借鉴了大量中外文的文献资料，均已在参考文献、脚注和尾注中一一列出，如有遗漏，敬请作者谅解并表示最诚挚的歉意。

　　由于作者学术水平和学识有限，本书难免存在一些缺陷和不足，敬请读者批评指正。

目　　录

第一章 江西省牛羊产业的现状

一、世界及中国牛羊产业概述

自古以来，牛、羊作为"六畜"的重要成员，在人们的食物体系中占据着重要的位置。现在牛羊产业同样是畜牧业经济的重要组成部分。随着我国人民生活水平的不断提升，对牛羊肉的需求将不断上升，牛羊肉消费占肉类消费的比重也将不断上升，推动牛羊产业不断发展。从宏观上把握世界和我国牛羊产业发展的总体状况，对于我们更好地认识牛羊产业发展的规律、因地制宜制定有关牛羊产业发展的政策都具有重要的意义。

（一）世界牛羊产业发展概况

1. 世界牛羊产业现状

根据联合国粮食和农业组织（FAO）的统计（以下简称联合国粮农组织）[①]，2021 年全世界牛的存栏量为 173 323.5 万头，羊的存栏量（包括山羊和绵羊）为 239 613.5 万只；牛出栏量为 36 055.4 万头，羊出栏量为 111 812.8 万只；牛肉产量为 7 676.8 万吨，羊肉产量为 1 635.8 万吨。2021 年世界肉类总产量为 35 739.2 万吨，牛羊肉总产量为 9 312.6 万吨，占世界肉类总产量的 26.06%。从牛羊产业产值来看，2020 年[②]世界畜牧业产值 12 772.67 亿美元，牛肉产值为 1 003.69 亿美元，羊肉产值为 471.25 亿美元，牛奶产值为 3 414.15 亿美元，牛羊产品产值合计 4 889 亿美元，占畜牧业产值比重达 38%。由此可见，从世界范围来看，牛羊产业在畜牧业中具有非常重要的地位。

---

① 数据来源：联合国粮农组织数据库 FAOSTAT，网址：https://www.fao.org/statistics/databases/en/.

② FAO 有关产值的最新统计数据截至 2020 年。

2. 世界牛羊产业发展趋势

（1）世界牛羊饲养情况

自 2000 年以来，全世界牛羊饲养量一直在稳定增长。2000 年，全球牛存栏量为 148 421.8 万头，到 2021 年增加到 173 323.5 万头，增长率为 16.78%，年均增长率约 0.74%；全球羊存栏量从 2000 年的 182 419.3 万只增长到 2021 年的 239 613.5 万只，增长率为 31.35%，年均增长率约为 1.31%。总体来看，2000 年以来全球牛羊养殖情况较为稳定，但增速较慢（2000—2021 年各年度世界牛羊存栏情况见图 1 - 1）。可以推断，今后全球牛羊饲养数量仍将呈现稳定增长的态势。

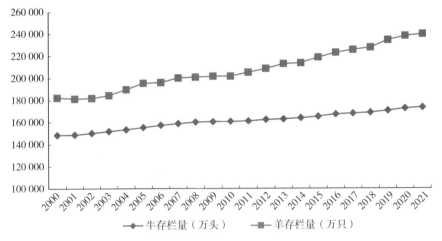

图 1 - 1 世界 2000—2021 年各年度牛羊存栏量

资料来源：联合国粮农组织数据库 FAOSTAT，下同。

自 2000 年以来，世界牛羊出栏量也保持稳定增长。2000 年，全球牛出栏量为 29 882.1 万头，到 2021 年增加到 36 055.4 万头，增长率为 20.66%，年均增长率约为 0.90%；全球羊出栏量从 2000 年的 78 864.7 万只增长到 2021 年的 111 812.8 万只，增长率为 41.78%，年均增长率约为 1.68%。与牛羊养殖相对应，2000 年以来全球牛羊出栏量也保持总体稳定，增速较慢（2000—2021 年各年度世界牛羊出栏情况见图 1 - 2）。

（2）世界牛羊产品生产情况

从牛羊肉及牛奶生产情况来看，2000 年以来全世界牛羊产品生产也

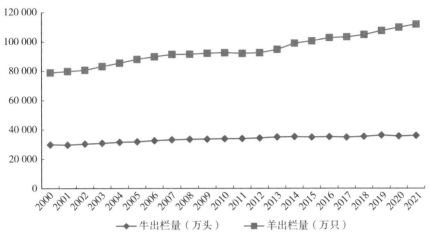

图 1-2 世界 2000—2021 年各年度牛羊出栏量

保持了稳定增长的态势。牛肉产量从 2000 年的 5 960.4 万吨增长到 2021 年的 7 676.8 万吨，增长率为 28.80%，年均增长率为 1.21%；羊肉产量从 2000 年的 1 128.6 万吨增长到 2021 年的 1 635.8 万吨，增长率为 44.93%，年均增长率为 1.78%；牛奶产量从 2000 年的 55 615.1 万吨增长到 2021 年的 88 381.8 万吨，增长率为 58.92%，年均增长率为 2.23%（2000—2021 年各年度世界牛羊肉及牛奶生产情况见图 1-3）。

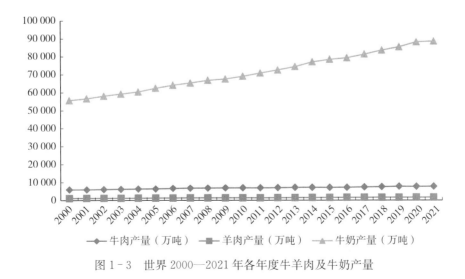

图 1-3 世界 2000—2021 年各年度牛羊肉及牛奶产量

（3）世界牛羊产业产值情况

从牛羊产业产值来看，自 2000 年以来牛羊肉及牛奶产值增长较为迅速。2000 年牛肉产值为 630.34 亿美元，到 2015 年增长到 1 697.65 亿美元，此后逐年下降，到 2020 年降为 1 003.69 亿美元；2000—2020 年间牛肉产值最大增长幅度达到 169.32%；2000 年羊肉产值为 145.15 亿美元，到 2019 年增长到 711.62 亿美元，2020 年又下降为 471.25 亿美元；2000—2020 年间羊肉产值最大增长幅度达到 390.27%；2000 年牛奶产值为 1 386.45 亿美元，到 2014 年增长到 3 701.15 亿美元，此后逐渐波动下降，到 2020 年降为 3 414.15 亿美元；2000—2020 年间牛奶产值最大增长幅度达到 166.95%。总体来看，与牛羊肉及牛奶产量相比，牛羊肉及牛奶产值在 2000—2020 年间增长幅度更大，但是不同年份间的波动幅度较大，这可能反映了牛羊产品价格的波动（2000—2020 年各年度世界牛羊肉及牛奶产值情况见图 1-4）。

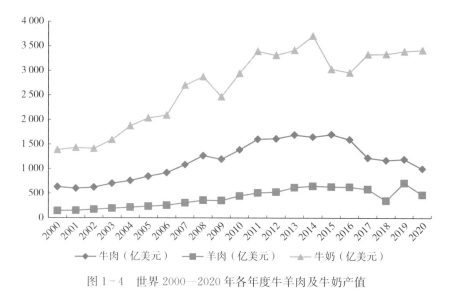

图 1-4 世界 2000—2020 年各年度牛羊肉及牛奶产值

从牛羊产品产值占畜牧业总产值的比重来看，虽然近年来全球牛羊产品产值占畜牧业总产值的比重有所下降，但牛羊产业在畜牧业中仍然占据重要地位。自 2000 年以来，世界牛羊产品产值（包括牛肉产值、羊肉产值、牛奶产值）占畜牧业总产值的比重从 50% 左右逐渐下降，至 2020 年降至38.28%（2000—2020年各年度世界牛羊产品产值占畜牧业总产值的比重见图1-5）。

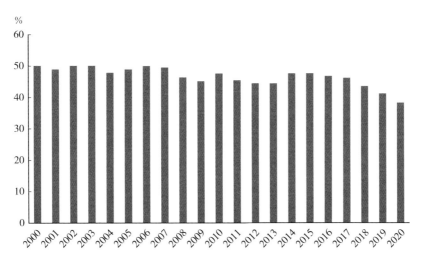

图1-5　世界2000—2020年各年度牛羊产品产值及占畜牧业总产值的比重

（二）中国牛羊产业发展概况及其在世界的地位

1. 中国牛羊产业发展现状

（1）中国牛羊养殖饲养情况

自2000年以来，中国牛羊养殖呈现波动发展的态势。2000年，全国牛存栏量为12 866.3万头，此后几年逐年增加，到2005年达到最高的14 157.5万头，2007年陡降至10 594.8万头，此后十年又进入平稳发展的阶段，存栏量维持在10 000万头以上，然而2017年存栏量又下降至9 038.7万头，到2021年存栏量增加到9 817.2万头，仍未回到10 000万头以上。肉羊的饲养呈现出与肉牛饲养相同的发展态势。2000年，全国羊存栏量为29 031.9万只，此后几年逐年增加，到2005年达到最高的37 265.9万只，2007年陡降至28 564.7万只，此后十几年进入平稳发展的阶段，到2021年存栏量增加到31 969.3万只。总体上，与全球牛羊养殖情况相比，中国牛羊饲养呈现出较强的不稳定性（2000—2021年各年度牛羊存栏情况见图1-6）。

从出栏量来看，自2000年以来，中国牛羊出栏量也呈现出波动发展的态势。2000年，牛出栏量为3 964.8万头，此后逐年增加，至2006年

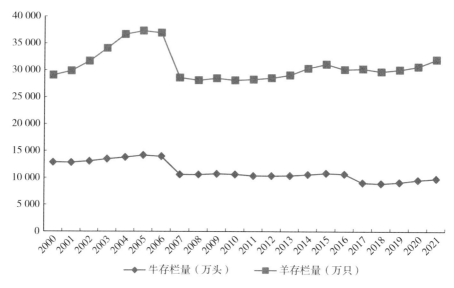

图 1-6　中国 2000—2021 年各年度牛羊存栏量

资料来源：各年度《中国畜牧兽医年鉴》《中国农村统计年鉴》，下同。

达到最高的 5 602.9 万头，增幅达到 41.31%。2007 年陡降至 4 359.5 万头后，出栏量连续十年平稳增长，2016 年达到 5 110.0 万头，此后又有所下降，到 2020 年也仅仅恢复到 4 707.4 万头。2000 年，羊出栏量为 20 472.7 万只，此后几年增长迅速，至 2006 年达到 32 967.6 万只，增幅达到 61.03%。2007 年陡降至 25 570.7 万只后，出栏量连续十几年平稳增长，到 2021 年达到新高 33 045.3 万只，相比 2007 年增幅达到 29.22%。总体来看，牛羊出栏量的波动情况与存栏量波动有相似的态势，不过总体发展情况好于存栏量，2021 年牛、羊的出栏量均比 2000 年有所增长，特别是羊的出栏量增长了 60% 以上（2000—2021 年各年度牛羊出栏情况见图 1-7）。

（2）中国牛羊产品生产情况

从牛羊肉和牛奶产量来看，自 2000 年以来中国牛羊肉的产量保持稳定发展的态势，而牛奶产量增长十分迅猛。2000 年，牛肉产量为 532.8 万吨，到 2006 年达到最高峰 749.9 万吨，2007 年降为 613.4 万吨，此后十年平稳增长，到 2016 年达到 716.8 万吨，2017 年降为

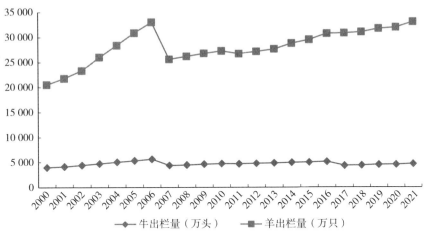

图 1-7 中国 2000—2021 年各年度牛羊出栏量

634.6 万吨后又连续几年保持平稳增长，到 2021 年达到 697.5 万吨。虽然经历了多次波动，但是 2021 年牛肉产量仍然比 2000 年增长了 30.9%。2000 年，羊肉产量为 274.0 万吨，到 2006 年达到 469.7 万吨，2007 年降为 382.6 万吨，此后十几年虽然有所波动，但总体上保持了平稳增长，到 2021 年达到最高的 514.1 万吨，相比 2000 年增长了 87.63%。相比牛肉、羊肉，牛奶的产量增长更为迅速。2000 年，牛奶产量 827.4 万吨，到 2014 年达到最高产量 3 754.7 万吨，此后几年虽然在波动中有所下降，但到 2021 年又恢复到了 3 682.7 万吨的产量，相比 2000 年增长了 345.09%（2000—2021 年各年度牛肉、羊肉、牛奶产量情况见图 1-8），这个增长速度不仅远远高于国内牛肉、羊肉产量的增长速度，也远远高于世界牛奶产量的增长速度。

（3）中国牛羊产业产值情况

根据可获取的统计资料，中国牛羊饲养产值从 2001 年开始有统计数据，奶产品（不仅限于牛奶）产值从 2003 年开始有统计数据。2001 年，牛饲养产值为 434.9 亿元（按当年价格计算，下同），此后基本保持逐年上升的态势，至 2021 年产值达到 5 550.8 亿元，与 2001 年相比增长率达到 1 176.34%。2001 年，羊饲养产值为 399.9 亿元，此后也基本保持逐年上升的态势，至 2021 年产值达到 3 996.5 亿元，与 2001 年相比增长率达

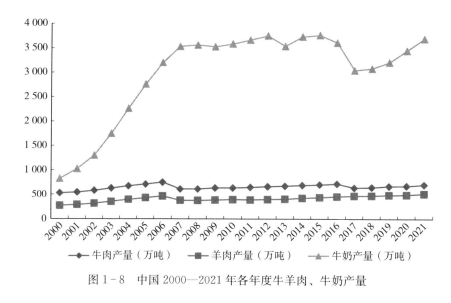

图 1-8　中国 2000—2021 年各年度牛羊肉、牛奶产量

到 899.37%。与牛羊饲养及牛羊肉生产相比，牛羊饲养产值增长幅度远远高于牛羊饲养量及牛羊肉产量的增长幅度，表明牛羊肉价格在 2001—2021 年间有较大的增长幅度。2003 年，奶产品产值为 336.5 亿元，此后逐年增长，至 2021 年产值达到 1 690.1 亿元，与 2003 年相比增长率达到 402.26%。与牛奶产量增长幅度相比，奶产品产值增长幅度基本接近，表明在此阶段奶产品价格保持了相对的稳定。总体来看，牛羊肉及奶产品产值均有大幅度增长且较为稳定，表明中国牛羊产业总体发展势头较为强劲（2001—2021 年各年度牛羊肉及奶产品产值情况见图 1-9）。

从牛羊产品产值占畜牧业总产值的比重来看，自 2003 年以来，中国牛羊产业产值占畜牧业产值的比重在波动中不断上升。2003 年中国牛羊产业产值占畜牧业产值的比重为 19.34%，此后虽然有所波动，但是总体趋势是上升的，到 2021 年增长到 28.16%，超过畜牧业总产值的 1/4。与全球牛羊产业产值占畜牧业总产值的比重相比虽然还偏低，但是中国牛羊产业占畜牧业总产值的比重总体上是上升的趋势，表明中国牛羊产业在畜牧业中的地位在不断上升（图 1-10）。

2. 中国牛羊产业在世界的地位

与水稻、小麦、蔬菜、水果等中国占有绝对优势的种植业产品相比，

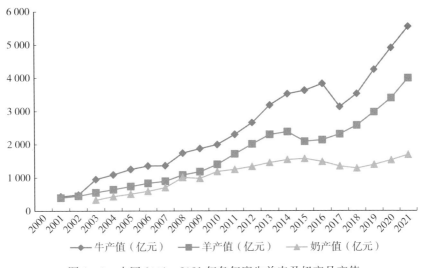

图 1-9　中国 2001—2021 年各年度牛羊肉及奶产品产值

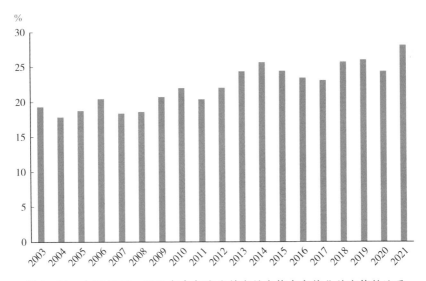

图 1-10　中国 2003—2021 年各年度牛羊产品产值占畜牧业总产值的比重

中国牛羊产业在全球的优势相对较小，但是从产品总量的角度来看，仍然占有一席之地。

（1）中国牛羊饲养占世界牛羊饲养的比重

从存栏量来看，中国牛羊存栏量占世界牛羊存栏量的比重自 2000 年以来在波动中有下降的趋势。2000年，中国牛存栏占世界牛存栏的比重为8.67%，此后几年保持相对稳定，2007年下降为6.68%后又保持十年左右的稳定，2017年降为5.38%后一直未突破6%，2021年该比重为5.66%。2000年，中国羊存栏占世界羊存栏的比重为15.91%，此后几年迅速增长，至2004年达到最高的19.30%，但是2007年下降为14.28%，此后十几年时间基本保持稳定，2020年该比重为13.34%（图1-11）。

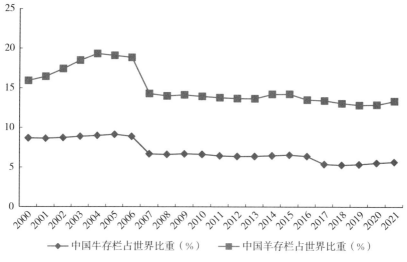

图1-11 2000—2021年中国牛羊存栏量占世界牛羊存栏量的比重

从出栏量来看，2000年以来中国牛羊出栏量占世界牛羊出栏量的比重呈现出先快速上升，后保持稳定的特点。2000年，中国牛出栏量占世界牛出栏量的比重为13.27%，此后逐年增长，至2006年达到最高的17.20%，2007年下降至13.14%后进入较为稳定的发展阶段，至2021年达到13.06%。2000年，中国羊出栏量占世界羊出栏量的比重为25.96%，此后几年迅速增长，至2006年达到最高的36.78%，2007年急速下降至28.02%后进入较为稳定的发展阶段，至2021年达到29.55%。由此可见，与存栏量相比，中国牛羊出栏量占世界牛羊出栏量的比重更高，发展趋势也更好（图1-12）。

无论从存栏量还是从出栏量来看，中国羊产业在世界所占比重均高于牛产业，表明羊产业在世界羊产业中的地位更高。

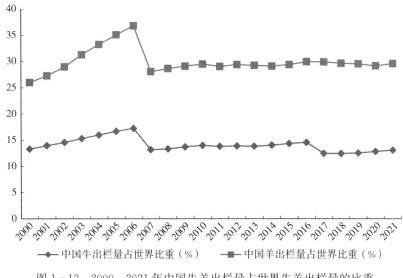

图 1-12 2000—2021年中国牛羊出栏量占世界牛羊出栏量的比重

（2）中国牛羊产品产量占全球牛羊产品产量比重

从中国牛羊产品产量占全球牛羊产品产量比重来看，2000年以来中国牛羊肉和牛奶占世界的比重总体上也是呈上升的趋势。2000年，中国牛肉产量占世界牛肉产量的比重为8.94%，此后二十年时间波动幅度不大，最高也只达到了11.44%，至2021年中国牛肉产量占世界的比重为9.09%，与2000年基本持平。2000年，中国羊肉产量占世界的比重为24.28%，此后几年增长迅速，到2006年达到了36.46%，在2007年下降至28.59%之后，进入稳定发展阶段，至2021年中国羊肉产量占世界羊肉产量的比重为31.43%，比2000年高出7个百分点。2000年，中国牛奶产量占世界牛奶产量的比重为1.49%，此后几年增长较为迅速，2007年达到最高的5.40%之后进入较为平稳的发展阶段，至2021年中国牛奶产量占世界的比重为4.17%，这个比重虽然从绝对数量上看并不高，但是比2000年提高了一倍多，因此相对提升幅度远远超过牛肉和羊肉。总体来看，中国羊肉产量占世界比重高于牛肉产量，牛肉产量比重又高于牛奶产量。不过，从发展趋势来看，牛奶的发展势头较为强劲，今后有可能超过牛肉的比重（图1-13）。

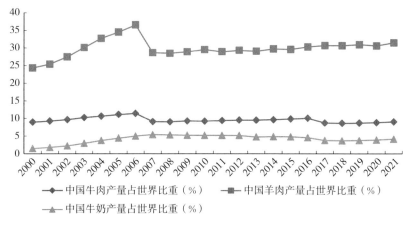

图 1-13　2000—2021 年中国牛羊肉及牛奶产量占世界产量的比重

二、江西省牛羊产业概述

"十二五"以来，江西省牛羊产业整体发展趋势向好，生产规模逐年扩大，肉牛肉羊存出栏和牛羊肉产量稳步提升，牛羊肉占比呈现跨越式增长，发展基础不断增厚。近年来，江西省加快牛羊产业生产布局调整，牛羊生产规模总量逐年扩大的同时，牛羊生产也呈现了逐步向优势产区集中的趋势，涌现出一批牛、羊养殖重点县。

（一）江西省牛羊产业发展概况

1. 江西省牛羊养殖饲养情况

自 2000 年以来，江西省牛羊养殖总体上波动较为明显。从存栏量来看，2000 年江西省牛存栏量为 369.4 万头，此后几年发展较为平稳，但是 2007 年急剧下降至 221.3 万头，之后几年稳步增长，至 2015 年增长至 313.3 万头，2017 年又下降至 241.4 万头，此后又开始增长，至 2021 年发展至 269.7 万头。总体来看，牛存栏量在波动中下降，虽然近几年开始稳步上升，但是仍然没有恢复到 2000 年的水平。与牛存栏量的变化类似，羊存栏量也经历了较大幅度的波动。2000 年江西省羊存栏量为 81.1 万只，此后几年发展较为平稳，2003 年首次突破 100 万只，不过 2007 年又急剧下降至 55.6 万只，此后进入稳步增长的阶段，2018 年再次突破 100 万只，至 2021 年发展至 132.3 万只，比

2000 年存栏量增长了 63.13％。与牛存栏量相比，羊存栏量的发展势头更好，虽然经历了起伏波动，但 2007 年之后总体上是上升的趋势，2021 年存栏量达到了新高（江西省 2000—2021 年各年度牛羊存栏量见图 1-14）。

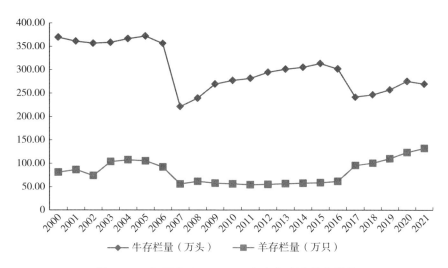

图 1-14 江西省 2000—2021 年各年度牛羊存栏量

资料来源：各年度《中国畜牧兽医年鉴》《中国农村统计年鉴》，下同。

从出栏量来看，2000 年以来江西省牛羊出栏量同样经历了较大幅度的波动，但总体趋势均呈现增长的势头。2000 年，牛出栏量为 57.5 万头，此后几年迅速增长，至 2006 年增长到 108.7 万头，2007 年下降至 72.1 万头后，2008 年迅速反弹到 120 万头，此后几年稳步增长，2016 年达到最高的 143.3 万头，虽然 2017 年下降至 115.9 万头，但此后几年迅速恢复，2021 年达到新高 146.5 万头，比 2000 年增长了 154.78％。2000 年，羊出栏量为 61.6 万只，此后几年迅速增长，至 2006 年增长到 114.1 万只，2007 年下降至 71.9 万只后进入平稳发展阶段，2016 年以后开始迅速增长，2021 年达到最高的 171.6 万只，比 2000 年增长了 178.57％（江西省 2000—2021 年各年度牛羊出栏量见图 1-15）。总体来看，与存栏量相比，江西省牛羊的出栏量显示了更强劲的发展势头，2021 年牛与羊的出栏量均比 2000 年增长了一倍有余。

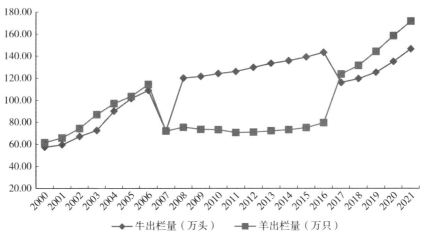

图 1-15　江西省 2000—2021 年各年度牛羊出栏量

2. 江西省牛羊产品生产情况

江西省牛羊肉和牛奶产量在 2000 年以后虽然呈现出不同的波动形态，但都有相当幅度的增长。2000 年牛肉产量 5.2 万吨，此后几年迅速增长，至 2006 年达到 10.8 万吨，2007 年下降至 7.3 万吨，2008 年迅速反弹至 10.6 万吨，此后虽有波动，但总体进入迅速增长阶段，到 2021 年牛肉产量达到最高的 16.7 万吨，比 2000 年增长了 221.15%。2000 年羊肉产量 0.90 万吨，之后十余年中虽然有些年份有波动，但总体上是平稳增长的态势，2016 年之后进入迅速增长的阶段，至 2021 年产量达到 2.9 万吨，比 2000 年增长了 222.22%。相比牛羊肉，牛奶产量的波动更为明显。2000 年，牛奶产量 5.6 万吨，此后几年迅速增长，至 2006 年达到最高的 13.9 万吨，2007 年下降至 11.2 万吨后进入平稳发展阶段，2016 年产量恢复到 13.5 万吨，但是此后几年波动中下降，到 2019 年降至 7.3 万吨，虽然 2020 年恢复到 8.3 万吨，但比最高产量还低 5 万多吨。不过，2021 年的牛奶产量仍比 2000 年高 48.21%（江西省 2000—2021 年各年度牛羊肉及牛奶产量见图 1-16）。

3. 江西省牛羊产业产值情况

2001 年，江西省牛产业产值为 13.3 亿元（按当年价格计算，下同），此后基本保持逐年上升的态势，至 2014 年突破 50 亿元，2015 年之后几年虽有下降，但恢复较快，2021 年产值达到 58.6 亿元，与 2001 年相比增长

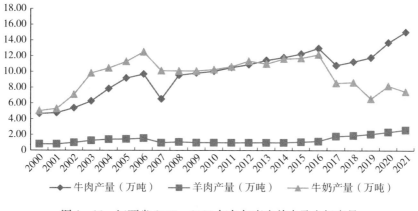

图 1-16　江西省 2000—2021 年各年度牛羊肉及牛奶产量

率达到 340.60%。2001 年，江西省羊产业产值为 1.2 亿元，此后基本保持了逐年上升的态势，至 2021 年产值达到 16.8 亿元，与 2001 年相比增长率达到 1 300.00%。2003 年，江西省奶产品产值为 2.0 亿元，此后十余年波动增长，至 2016 年达到最高的 9.0 亿元，此后有所下降，2021 年产值为 5.7 亿元，与 2003 年相比增长率达到 183.58%。总体来看，江西省牛羊肉及奶产品产值均有大幅度增长，牛羊产业发展势头较为强劲，但是增长幅度低于全国的增长幅度（2001—2021 年各年度江西省牛羊肉及奶产品产值情况见图 1-17）。

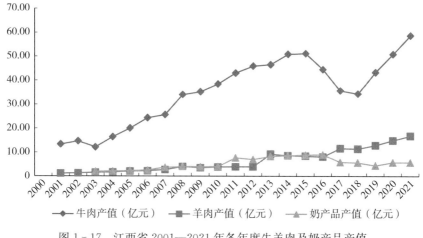

图 1-17　江西省 2001—2021 年各年度牛羊肉及奶产品产值

（二）江西省牛羊产业在全国的地位

1. 江西省牛羊饲养量及牛羊产品产量占全国的比重

（1）江西省牛羊饲养量占全国的比重

从存栏量来看，自2000年以来江西省牛羊存栏量占全国的比重没有明显变化。2000年，江西省牛存栏量占全国的比重为2.87%，此后几年不断下降，至2007年降至最低的2.09%，然后开始不断回升，到2021年达到2.74%。2000年，江西省羊存栏量占全国的比重为0.28%，此后波动徘徊，没有明显的变化趋势，2015年降至最低的0.19%，此后几年增长较为迅速，至2021年达到0.41%。总体来看，江西省牛羊存栏在全国所占比重均很低，特别是羊存栏占全国的比重一直没有突破1.00%，可以说是微乎其微了（图1-18）。

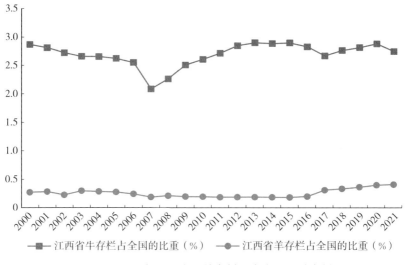

图1-18　2000—2021年江西省牛羊存栏量占全国牛羊存栏量的比重

从出栏量来看，2000年以来江西省的牛和羊出栏量占全国比重呈现了不同的特点。2000年，江西省牛出栏量占全国比重为1.45%，此后在波动中上升，到2021年达到3.11%，与2000年相比翻了一番，变化明显。2000年，江西省羊出栏量占全国的比重为0.30%，此后十余年变化不大，直到2017年才突破0.40%，2021年达到0.52%。总体来看，跟存栏量类似，江西省牛羊出栏量在全国所占比重也很低（图1-19）。

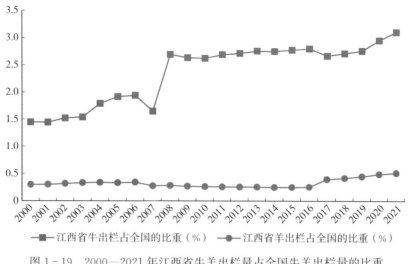

图 1-19 2000—2021 年江西省牛羊出栏量占全国牛羊出栏量的比重

（2）江西省牛羊产品产量占全国的比重

江西省不同类型的牛羊产品产量占全国的比重也呈现不同的发展特点。2000 年，江西省牛肉产量占全国的比重为 0.98%，此后几年不断上升，经历了 2007 年的下滑之后又恢复增长，中间虽有波动但总体趋势是上升的，到 2021 年达到最高的 2.39%，与 2000 年相比增长了一倍有余。2000 年，江西省羊肉产量占全国的比重为 0.33%，此后十余年变化不明显，2017 年才突破 0.40%，2021 年达到 0.56%。与 2000 年相比，虽然增长率不小但是绝对增长幅度不大。2000 年，江西省牛奶产量占全国的比重为 0.68%，此后一直呈波动下降的趋势，到 2019 年达到最低的 0.23%，到 2021 年也还维持在 0.23%，相比 2000 年减少了一半还多。总体来看，江西省牛羊肉和牛奶产量占全国比重均很低，特别是羊肉和牛奶占全国比重均不足 1.00%，且牛奶占全国的比重呈不断下降的趋势，奶业发展任务艰巨（图 1-20）。

2. 江西省牛羊饲养量及牛羊产品产量在全国的排位

（1）江西省牛羊饲养量在全国的排位

与牛羊饲养量占全国的比重相对应，江西省牛羊饲养量在全国的排位也是比较靠后的。本部分仅展示 2021 年江西省牛羊存栏量和出栏量在全

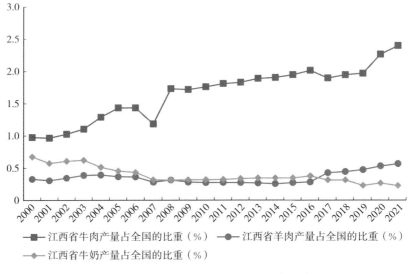

图 1-20 2000—2021 年江西省牛羊肉及牛奶产量占全国的比重

国的排位，牛存栏量、牛出栏量、羊存栏量、羊出栏量排位分别是：17、15、25、24 位（表 1-1）。

表 1-1 2021 年全国各地区牛羊存栏量和出栏量

年份	地区	牛存栏量（万头）	牛出栏量（万头）	羊存栏量（万只）	羊出栏量（万只）
2021	北京	8.30	2.40	18.00	11.40
2021	天津	29.20	14.90	50.00	40.90
2021	河北	370.40	339.90	1 316.00	2 440.10
2021	山西	137.50	56.60	1 068.10	705.00
2021	内蒙古	732.50	410.30	6 138.20	6 705.40
2021	辽宁	290.90	198.70	811.10	604.10
2021	吉林	338.30	242.40	650.40	633.80
2021	黑龙江	515.00	299.70	839.20	880.30
2021	上海	5.40	0.90	13.80	15.70
2021	江苏	27.20	14.40	376.10	583.80
2021	浙江	16.70	10.20	151.10	140.10
2021	安徽	99.40	70.60	612.80	1 536.20

（续）

年份	地区	牛存栏量（万头）	牛出栏量（万头）	羊存栏量（万只）	羊出栏量（万只）
2021	福建	31.50	22.90	105.20	159.70
2021	江西	269.70 (17/31)	146.50 (15/31)	132.30 (25/31)	171.60 (24/31)
2021	山东	279.80	280.00	1 466.40	2 373.40
2021	河南	400.30	235.90	2 012.30	2 359.00
2021	湖北	239.70	105.00	536.80	580.70
2021	湖南	435.10	180.70	775.10	1 064.10
2021	广东	113.00	34.50	88.60	110.10
2021	广西	355.70	134.40	259.00	245.80
2021	海南	48.10	22.40	62.80	79.60
2021	重庆	107.40	57.20	329.70	454.70
2021	四川	830.50	293.10	1 511.70	1 766.20
2021	贵州	479.30	180.10	386.60	280.00
2021	云南	871.00	345.20	1 362.40	1 194.80
2021	西藏	657.10	139.00	942.30	298.30
2021	陕西	149.30	60.70	881.10	639.30
2021	甘肃	512.80	246.90	2 439.50	2 105.40
2021	青海	642.40	200.30	1 386.00	672.70
2021	宁夏	207.80	72.30	677.10	645.50
2021	新疆	616.30	289.20	4 569.60	3 547.60

资料来源：各年度《中国畜牧兽医年鉴》《中国农村统计年鉴》。

（2）江西省牛羊产品产量在全国的排位

江西省牛羊产品产量在全国的排位也是比较靠后的，2021 年江西省牛肉产量、羊肉产量、牛奶产量在全国的排位分别是：16、24、27 位（表 1-2）。

表 1-2 2021 年全国各地区牛羊肉产量及牛奶产量

年份	地区	牛肉产量（万吨）	羊肉产量（万吨）	牛奶产量（万吨）
2021	北京	0.40	0.20	25.80
2021	天津	2.80	1.00	51.80

（续）

年份	地区	牛肉产量（万吨）	羊肉产量（万吨）	牛奶产量（万吨）
2021	河北	55.80	33.90	498.40
2021	山西	9.00	10.40	135.10
2021	内蒙古	68.70	113.70	673.20
2021	辽宁	31.50	6.90	138.90
2021	吉林	40.80	7.60	32.70
2021	黑龙江	50.70	15.00	500.30
2021	上海	0.20	0.30	29.40
2021	江苏	2.80	6.60	64.90
2021	浙江	1.70	2.40	18.60
2021	安徽	11.20	21.90	47.60
2021	福建	2.60	2.30	19.40
2021	江西	16.70 （16/31）	2.90 （24/31）	8.30 （27/31）
2021	山东	61.30	33.00	288.30
2021	河南	35.50	28.90	212.10
2021	湖北	15.80	9.70	9.60
2021	湖南	21.30	17.50	5.70
2021	广东	4.40	2.00	17.20
2021	广西	14.00	4.00	13.10
2021	海南	2.10	1.10	0.10
2021	重庆	7.60	6.90	3.10
2021	四川	36.90	27.10	68.30
2021	贵州	23.60	4.90	4.90
2021	云南	42.00	21.10	68.40
2021	西藏	20.50	5.10	48.80
2021	陕西	9.00	10.20	104.60
2021	甘肃	27.00	33.50	66.60
2021	青海	21.20	12.30	35.40
2021	宁夏	11.80	11.50	280.50
2021	新疆	48.50	60.40	211.50

资料来源：各年度《中国畜牧兽医年鉴》《中国农村统计年鉴》。

（三）牛羊产业在江西省农业发展中的地位

1. 江西省牛羊肉产量占肉类产量的比重

从牛羊肉产量占肉类产量比重的角度来看，自 2000 年以来江西省牛羊肉产量所占比重实现了较大幅度的增长。2000 年江西省牛羊肉占肉类产量的比重为 3.31%，经过 20 年的发展，中间虽有一定的起伏，但是总体呈上升的趋势，至 2021 年江西省牛羊肉占肉类产量的比重达到 5.68%，相比 2000 年几乎翻了一番。但是，与猪肉和禽肉产量相比，牛羊肉产量仍然远远不足（图 1-21）。

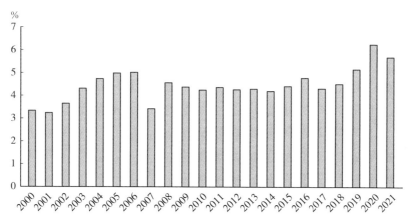

图 1-21　2000—2021 年江西省牛羊肉产量占肉类总产量的比重

2. 江西省牛羊产业产值占畜牧业产值的比重

从牛羊产业产值占畜牧业产值比重的角度来看，2003 年以来江西省牛羊产业产值占畜牧业产值比重呈现波动发展的态势。2003 年江西省牛羊产业产值占畜牧业产值比重为 6.18%，2015 年之前总体上呈现波动上升的趋势，2015 年达到 9.50%，此后开始呈现波动下降的态势，2020 年降低至 6.34%，与 2003 年几乎持平，2021 年上升为 7.71%。跟生猪和家禽产业产值相比，江西省牛羊产业产值也远远不及，牛羊产业的地位还不够高（图 1-22）。

（四）江西省牛羊产业发展的趋势

目前江西省的牛羊产业还比较薄弱，无论在全国的排位还是在本省畜牧业中所占的比重均较低。不过，从近几年的牛羊饲养量和牛羊产品生产

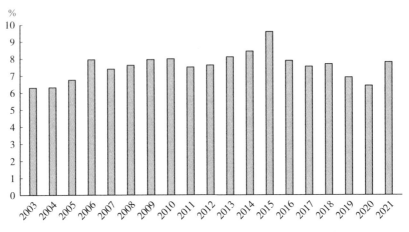

图 1-22　2003—2021 年江西省牛羊产业产值占畜牧业产值的比重

情况来看，江西省牛羊产业有加速发展的趋势。从江西省的资源和气候条件来看，江西省牛羊产业也具有巨大的发展空间。从政策层面来看，江西省 2020 年发布的《关于推进牛羊产业高质量发展的实施意见》，提出了将江西省建设成东部和东南沿海地区重要的牛羊养殖、加工、供应基地，把草地畜牧业培育成现代农业新的增长极的发展目标。总之，江西省牛羊产业发展已经具备了一定的基础，目前面临前所未有的发展机遇，将来江西省牛羊产业的发展将大有可为。

第二章　江西省牛羊产业布局与优化

一、江西省牛羊产业布局的资源条件

（一）江西省肉（奶）牛产业布局的资源条件

随着生活水平的提高，人们对牛羊肉这类高蛋白、低脂肪的优质肉类需求量激增，这也促使我国牛羊产业得到了蓬勃的发展。早期我国的牛羊产业主要分布在西部和北部，近几十年来北方生态环境问题日趋严峻以及牛肉等优质肉类的需求大量增加，使得肉牛产业从北方往南方蔓延、转移。国家提出了"基础在牧区、重点在农区、潜力在南方"的牛羊产业发展思路，从 2014 年开始在安徽、江西、湖北、湖南、广东、广西、重庆、四川、贵州和云南等 10 个省（自治区、直辖市）实施"南方现代草地畜牧业推进行动计划"。近年来，江西省先后实施了南方现代草地畜牧业发展、基础母牛扩群增量、奶牛肉牛良种补贴、畜禽标准化养殖、畜禽种质资源保护、牧草种子繁育基地建设等项目 34 个，肉牛产业、饲草产业、加工、冷链、研发等都得到了长足的发展。在江西省肉（奶）牛产业布局中，重点发展赣中、赣中南肉牛优势产区，兼顾发展赣北、赣南肉（奶）牛生产基地。江西省肉（奶）牛产业的发展布局与江西省现有的资源条件相适应，体现了对资源的合理利用。

1. 自然资源条件

江西省位于我国东南部、长江中下游交接处南岸，是我国江南丘陵的重要组成部分。江西省地形上的特点是东、西、南三面环山，中间丘陵起伏。全省地处亚热带暖湿季风气候区，冬夏季风交替显著，四季分明，春秋季短，夏冬季长，气温适中，日照充足，雨量丰沛，无霜期长，冰冻期短[①]。

---

① 江西省人民政府网．http：//www.jiangxi.gov.cn/col/col472.

年平均气温 18℃，无霜期长达 240～307 天，降水季节分配不均，全年降水 50% 以上集中在 4—7 月。江西省物产丰富，草业发达，丘陵梯田较多，是我国的鱼米之乡，农耕文明发祥地之一，对待耕牛自古就有"驯之以役、饲之以肉"的传统[①]。

据统计江西省天然牧草地 0.02 万公顷（0.30 万亩[*]），人工牧草地 29.77 公顷（0.04 万亩），其他草地 8.85 万公顷（132.75 万亩），其中赣州市、吉安市、上饶市等 3 个设区市草地面积较大，占全省草地的 50.89%。湿地、水域及水利设施用地 131.83 万公顷（1 977.45 万亩)[②]。全省湿地、水域及水利设施用地主要分布在九江市、上饶市、南昌市，占全省湿地、水域及水利设施用地的 56.19%。这些自然资源条件为江西省肉牛、奶牛、水牛的生长和产业发展提供了得天独厚的自然资源。

2. 政策资源条件

为加快畜牧业高质量发展，推进畜牧业在农业中率先实现现代化，根据《"十四五"全国畜牧兽医行业发展规划》《江西省"十四五"农业农村现代化规划》等文件的精神，江西省政府 2020 年出台了《关于推进牛羊产业高质量发展的实施意见》，为加快肉牛产业高质量发展提供了政策保障。2021 年，全省牛出栏 146.5 万头，牛肉产量 16.7 万吨，比 2000 年分别增长了 154.78% 和 221.15%。全省年出栏肉牛 50 头以上的养殖场 2 046 个，肉牛规模养殖比重达到 19.6%，比 2018 年提高了 1.2 个百分点。

为了贯彻落实江西省政府"牛羊十条"高质量发展意见，全省大力实施肉牛产业建设、赣中南肉牛产业集群等项目，开展肉牛增量提质行动项目。重点发展赣中、赣中南肉牛优势产区，兼顾发展赣北、赣南肉牛生产基地。主要包括高安市、丰城市、樟树市、上高县、万载县、渝水区、泰和县、安福县、吉安县、吉州区、吉水县、永丰县、永新县、莲花县、信丰县、会昌县、瑞金市、于都县、乐安县等县（市、区）。其中高安市、丰城市、泰和县等 3 个县（市）作为肉牛大县项目实施县，每个县按 500 万元标准予以资金支持。

＊　1 亩＝1/15 公顷。

①　谢成侠. 中国养牛羊史：附养鹿简史［M］. 北京：中国农业出版社，1985.

②　江西省自然资源厅. http：//bnr.jiangxi.gov.cn.

3. 技术资源条件

（1）江西省牛羊产业技术体系提供技术指导和产业服务

江西省牛羊产业体系自 2018 年成立以来，设立了肉牛岗、肉羊岗、牧草岗、经济岗、疫病岗、加工岗等相关岗位，赣北站、赣中南站、赣西站、赣东站等试验站，在江西农业大学、江西省农科院、江西生物科技职业学院、各地畜牧局专家的带领下，常年服务于基层一线，送技术、开培训班、帮助企业建立标准化养殖场、做好育种、疫病防治，协助全国第三次畜禽遗传资源普查，为行业和企业服务。

（2）建立健全地方牛保种与良种繁育工作

根据江西省的地方品种资源分布和养殖企业的需求，在 6 大地方品种的原产地开展以纯种繁育为基础的保种育种工作，对育肥场开展杂交改良，加快良种扩繁，加大良种推广力度；依托各地保种场和省种公牛站、肉牛良种繁育场和人工授精站，逐步建成现代肉牛繁育体系。加强基础母牛供应能力建设，形成性能优良的基础母牛群，提高育肥用犊牛质量。

（3）完善肉牛标准化饲养技术体系

根据江西省的环境、气候特点，逐步建立适应江西省各地特点的集营养、饲料、牛舍设计、模式化饲养管理于一体的肉牛标准化技术生产体系和技术规程。大力推行规模化集中育肥的生产模式，积极发展全日粮饲喂技术（TMR 技术）、青贮料（秸秆再利用）饲养模式。支持江西省肉牛养殖大县发展肉牛标准化规模养殖。

（4）建立优质安全饲草料供应体系

江西省肉牛产业借助"南方现代草地畜牧业推进行动"的春风，利用江西省荒山、荒地大量种植皇竹草、象草、黑麦草等优质高产牧草，并通过现代青贮发酵技术储存、加工优质的牧草，开发肉牛专用安全饲料添加剂和精料补充料，改变传统饲料结构。

（5）完善肉牛产业链体系

通过政策引导和扶持等方式，培育具有市场开拓能力、能为农民提供服务、产品有竞争力的龙头企业。提高加工企业的技术改造和技术创新能力，在推行分割技术的基础上，开发具有特色的牛肉制品，加强加工副产品开发力度，进一步延伸产业链条，提高加工附加值。进一步完善牛肉加工和流通体系，规范牛肉及活牛市场及冷链加工、运输技术、病死畜无害化处理、粪污资源化利用等技术。

（二）江西省肉羊产业布局的资源条件

1. 自然资源条件

江西省农作物秸秆及副产品资源丰富，年产各类非常规饲料 390 万吨（籽实类 190 万吨，糠麸类 200 万吨），青粗饲料 1 950 万吨（其中青绿多汁类占 2/3，秸秆干藤类占 1/3）。江西省属亚热带低山丘陵地区，草地占全省总面积的 26.6%，为 444.2 万公顷，其中宜牧草地 384.8 万公顷。天然牧草品种丰富多样，常见的就有 500 多种，常被家畜家禽采食的有 130 余种。经过多年的引种栽培试验，已筛选出了适宜江西省生长的许多优良牧草，如象草、黑麦草等。这些资源条件为肉羊发展提供了坚实的物质基础。

江西省目前肉羊养殖主要饲喂以各种秸秆、花生藤为主的粗饲料，精饲料饲喂量偏低。江西省草地资源丰富，全省草山草坡草洲面积达 6 663 万亩，可利用面积 4 440 万亩，其中鄱阳湖草洲 150 万亩，而且集中连片，可季节性打草或加工成草产品进行合理开发利用。

近年来，江西省在于都县、高安市、铜鼓县、泰和县、吉州区等地开展了天然草地改良与开发利用行动，并在全省推广农田种草，发展配套养畜，全省每年人工种植牧草 200 万亩左右。同时，鄱阳湖草洲开发取得了可喜进展，年季节性打草超过 10 万吨，一批草产品加工企业也相继成立，如鄱阳湖草业、陈氏牧业等企业，年生产青干草均在 4 000 吨以上，有力地促进了江西省肉羊产业的发展。

2. 政策资源条件

近年来江西省着力推进畜牧业结构调整，大力发展草地畜牧业。在实施母牛扩群增量、南方现代草地畜牧业等项目基础上，2018 年启动加快推进农业结构调整行动，将草地畜牧业纳入 9 大工程，通过省级财政扶持和省级牛羊产业体系技术指导，加快牛羊品种改良和草畜配套示范，草地畜牧业蓬勃发展，牛羊规模养殖量比重、牛羊肉在肉类总产中的比重明显提高。近 5 年，累计投入中央财政资金 1.36 亿元，先后在 39 个牛羊生产重点县（市、区）的 61 个牛羊规模养殖场实施了南方草地畜牧业发展项目。2021 年，全省羊出栏 171.6 万只，羊肉产量 2.9 万吨，比 2000 年分别增长了 178.57% 和 222.22%。全省年出栏肉羊 100 只以上的养殖场 2 077 个，肉羊规模养殖比重达到 42.3%，比 2018 年提高了 2 个百分点。

3. 技术资源条件

江西省牛羊产业体系的肉羊岗、牧草岗、经济岗、疫病岗、加工岗等相关岗位，赣北站、赣中南站、赣西站、赣东站等试验站，在江西农业大学、江西省农科院、江西生物科技职业学院、各地畜牧局专家的带领下，常年服务于基层一线，送技术、开培训班、帮助企业建立标准化养殖场、做好育种、疫病防治，协助全国第三次畜禽遗传资源普查，为行业和企业服务。

二、江西省牛羊产业的品种布局

（一）江西省肉（奶）牛品种布局状况

农业农村部 2021 年发布的最新版《国家畜禽遗传资源品种名录》中江西省包含了 3 个地方黄牛（锦江牛、吉安牛、广丰牛）和 3 大地方水牛（峡江牛、信丰山地水牛、鄱阳湖水牛）以及引进并本地化的中国西门塔尔牛、夏洛莱牛、海福特牛和摩拉水牛。

1. 锦江牛

锦江牛是江西省 3 大地方牛品种之一，属本地优良役用牛种，主要中心产区分布在高安市及上高县，被列入了《中国畜禽遗传资源志——牛志》品种名录。锦江牛经过长期选育繁殖，具有抗高温、耐高湿、耐力持久、方便役使等优点[①]。经江西省、地有关部门测试，成牛役使性能平均每小时可耕田 0.67 亩，耕作拉力为 70 千克，最大挽力达 181.76 千克，在生理性能上，具有耐粗饲，抗病力强和性成熟早，遗传稳定性强等特性。从耕后到恢复耕前生理指标需要时间平均为 50.45 分钟，属本地优良役用牛种。目前现存群体数量大致为 9 万头，其中能繁母畜为 7.2 万头，种公畜 1.2 万头。除了主产区外，还在南昌市、九江市、新余市、赣州市、上饶市、抚州市有分布。

---

① 国家畜禽遗传资源委员会. 中国畜禽遗传资源志：牛志［M］. 北京：中国农业出版社，2011.

2. 吉安牛

吉安牛为中型耐热耐旱肉役兼用型牛种。其躯干中等，体长指数在110%左右，属我国南方亚热带丘陵地区的一种中等紧凑型黄牛。四肢长度适中，肢长指数在49.2%～49.8%，肢势良好，飞节弯曲度佳。毛色以棕黄和棕黑色居多。公牛头部粗重雄伟，额宽指数为46.6%，肩峰前躯发达，耆甲前部隆起，背宽平直，腹部紧凑。母牛额宽指数为44.7%，额顶部稍突起，并有旋毛，耆甲前稍平，背线稍凹，眼亮有神，耳灵活。在生理性能上，它具有抗高温、耐高湿、耐粗饲、耐力持久、抗病力强和性成熟早，遗传稳定性强、方便役使、肉乳兼用等优点。

吉安牛生长快，肉质鲜嫩味美、营养丰富。据测定耕牛肥育60天后，屠宰率可达52.48%，净肉率增至42.91%，眼肌面积最大可达56.39厘米。此外，其皮质坚韧富有弹性，是皮革制品的上乘原料。

吉安牛经过长期选育繁殖，经江西省、地有关部门测试，成牛役使性能平均每小时可耕田0.67亩，耕作拉力为70千克，最大挽力达181.76千克，从耕后到恢复耕前生理指标需要时间平均为50.45分钟，属本地优良役用牛种。目前现存群体数量大致为13万头，其中能繁母畜为7.2万头，种公畜1.2万头。除了主产区外，还在南昌市、萍乡市、九江市、新余市、赣州市、宜春市、抚州市有分布。

3. 广丰牛

广丰牛中心产区和原产地在江西省广丰县，故名广丰牛。主要分布在产区周围的玉山、上饶、横峰、弋阳等县部分地区。广丰牛体躯发育良好，胸部发达，四肢粗壮。毛色有黄色、黑色、棕黄和棕黑色，其中以棕黄、棕黑色居多。广丰为闽、浙、赣三省交界处，气候温和，年平均气温17.72℃，年降水量1 649.96毫米，无霜期长达267天。境内为低山丘陵，土肥，坡低，草茂，有利于牛的生长发育，加上交通不便，未受外来品种干扰，为该品种的自群繁殖创造了条件。同时产区多为环山梯田，旱地面积大，山间及农村道路多系风化后的细沙粒构成，长期在这种环境下耕作行走，促使广丰牛四肢粗壮，蹄坚耐磨，有"铁蹄牛"之称。目前现存群体数量大致为4万头，其中能繁母畜为1.9万头，种公畜3 800余头。除了主产区外，还在景德镇市、九江市、鹰潭市、赣州市、宜春市、抚州市有分布。

4. 鄱阳湖水牛

鄱阳湖水牛是鄱阳湖地区最大的陆上物种。长期以来，鄱阳湖水牛作为鄱阳湖地区重要的役畜和役用工具，广泛存在于鄱阳湖周围地区的各个县（市、区）。

鄱阳湖水牛公牛头部较粗重，母牛略狭长。额平、眼突出有神。公牛角形多为扁担角、角基方形，母牛多为圆盘形；鼻大小适中、鼻镜黑褐色；嘴宽；耳直立，耳内缘毛密长。公牛、阉牛颈短而粗，母牛稍细长。体躯高大，骨骼粗壮，肌肉结实丰满。胸宽深，前胸显著突出且肌肉发达；肋骨粗大，肋间距小；背宽，尻部宽而稍倾斜；尾根粗，尾帚多近飞节；成年牛腹围较大，青年牛腹部紧凑；母牛乳房不够发达，乳头较小，乳静脉不够显露。四肢粗壮有力，骨骼粗大，蹄黑墩圆。全身被毛较稀，多为灰色或铁灰色，无杂毛。颈部多有一条月牙状白带（少数有两条）。

鄱阳湖水牛，主要生长于鄱阳湖及周边滨湖地区，其主产区鄱阳湖是我国最大的淡水湖。鄱阳湖由于湖水定期涨落和河水冲积，形成大片广阔湖洲，土壤极为肥沃，四季青草茂盛，草质柔嫩，是优良的天然草洲草山，为鄱阳湖水牛的生存和发展提供了良好的食料，又影响着鄱阳湖水牛现有外貌特征的形成。目前现存群体数量大致为 2.7 万头，其中能繁母畜为 1.3 万头，种公畜 0.3 万头。除了主产区外，还在南昌市、景德镇市、鹰潭市、赣州市、宜春市、抚州市、上饶市有分布。

5. 峡江水牛

峡江水牛是江西省吉安市峡江县特产，全国农产品地理标志产品。江西省 3 大地方水牛保护品种之一，具有体强骨粗，结构紧凑，肌肉丰满，耕作拉力大，持久力强、屠宰率高等优点，历来畅销周边省、市、县，对于促进农业生产，增加农牧业收入起了一定的作用。2019 年 1 月 17 日，中华人民共和国农业农村部正式批准对"峡江水牛"实施农产品地理标志登记保护。

峡江水牛体型结构粗糙紧凑，肌肉发达，骨骼粗壮，肩峰明显，四肢管骨粗大，前肢直正，后肢较曲，步伐稳重。全身毛稀呈棕褐黑色，头大小适中，公牛较粗重，两角长而粗稍向外上弯，角根粗而方，成年种公牛颈粗而显短，昂头挺胸，具有雄性特征。母牛角较细条，并向内上弯，颈略狭长，头面清秀，前、中、后发育匀称，母性温和，乳头分布匀称。成年水牛前胸深而广，肋骨粗大，臀宽但斜，尾粗而短不过正关节，腹围较大，而青壮年牛的腹部紧凑。

峡江母水牛平均体高为120.01厘米、体斜长为141.5厘米、胸围178.53厘米、体重为441.2千克。峡江母水牛性成熟较早，可繁殖年龄较长（3～18岁），一般3年2胎，饲养管理条件好，可达1年1胎。母牛第1次发情一般在2.5～3岁，3～4岁产犊。发情周期为18～22天，平均20天。每次母牛发情持续时间48～68小时，配种应在发情后24～38小时为宜。母牛怀孕期一般为310～320天，平均为315天。公牛一般2岁开始有配种能力。峡江水牛日增重0.5～0.75千克，1岁峡江水牛体重170～270千克，肉质鲜美，类似黄牛肉。峡江水牛体型较大，屠宰经济价值较当地一般黄牛更高。

目前现存群体数量大致为4 900余头，其中能繁母畜为3 400余头，种公畜180余头。除了主产区外，还在南昌市、九江市、新余市、赣州市、宜春市、抚州市有分布。

6. 信丰山地水牛

信丰山地水牛主要产区在江西省赣南地区，体型偏小，被毛黑色或褐色。头长适中，额宽平，多数牛头顶部由额至枕骨脊逐渐向后下方倾斜，形成"圆脑顶"。角长，向内向后弯曲。公牛颈短粗，母牛稍长，颈下有1～2条月牙形白色环，肩峰不明显，背腰平宽，胸宽深，尾根粗，尾短，不过飞节。四肢较短而粗壮，肌腱发达，蹄大而致密。成年公牛（6岁）体高为119厘米，母牛为116厘米；公牛体重为330千克，母牛为340千克。公牛最大挽力为273千克，母牛为237千克。母牛1.5岁开始发情，3岁配种，一般生育年龄在12～14岁，终生可繁殖小牛7～8头，最多可达16头。公牛1.5岁性成熟，3～4岁开始配种，公牛配种年龄可达14岁。目前现存群体数量大致为1 500余头，其中能繁母畜为700余头，种公畜190余头。除了主产区外，还在南昌市、九江市、宜春市、抚州市有分布。

7. 其他引进肉牛品种

在南昌市、萍乡市、宜春市、抚州市、上饶市还有 5 000 余头中国西门塔尔牛，其中能繁母畜 1 500 余头，种公畜 150 余头。在新余市还有 800 余头海福特牛，在南昌市还有 2 头夏洛莱牛和 2 头摩拉水牛。

江西省主要的奶牛品种为中国荷斯坦奶牛，自 1985 年被认定为我国培育品种后，我国 80% 以上的奶牛为中国荷斯坦奶牛，南方荷斯坦奶牛较北方的体型偏小，被毛均为贴身短毛，毛色以黑白花为主，黑白花多少不一，额部多有白星，母牛头清秀，狭长，眼大有神，鼻镜宽广，颌骨坚实，乳区发达且结构良好。公牛头短，宽而雄伟，前躯发达，四肢结实，雄性特征明显。在南昌市、景德镇、鹰潭市、赣州市、抚州市还有 4 800 余头中国荷斯坦奶牛，其中能繁母畜 2 700 余头，种公畜 2 头。

（二）江西省肉羊品种布局状况

江西省的肉羊品种主要以湖羊、广丰山羊、赣西山羊为主，养殖成本低，利润空间大，深受广大农民的青睐，但是受养殖规模、养殖水平和市场需求等因素的制约，肉羊养殖业一直未能得到良好发展。

1. 湖羊

湖羊是太湖平原重要的家畜之一，是我国地方一级保护畜禽品种。湖羊为稀有白色羔皮羊品种，具有早熟、四季发情、1 年 2 胎、每胎多羔、泌乳性能好、生长发育快、改良后有理想产肉性能、耐高温高湿等优良性状。湖羊的产区在浙江省、江苏省之间的太湖流域，所以被称为"湖羊"。湖羊产羔率 220%～240%，断奶日龄在 45～60 天，断奶体重 15～18 千克，断奶成活率 85%～95%，生长育肥期日增重 200～250 克，每只种母羊年可出栏商品羊或种羊 3.0～3.2 只。

2. 广丰山羊

广丰山羊是江西省优良品种之一，体型偏小，脸长额宽，公母羊均有角。公母羊的下颚前端有一撮胡须，公羊比母羊长。全身被毛白色，性情温顺，其肉肌理细嫩，膻味少，口感好，不油腻，性燥热，冬食暖脾胃补身体，增强抗寒能力，且低脂肪、低胆固醇含量，是高血压、动脉硬化病患者的理想肉食品。其副产品价值也高，皮张：皮质柔软，毛孔细密，是皮类中的上品；羊毛：软中见硬，弹性好，是羊毛衫、毛线、毛笔的主要原料；板皮和肠衣在国际市场上享有盛誉。广丰山羊不论在数量还是质量方面都居江西省首位。属肉用、皮用类型。成年公羊体重 42.5 千克、体高 59.0 厘米、体斜长为 62.0 厘米、胸围 78.0 厘米、母羊体重 28.35 千克、体高 52.58 厘米、体斜长 60.3 厘米、公羊 4～5 月龄有性欲表现，母羊 4 月龄达到性成熟。一般母羊年产 2 胎，每胎 2～5 羔，3 岁母羊平均繁殖率达 285.6％。利用年限：公羊一般 4～5 年，个别 6～8 年，母羊最老可达 10 年以上。羔羊 2 个月龄的断奶体重：公羔可达 7.95 千克，母羔 7.46 千克。10 个月龄平均体重 22.75 千克。平均月增重：初生至断奶为 3.135 千克，至 4 个月龄 2.013 千克。1 岁公羊体重为 24 千克，母羊为 19.5 千克。3 岁公羊体重为 30.2 千克，母羊为 28.3 千克。

3. 赣西山羊

赣西山羊体型偏小，额平而宽，角呈倒八字，公羊角比母羊粗壮。颈粗长，躯干较长，背腰平直且宽，从侧面看呈长方形。毛色多数为白色，有一部分为麻色。周岁体重：公羊 19 千克，母羊 18～19 千克。成年体重：公羊 33 千克，母羊 29 千克。公羊 4～5 月龄性成熟，一般 7～8 月龄开始初配，母羊 6 月龄开始初配。多数母羊 1 年产 2 胎，每胎产 2 羔，多的可达 3～4 羔。赣西山羊以放牧为主，基本上不补充或少量补饲的条件下，10 月龄至 1 岁屠宰率 45％～49％。产羔率 164％，成活率 70％～76％。

赣西山羊和广丰山羊是千百年来由当地得天独厚的自然生态环境孕育，并经过长期的人工驯养和精心培育形成的，具有独特的生产性能、优良的遗传潜质、较强的抗病能力和抗逆性。随着市场需求的增大，养殖效益的增长，赣西山羊和广丰山羊的饲养量也是逐年上升。到 2019 年，江西省已建成 9 个地方山羊良种扩繁场，其中赣西山羊良种扩繁场 8 个，广丰山羊良种扩繁场 1 个，引进优秀肉用绵羊品种湖羊、澳洲白、杜泊白，以及用优秀肉用山羊品种川中黑山羊改良的本地羊，提高了生产性能和养殖效益，羊良种化水平大幅度提升，良种繁育体系初步建立。

三、江西省牛羊产业的空间布局

"十三五"以来，江西省牛羊生产规模总量逐年扩大的同时，牛羊产业也呈现了逐步向优势产区集中的趋势，涌现出一批牛、羊养殖重点县。

在优势产区辐射带动下，牛羊产业版图不断扩大，赣州市、抚州市肉牛产业发展较快，赣东北肉羊产业兴起。

（一）江西省肉（奶）牛空间布局状况

1. 江西省肉（奶）牛空间布局总体状况

从设区市层面来看，江西省肉牛产业在空间分布上呈现出明显的集中态势。吉安市、赣州市和宜春市占据全省肉牛存栏量的前三位，而且遥遥领先于其他设区市，3个市肉牛存栏总量超过180万头，占全省肉牛存栏量的比重超过65%。除了以上3市之外，抚州市、南昌市、上饶市和萍乡市的肉牛存栏量均超过10万头，处于全省肉牛产业布局的第二梯队（图2-1）。

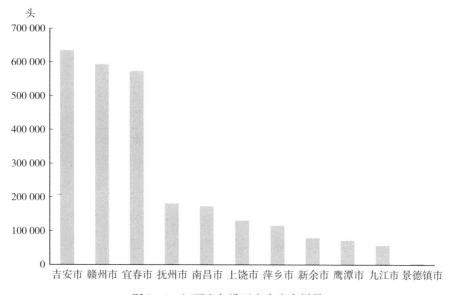

图2-1　江西省各设区市肉牛存栏量

从县域层面来看，江西省牛存栏量超过10万头的县域有4个，分别是安福县、泰和县、丰城市和高安市，主要分布在吉安市和宜春市。牛存栏量超过5万头但不足10万头的县域有12个，主要分布在赣州市和宜春市。总体来看，赣中南区域肉牛产业的集群优势已经初步显现。

江西省奶牛数量总体偏少，从空间分布来看也主要集中于少数几个市。奶牛存栏量超过1000头的设区市仅有赣州市、南昌市和抚州市，

3个市奶牛存栏量总数为18 819头，占全省奶牛存栏量的比重超过90％。其余各设区市奶牛存栏量均很少，景德镇市、上饶市、九江市等奶牛存栏量甚至不足100头（图2-2）。从县域层面来看，全省目前仅有20多个县域有奶牛，绝大部分县域奶牛饲养还是空白。可见，江西省奶牛的空间布局呈现出高度集中的特点。

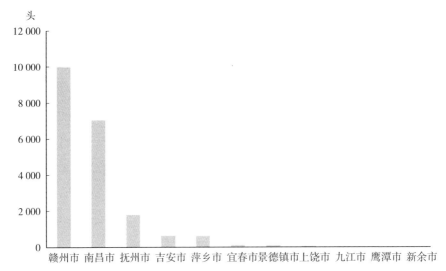

图2-2 江西省各设区市奶牛存栏量

2. 江西省肉牛重点企业区域布局

经过多年的发展，江西省形成了以宜春市、吉安市、赣州市为主的肉牛重点养殖区，以赣西北、赣东为主的肉羊重点养殖区。多个主产区肉牛企业的区域分布如下：

（1）高安肉牛专业合作社

高安肉牛专业合作社示范基地是以高安市裕丰农牧有限公司养殖场为依托组建的专业合作社，在肉牛养殖方面，因地制宜，结合国内外先进的养殖模式，依托国家肉牛牦牛产业技术体系、大专院校、科研单位积极探索，在肉牛品种改良、育肥和农牧业运作模式方面，积累了丰富的经验，掌握了一定的技术。合作社已成为全省最大的种草养牛示范基地，主要饲养西门塔尔、夏洛莱、锦江黄牛、安格斯等肉牛品种，并通过肉牛专业合作社平台推动并规范了高安肉牛的养殖，最大限度保护了农户利益。合作社主要以"公司＋基地＋专业合作社＋农户"的模式发展，促进了公司、合作社、农户的互惠互利，增加了养殖户对肉牛养殖的信心，合作社示范基地经过几年的发展已初步形成了集牧草种植、肉牛育肥、母牛繁育、示范推广和专业合作带动为一体的产业链条。在肉牛品种改良、育肥和农牧业运作模式方面，积累了丰富的经验，掌握了一定的技术，并带动了多方养殖户的发展和壮大。

合作社基地经过多年的努力，取得了一系列荣誉，合作社基地被列为国家肉牛牦牛产业技术体系江西高安综合实验站、被选定为畜牧种草实验基地，完成黄牛标准化建设；2011 年获农业部畜牧养殖标准示范建设场称号，带动了高安市肉牛产业良性发展①。

（2）萍乡市胜龙牛业

胜龙牛业 2016 年 5 月落户江西省萍乡市莲花县良坊镇的布口村，是一家集有机肥生产、牧草种植、良种繁育、肉牛养殖、屠宰分割、牛肉深加工、冷链物流、连锁专卖、品牌运营等业务板块为一体的高标准化肉牛全产业链集团公司。公司位于布口村的省级农业科技循环产业园，总规划面积 600 公顷，已建设标准化栏舍、饲料加工厂、有机肥加工车间及各类辅助设施共 80 000 余平方米，种植有机牧草 3 000 余亩，养殖肉牛年出栏 6 000 余头，先后荣获"全国农业重大技术协同推广示范基地""国家级畜禽养殖标准化示范场""省级龙头企业""省级现代农业示范园区""省级扶贫龙头企业""江西名牌""抗疫情，保供应先进集体"等多项国家级、省市级荣誉称号。

胜龙牛业作为省级龙头企业，坚持把带动低收入群众增收作为发展养牛产业的落脚点，让低收入群众搭上胜龙牛业这趟"幸福快车"，共同致富。从创新"三合作""六统一"牛领养模式，到"流转土地盘活荒山农田""扶贫资金入股获得分红""发展牧草产业助农增收""为低收入学子筑梦前行"等一系列帮扶举措，胜龙牛业已帮助了近 3 000 户农户增收致富，解忧圆梦。在带动农户增收的同时，胜龙牛业帮扶覆盖良坊镇 18 个村，直接增加村级集体收入 100 余万元。

---

① 百度百科．https：//baike．baidu．com/item/高安市裕丰农牧有限公司/20380351？fr＝aladdin．

2021年，在莲花县委、县政府的大力支持下，公司在莲花县整县推进肉牛产业高质量发展，与政府联合成立了肉牛养殖整县推进专项工作组，2021年年底，实现肉牛存栏5万头以上，不断把肉牛产业做大、做强、做优，实现了"扶贫牛"向"振兴牛"的转变，正向着"产业强镇""牛牛小镇"阔步前进[①]。

(3) 新余市洪泰公司

洪泰公司是一家集肉牛养殖、加工、销售为一体的独资民营企业，现已荣获省级农业龙头企业等称号；洪泰肉牛获农业农村部和江西省农业农村厅无公害农产品证书和原产地证书；牛场被列为省级畜禽养殖标准化示范场和全国农业重大技术协同推广示范基地。公司旗下新余市日鑫食品加工有限公司已通过质量管理体系（ISO9001）、食品安全管理体系（ISO22000）、危害分析与关键控制点体系（HACCP）等三大体系的审核认证，荣获市级农业产业化龙头企业证书。洪泰牌赣味牛肉获江西省农业农村厅2017年十大江西休闲食品奖、首届中国农民丰收节金奖和第十三、十四届上海展销会金奖。一期工程占地60亩，年出栏肉牛2 000头（已建）；二期工程占地80亩，累计年出栏肉牛5 000头（在建）。

公司现有牧草基地面积1 000余亩。其中珠珊镇花田村500亩，鹏湖村200亩，良山镇垣下、白沙、八百桥等8个村委300亩。牧草品种为多年生禾本科桂牧1号象草，俗称皇竹草。亩产鲜草15 000万千克左右，亩产值达4 000元以上，除去租地、草种、肥料、割草、粉碎等物资和人工费用，每亩毛利2 000元以上。

洪泰二期工程计划年出栏肉牛5 000头，按出栏1头肉牛需1～2亩牧草计（包括青贮），需人工种植牧草0.5万～1万亩，可创产值4 000万元，毛利2 000万元。在渝水区珠珊养牛基地，配套建有一个年产量10 000吨的有机肥厂。在渝水区下村工业园区，建有一个年产量1 000吨的牛肉休闲食品加工厂，并积极吸纳低收入农户参与养牛产业，传授技术帮助其致富奔小康[②]。

---

① 胜龙牛业官网. http://www.slong123.com.
② 新余洪泰官网. http://xyhtny.com/index.php.

（4）景德镇浩然农牧业发展有限公司

2009 年创办的浮梁浩然农牧业发展有限公司，最初从周边曹村、集源村收购 10 多头黄牛，同年从当地合作社里收购了 20 多头黄牛（当地自古并无本土黄牛，主要品种为广丰黄牛、吉安黄牛），后不断引进附近公母牛，纯放养为主，冬季在舍室内补饲，经过多代本交繁育，形成最多 400 多头黄牛的规模（养殖场存有少量含西门塔尔等西方牛血统的杂交牛）。目前牛场占地 3 800 多亩，以梯田为主，共有 5 栋牛舍，均为双坡式结构，牛舍占地 2 400 多平方米，2018 年被评为江西省牛羊产业技术体系示范基地，并参与南方草业推广项目。

牛奶及奶制品是人类主要的优质蛋白质来源，江西省在大力发展肉牛产业的同时，也大力拓展奶牛产业。重点布局在进贤县、于都县、宁都县、吉州区、芦溪县、东乡区、奉新县等县（市、区）。另外，水牛奶也是发展方向，因为水牛奶具有更高的乳脂含量，但地方水牛产奶量（1 000 千克/年）较荷斯坦奶牛产奶量（6 500 千克/年）低很多，需要通过杂交改良提高，水牛奶可以做高档牛奶制品。江西省奶牛产业的发展，与肉牛相似，在自然资源、政策资源、技术资源方面同样具有较为丰富的资源条件，而且，江西省丰富的水资源为水奶牛的发展提供了保障，《关于推进牛羊产业高质量发展的实施意见》同样对江西省奶牛产业的发展提供了有利的政策和资金支持。

3. 江西省奶牛重点企业区域布局

江西省"十四五"畜牧兽医行业发展规划中，江西省奶牛重点发展区包括：进贤县、于都县、宁都县、吉州区、芦溪县、东乡区、奉新县等县（市、区）。目前江西省奶牛重点企业区域布局如下：

（1）南昌市江西阳光乳业股份有限公司

江西阳光乳业股份有限公司是集牧草种植、奶牛养殖、乳品加工、新品研发、市场营销、物流配送为一体的江西省现代化乳品企业，公司前身"公私合营南昌市奶牛场"成立于 1956 年，至今已有 60 多年持续经营的历史，公司先后被评为"农业产业化国家重点龙头企业""国家首批农产品加工示范企业""中国液态奶企业 13 强""全国食品工业优秀龙头企业""中国乳制品行业优秀企业"等，是中国乳制品工业协会常务理事单位。

公司主营液态乳、乳粉等生产销售，包括鲜奶系列、酸奶系列、乳饮料系列、配方乳粉系列、功能性乳品系列等 100 多个品种，现有江西、内蒙古、宁夏等生产基地 3 个，生产员工达 3 000 多人，从业人员超过 10 000 余人，拥有国内领先的玻璃瓶装生产线、盒装生产线、杯装生产线、婴幼儿配方乳粉生产线和国际领先的进口利乐包生产线共计 50 余条，年乳制品设计能力 20 万吨，产值达 15 亿元，已列入国家发展改革委重点产业振兴专项扶持项目。公司拥有自己的省级企业技术中心，与南昌大学共同成立了中德乳品联合研究院，建立了完善的食品质量管理体系和加工技术规程，从硬件设施和软件管理方面为生产优质安全的产品提供了有力的保障。公司拥有 5 个饲草种植基地和 12 座标准化奶牛规模养殖基地，基地总面积超过 10 000 亩，通过"公司＋基地＋合作社＋农户"的农业产业化模式带动江西、内蒙古、宁夏等地 5 000 余户农民从事饲草种植和奶牛养殖产业，拥有和控制奶牛数近 30 000 头，公司养殖基地全部实现了机械挤奶和粪污沼气化处理，最大限度地保障了生鲜奶质量安全，降低了养殖污染危害，坚持走可持续发展道路。公司下属的江西省长山现代有机牧场和东乡天然牧场被农业农村部评为奶牛养殖标准化示范场，获得国家奶牛标准化建设专项支持，并通过了有机牧场合格验收。完善的产业链和扎实的奶源基础是生产优质安全产品的坚实保障。公司拥有"阳光"和"天天阳光"两大核心商标和品牌，以江西省市场为核心，重点开拓湖南、湖北、安徽、浙江、福建、广东、广西等 10 多个省级市场，近 10 000 人从事阳光乳业产品销售工作。每天清晨 5 000 余名统一着装的阳光送奶员遍布城市的大街小巷，标准化送奶上户销售模式成为城市一道独特的风景。经中国乳制品工业协会统计，阳光乳业瓶装奶送奶上户规模位居国内企业前三名，是中国乳业"送奶上户、优质服务"经营模式的创导者。公司先后通过 ISO 管理体系和 HACCP 质量管理体系认证，获得江西省著名商标和江西省知名农产品等称号，是中国第七届城市运动会的供应商，2013年被评为"江西市场十大放心食品"企业。公司产品深受广大消费者的信任和喜爱，已经成为中国江南地区最具影响力的乳品之一①。

---

① 江西阳光乳业股份有限公司. http://www.6103758.com.

（2）吉安市江西牛牛乳业有限责任公司

江西牛牛乳业有限责任公司创建于 1994 年 6 月，是江西省最早从事牧草种植、奶牛饲养、乳品加工、产品销售的乳品企业。2000 年以来，公司陆续在吉安市吉州区兴桥镇的草山草坡地投资 500 多万元新建千头奶牛基地，占地 1 500 亩，目前奶牛存栏数 568 头，全部使用机械化挤奶，确保奶源的安全和质量。该公司 2004 年 10 月在吉安市井冈山经济技术开发区投资扩建年产 30 000 吨乳品加工项目，到 2007 年年底，年加工 30 000 吨乳品扩建项目全部完成，项目的环境治理工程，于 2008 年 12 月通过了市环保竣工验收。到 2010 年底，公司年生产乳产品 1.5 万吨，年产值 5 643.8 万元，间接和直接带动农户 4 663 户，2006 年该公司被授予江西省农业产业化省级企业。公司现有产品：纯鲜牛奶、高温乳发酵型酸牛奶、含乳饮料、营养豆奶等五个系列共 50 多个品种。产品远销江西、湖南、湖北、广东、广西、贵州、福建、安徽、江苏等省份 400 多个县市，并建立了稳定的销售网络。多年来，公司坚持以人为本，诚实守信办企业，连续六年被江西省农行评为 AAA 级信誉等级企业，2006 年以来已通过了 ISO9001 国际质量体系认证，公司的产品获无公害农产品认证。牛牛乐商标获得江西省著名商标认定，牛牛乐液态奶被评为江西省名牌产品，2010 年，该公司被相关部门授予奶牛标准化示范场，成为江西省奶牛行业首获此殊荣的企业①。

（3）吉安市江西三健乳业有限公司

江西三健乳业有限公司是一家集奶牛养殖，乳品加工、产品研发、销售、配送于一体的综合性乳业公司，是吉安市农业产业化龙头企业。公司与江西农业大学合作，由农大专家教授负责提供工艺配方、技术指导和进行新产品科研开发，确保产品质量。

公司采取高起点、高标准的经营策略，兴建了能容纳千头奶牛养殖规模的鲜奶供应基地和占地面积两万多平方米的工业厂区，并从上海引进国内最先进的超高温瞬时灭菌、灌装成套设备（UHT），该设备采用进口全自动控制系统，全密封管道工艺流程和 CIP 就地清洗系统，确保各项卫生

---

① 江西牛牛乳业有限责任公司．https：//www.11467.com/jian/co/335.htm.

指标完全达标。

公司始创于 2000 年，经过多年的发展壮大，已开发产品三大系列 20 多种，并建立了稳定的销售网络，健全的营销管理体系和配送服务体系，使三健乳品每到一处都能得到商家和消费者的好评[①]。

（4）萍乡市江西省大富乳业集团

我国星火企业、江西省农业产业化省级企业江西省大富乳业集团有限公司，坐落在湘赣两省邻界的萍乡市芦溪县银河，这块红土地上耸立着江西省海拔较高的山峰——雄伟的武功山，武功山上有 10 万亩高山草甸，堪称"江南一绝"。萍乡地区四季分明的气候和多山多丘陵地貌是南方理想的天然牧场。

该公司于 2002 年开始创建，注册资金 10 969 万元，固定资产 8 524 万元。"公司＋农户"合作养殖奶牛 700 头，牧草种植 3 000 余亩，有 3 条现代化鲜奶加工生产线和 12 条全自动灌装流水线，日加工鲜奶能力 100 吨，饮料 200 吨，整个生产过程采用全程自动控制系统进行生产监控，为加工产品提供可靠的技术保证，目前已成为赣西湘东地区集牧草养牛、奶牛繁育、乳品加工、物流配送、产品销售为一体的规模型食品企业。公司现有鲜牛奶系列产品 30 余种、乳饮料系列产品 20 余种，产品立足萍乡、宜春、新余及湖南市场，销售网点 80 多家，产品供不应求，具有良好的发展基础。

公司自开办以来先后获得江西省农业产业化经营工作小组授予的农业产业化经营"省级企业"，"大富康园"牌产品被江西省知名商标评定委员会评为"江西省知名商标"，被中国食品工业会营养指导工作委员会、中国食品质量报社授予"全国营养与健康食品信誉保证单位"等荣誉称号[②]。

（二）江西省肉羊空间布局状况

从设区市层面来看，江西省肉羊空间分布也呈现出一定的集中趋势，但是分布较肉牛和奶牛更为均衡。肉羊存栏量前三位的设区市分别是萍乡

---

① 三健乳业 . http：//www.sjry.com.
② 江西省大富乳业集团 . http：//www.jxdfry.com.

市、九江市和宜春市，三个市肉羊存栏总量超过 80 万只，占全省肉羊存栏量的比重超过 60%。上述三市之外，肉羊存栏量超过 10 万只的设区市仅有上饶市和赣州市（图 2-3）。

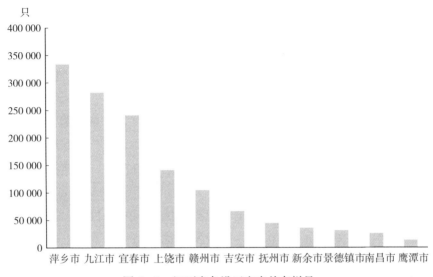

图 2-3　江西省各设区市肉羊存栏量

从县域层面来看，肉羊存栏量超过 10 万只的县域仅有 3 个，分别是修水县、上栗县和万载县，分别属于九江市、萍乡市和宜春市。肉羊存栏量超过 5 万只但不足 10 万只的县域也只有广丰区和湘东区 2 个，分别属于上饶市和萍乡市。总体来看，赣西和赣北肉羊产业发展优势较为明显。

四、江西省牛羊产业布局的优化建议

（一）品种布局方面

从产业发展现状来看，江西省牛羊种源供不应求，饲养种牛种羊的企业少，满足不了产业快速发展的需要。湖羊种羊，基本靠江浙引进。部分品种资源出现退化，赣西山羊、峡江水牛等保种工作滞后，良种繁育体系建设需要加强。鉴于此种现状，建议在品种布局方面重点做好以下工作：

第一，依托江西省丰富的地方牛羊资源，做好良种繁育规划，加快牛羊种质资源创新利用，加强基层畜牧兽医服务网络建设，促进良种繁育牛（羊）场的建设，建立东、南、西、中部肉羊种业供应基地，建立南方乃至全国肉牛肉羊繁育中心。

第二，强化肉牛品种改良。联合国家肉牛改良中心、国家肉牛体系、江西农业大学畜牧学院等科研院所技术力量，开展杂交、基因技术等突破性品种培育，加快引进安格斯、西门塔尔等优良肉牛品种，加强对地方吉安牛、广丰牛、锦江牛等地方品种改良，提升江西省肉牛生产性能和种群供种能力。

第三，培育专用肉牛品种。以地方特色培育为主，兼有国外引进，建立江西省肉牛现代保育繁体系，推广"纯种肉用牛品种""专用品种"及高端雪花和花纹肉的肉牛品种扩群，应用胚胎移植技术，迅速扩充纯种和公母牛群体。

第四，促进基础母牛扩群增量。以提供优质肉牛为目的，按照"户繁育—企育肥—龙头带动"的模式，积极发展优势品种能繁母牛智能化规模养殖，推广性控冻精冷配技术、加大肉牛能繁母牛扩群增量力度，夯实优质肉牛种质资源科技成果转化，提升全省肉牛优良品种供给水平。

（二）空间布局方面

在牛羊产业空间布局方面，建议根据不同区域的区位优势，制定分区域的牛羊产业发展规划，优化牛羊产业的空间布局。

第一，肉牛产业的空间布局，一方面要依托现有吉安市、赣州市和宜春市肉牛产业发展优势的基础，全力推进江西省赣中南优质肉牛优势特色产业集群发展，以标准化、绿色化、规模化、循环化、基地化为引领，提高供给保障能力，推进肉牛产业现代化发展，全面提升肉牛产业质量效益和竞争力，构建南方草地畜牧业高质量发展新格局。重点支持抚州市乐安县、赣州市会昌县、吉安市吉安县、萍乡市莲花县、新余市渝水区、宜春市丰城市、宜春市高安市、赣州市信丰县等养牛重点县的肉牛产业发展，将赣中南地区打造成为南方特色肉牛种业创新中心、南方优质牛肉生产供应基地和南方草地畜牧业高质量发展示范区。另一方面，深入挖掘各地的草山草坡和农闲田资源，大力发展本地品种肉牛养殖产业，充分发挥本地牛具有抗高温、耐高湿、耐粗饲，抗病力强和性成熟早、遗传稳定性强、特别适宜亚热带丘陵地区饲喂的优势，大力扩展吉安黄牛、锦江黄牛、广丰黄牛、鄱阳水牛、峡江水牛、信丰山地水牛等被列入国家畜禽资源目录的本地优质牛的空间布局。

第二，奶牛产业的空间布局方面，重点围绕满足大城市消费者对生鲜牛奶日益增长的需求，加大奶牛产业在大南昌都市圈的空间布局密度，特别是在宜春市的丰城市、樟树市、高安市和靖安县、奉新县，上饶市的鄱阳县、余干县、万年县等地加大奶牛产业布局；继续加强奶牛产业在赣州省域副中心城市的布局，形成"一南一北"两大奶牛产业基地的格局，提高本省的鲜奶自给率。

第三，肉羊产业空间布局方面，着眼于"十四五"期间跨越式发展的要求，根据不同地区的资源优势和市场面向，进行差异化的肉羊产业布局。在赣南（面向粤港澳及海南省）、赣东（面向沪浙闽沿海发达城市）肉羊养殖区域，发展以集约化、规模化养殖为主的湖羊生产基地；在赣西北及赣南山区，依托山区自然优势，发展高品质黑山羊生产基地。

（三）产业链融合方面

产业链融合是牛羊产业可持续发展的重要支撑。江西省可以利用生态优势和红色、绿色旅游优势，积极培育省内市场，开拓长三角、珠三角、大湾区市场，发展高端有机牛羊肉产品生产。着力研究牛羊肉冷链保鲜技术，大力发展线上线下销售，不断创新牛羊肉销售新模式，保障牛羊肉供给能力。在产业链融合方面建议做好以下一些工作：

第一，着力从大宗农副产品饲料资源开发利用、牛羊种质资源保存与创新、牛羊养殖、牛羊屠宰和精深加工、冷链物流、产品销售等方面推进牛羊全产业链现代化发展。

第二，大力发展草产品加工，加快推进草产业发展。大力发展人工牧草种植，加快优质饲草基地建设，实现草畜配套，提高牛羊产业水平。

第三，以集中屠宰、品牌经营、冷链流通、冷鲜上市为主攻方向，推进牛羊标准化屠宰，扩大冷鲜肉和分割肉市场份额。加大冷库、速冻库建设，加强牛羊肉加工配送、冷链运输等市场流通设施建设，提高冷链运输能力，完善市场流通体系。

第四，加强品牌建设，以部省共建农业绿色有机试点省为契机，发展绿色有机牛羊产业，培育知名品牌，积极开拓市场。引导龙头企业、家庭农场、专业合作社等新型经营主体，完善与养殖户的利益联结机制，鼓励通过"公司＋农户"等模式，带动中小养殖户融入现代畜牧业发展。

第五，积极引导龙头企业与各大超市、酒店饭馆、网络电商平台合作，融入"赣菜"战略，共同打造具有江西特色的牛羊菜品、产品和品牌。

第三章　江西省牛羊产业养殖模式及适宜规模

一、肉（奶）牛养殖模式及适宜规模分析

（一）肉（奶）牛养殖的传统模式

1. 传统的肉（奶）牛养殖模式

肉（奶）牛养殖是一项高投入、长周期、专业化水平较高的产业。但是，在我国，传统肉（奶）牛养殖模式仍然占据较大比重，江西省肉（奶）牛养殖也是如此。传统肉（奶）牛养殖模式有个体户分散养殖、个体户集中养殖以及中小规模的专业化模式3种（王亚萍、简勇、邓琼，2016）。

（1）自繁自养

自繁自养是指养殖场（户）从母牛饲养、产犊、犊牛、架子牛育肥直至肉牛出栏为止，肉牛养殖生产的各个环节都在本场完成。养殖场（户）饲养繁育母牛生产的犊牛后，公牛犊由本场直接育肥后出售，母牛犊养大后自己留作种牛或出售（杜立，2018）。

自繁自养的优点是不需要购买良种，肉牛不受气候差异的影响，没有水土不服的后顾之忧，也没有运输造成的应激反应，不需要适应期，经济效益较好。缺点是周期长，需要场地大，资金占用时间长、周转慢（杜立，2018；黄焦秀、吴德美、刘振水，2017）。

（2）饲养繁殖母牛生产和销售犊牛

饲养繁殖母牛生产和销售犊牛是指养殖场（户）只饲养繁殖母牛，生产犊牛，在犊牛断奶后直接出售。繁殖母牛养殖是我国肉牛产业的基础，这种养殖方式在我国农户中比较普遍。

以前农村饲养繁殖母牛在利用母牛繁殖犊牛的同时，还把母牛作为耕地、拉车的劳力使用，如果有放牧场地的，还可以依赖自然资源饲养繁殖

母牛，主要是放牧饲养或配合部分舍饲的方式生产犊牛，这样出售育成犊牛尚有利可图，并可依靠多养母牛来增加获利（杜立，2018；黄焦秀、吴德美、刘振水，2017）。农户少量舍饲散养繁殖母牛生产犊牛，依靠农户家中不宜直接出售的秸秆等农副产物，通过过腹还田变废为宝和集小钱为大钱的方式增加家庭收入，如今母牛作为役牛的用途基本没有了。同时，自然资源的利用越来越受到限制，单纯饲养繁殖母牛的收益不高，比较效益也低，而且风险较大，这也是我国肉牛生产发展的软肋。带续母牛养殖经济效益低，成为制约肉牛产业发展的关键问题（黄焦秀、吴德美、刘振水，2017）。

（3）专业育肥架子牛

专业育肥架子牛是指养牛场（户）不养母牛和犊牛，只购买架子牛，利用架子牛补偿生长的特点，改善架子牛的营养水平和饲养管理条件，达到架子牛肌肉快速生长增重的目的，经过 3～4 个月，使它的活重达到 450～500 千克出栏，上市销售，每年可育肥多批。这种养殖方式具有饲养周期短、资金周转快、饲料利用率高、便于组织生产、经济效益高等特点，但是资金投入大（杜立，2018；黄焦秀、吴德美、刘振水，2017）。

2. 传统的肉（奶）牛饲养方式

传统的肉（奶）牛的具体饲养方式一般又可分为舍饲饲养、半舍饲半放牧饲养、全放牧饲养 3 种。

（1）舍饲

舍饲是指牛喂草、喂料操作均在牛舍内进行。肉牛从出生到屠宰全部实行圈养的育肥方式，又可分为拴饲和群饲，适用于人口多、土地少、经济较发达地区。

舍饲的优点是方便管理，便于观察牛的健康状况和及时调整饲料配方，使用土地少。对繁殖母牛来说，能及时掌握繁殖母牛的发情和配种情况；对于育肥牛来说，饲养周期短，牛肉质量好，经济效益高。能保证同期增重，饲料报酬高。利于防病治病和实施技术措施，有利于保护生态环境，是解决城乡无放牧地养牛的最好方法（杜立，2018；黄焦秀、吴德美、刘振水，2017）。

舍饲的缺点是养殖设施投入大，饲养成本高，投入产出比低，经营效益差。由于母牛严重缺乏运动，因而有些母牛表现出发情不明显、推迟发情，甚至不发情的情况。同样，运动少也影响育肥肉牛生理发育，不利于育肥前期增重。

随着近几年生产资料成本和工人工资的增长，造成多数养殖户经营亏损，迫使他们停产转产。这也是导致母牛存栏量下滑的一个不可忽视的因素。

（2）半舍饲半放牧

半舍饲半放牧是指在夏季青草期采取放牧方式饲养牛，寒冷干旱的枯草期将牛群在舍内圈养的半集约式的饲养方式。通常在每年的6月初，山地草场可放牧时至秋季10月初这段时间将牛在野地放牧，冬春季在饲养场内舍饲。热带地区因为夏季牧草丰盛，可以满足肉牛生长发育的需要，而冬季低温少雨，牧草生长不良或不能生长，不能满足肉牛生长发育需要。在我国东北地区也可采用这种方式，但由于牧草不如热带丰盛，故夏季一般采用白天放牧，晚间舍饲，并补充一定精料，冬季则全天舍饲（杜立，2018；黄焦秀、吴德美、刘振水，2017）。

采用半舍饲半放牧饲养应将母牛控制在夏季牧草期开始时分娩，待牛犊出生后，随母牛放牧自然哺乳，这样，因母牛在夏季有优良青嫩牧草可供采食，泌乳量充足，能哺育出健康犊牛。当犊牛生长至5～6个月龄时，断奶重100～150千克，随后采用舍饲，补充一点精料过冬。第二年青草期，采用放牧育肥，冬季再回到牛舍舍饲3～4个月即可达到出栏标准。利用最廉价的草地放牧，犊牛断奶后可以低营养过冬，第二年在青草期放牧能获得较理想的补偿生长。在屠宰前有3～4个月的舍饲育肥时间，保证了胴体优良。

与全舍饲养相比，半舍饲半放牧最大的优点是生产资料投入少，养殖成本低得多，商品产出数量多，生产经营效益高。广大养殖户易于接受。

半舍饲半放牧的缺点是白天放牧不便于母牛发情观察，不便于防病治病，特别是到了雨季，阴雨连绵时节在草地放牧的繁殖母牛，由于道路泥泞车辆无法通行，妨碍育种员及时赶到配种现场，导致配种不及时，易错过最佳授精时间，有时甚至会耽搁一个情期。对于老弱病残牛如不能及时特护饲养，还有陷死在泥塘中的可能（曹国庆，2017；刘燕，2016）。

（3）全放牧

全放牧是指完全采用草地放牧而不补充任何饲料的饲养方式，也称草地畜牧业。这种饲养方式适于人口较少、土地充足、草地广阔、降水量充沛、牧草丰盛的牧区和部分半农半牧区。一些靠近山区、草地和农村居住的饲养户，夏、秋季在牧场正常放牧，进入冬季靠采食玉米秸等野外干饲草进行放牧。如果有较大面积的草山草坡可以种植牧草，在夏天青草期除供放牧外，还可保留一部分草收割调制青干草或青贮料，作为越冬饲用。

与上述两种饲养模式相比，全放牧饲养的优点在于肉牛生产资料投入更少，养殖成本更低，生产经营效益更高，是牧区和部分半农半牧区最佳的养殖方法。

全放牧饲养的缺点是受放牧地资源限制，若控制不好放牧强度破坏生态环境，甚至由于放牧不科学对草场造成毁灭性破坏。在严寒季节老弱母牛不宜放牧，冬季雨雪天气影响放牧，饲养周期长（杜立，2018；黄焦秀、吴德美、刘振水，2017）。

（二）肉（奶）牛现代养殖模式发展趋势

1. 规模化养殖

现代肉牛规模化养殖是发展大趋势。实施肉牛标准化规模养殖场建设等项目，支持规模养殖场进行基础设施标准化改造，提高肉牛综合生产能力。

以饲草料加工、规模饲养、废弃物处理为重点，研发推广牛羊设施养殖配套装备，提高劳动生产率，增加养殖效益（曹国庆、瞿明仁，2017；刘燕，2016；张赞飞、彭建红，2020）。

2. 高端化发展

随着国内消费不断升级，人们更加注重产品质量、口感，中国牛肉消费市场存在着巨大的潜力，高端牛肉有很强大的市场需求和购买力支撑，特别是在人均可支配收入较高的一、二线城市。

高档牛肉是指按照特定的饲养程序，在规定的时间完成育肥，并经过严格屠宰程序分割到特定部位的牛肉，主要在色泽、新鲜度、嫩度、风味、多汁性等主要指标上均须达到规定的等级标准。

目前，高档牛肉生产分三个等级：普通高档牛肉、小牛肉和白牛肉。

（1）普通高档牛肉是指选用优良品种的肉牛，采用先进育肥技术、按规定的程序进行屠宰加工、生产出的优质牛肉在胴体分割块基础上，分切出来特定部位的肉块，包括里外眼肌、臂肉和短腰肉等四部分。高档牛肉呈大理石花纹，肉质细嫩、香浓味美，是富含优质蛋白、低胆固醇的上等食品，如号称"世界最贵"的日本神户牛肉。

（2）小牛肉是指出生后饲养至 1 周岁之内，体重达到 450～500 千克小牛所产的肉。小牛肉富含水分，鲜嫩多汁，肉质呈淡粉红色，胴体表面均匀覆盖一层白色脂肪。蛋白质含量高而脂肪含量低，风味独特，营养丰富，是一种理想的高档牛肉。

（3）白牛肉是指利用奶牛或者出生后 3 月龄左右（100～156 天），完全用全乳、脱脂乳或代用乳饲喂，体重达到 150～206 千克时屠宰的犊牛肉，因尚未喂青、粗饲料，肉呈白色，故称白牛肉。日本把这种生产方式称为"肉用乳犊育成新法"。它绝大多数来自奶牛的公犊，是淘汰乳公犊有效利用的一个新途径。还有优良的肉牛公犊，以及肉用种公牛与乳用母牛杂交所生的后代。

（三）江西省肉（奶）牛养殖的适宜规模

1. 江西省肉（奶）牛养殖规模概况

现阶段，江西省内养殖规模 50 头以下的小规模肉牛养殖模式（包括养殖规模 10 头以下的散养户和 10～49 头的小规模养殖场）较为盛行。2015—2020 年间，虽然养殖规模 50 头以下的养殖场（户）数量从 512 361 家减少到 326 805 家，但在全部养殖场（户）中仍然占据绝对多数（表 3-1）。

表 3-1 江西省不同规模肉牛养殖场（户）数

单位：户

年份	规模					
	1～9 头	10～49 头	50～99 头	100～499 头	500～999 头	1 000 头
2015	504 790	7 571	1 692	426	43	10
2016	502 709	8 639	1 487	456	52	14
2017	433 135	8 218	1 439	452	82	16

（续）

年份	规模					
	1～9 头	10～49 头	50～99 头	100～499 头	500～999 头	1 000 头
2018	398 892	8 517	1 561	412	53	20
2019	345 502	9 093	1 608	361	49	19
2020	315 449	11 356	2 061	564	60	23

小规模养殖模式虽然能够充分利用农业资源和地理资源，发挥家庭劳动力的优势，为农户增收提供便利条件，但是小规模肉牛养殖也存在一系列问题，具体表现为以下几个方面：

（1）经济效益较低，肉牛养成时间较长，通常为 15 个月，且前期投入成本较高，小规模养殖经济收益薄弱，如果扩大规模会相应地加大养殖风险。

（2）缺乏市场竞争力，在小规模肉牛养殖过程中，市场交易多以牛贩前往农户家中收购为主，农户对市场行情了解较为片面，容易出现市场价格判断不准的问题，极大地挫伤了农户的养殖积极性。

（3）肉牛养殖技术落后，很多农户在肉牛养殖过程中沿用传统养殖经验，在具体养殖过程中缺乏专业技术，进而增加了肉牛养殖风险，并且很难保证肉质的安全性。

因此，有必要对江西省肉（奶）牛养殖适宜规模进行深入分析，以促进江西省肉（奶）牛养殖模式的优化。

2. 江西省肉（奶）牛养殖适宜规模估算

为深入了解江西省肉（奶）牛养殖户和养殖企业的生产经营情况，江西省牛羊产业体系经济岗从 2020 年开始选取江西省部分肉（奶）牛养殖户和养殖企业作为固定观察点，对这些养殖户和养殖企业的生产经营情况进行跟踪调查。

根据对江西省内肉（奶）牛养殖户和养殖企业的调查，牛的生产成本主要包括直接材料费用、间接费用和人工成本，其中直接材料费用包括仔畜种苗费用、饲料费用（精饲料、糟渣类饲料和青贮饲料）、土地流转费、疫病防治费用、水电燃料费；间接费用主要有固定资产折旧及维修费用、租用机器设备费用和保险费；人工成本为雇工费用。根据对固定观察点不同养殖规模的养殖户和养殖企业肉牛养殖的单位成本、养殖料肉比、成本—利润率等指标进行分析，从而对江西省肉（奶）牛养殖的适宜规模进行了估算。

（1）不同规模肉（奶）牛养殖单位成本分析

不同规模肉（奶）牛养殖单位成本如表3-2所示。

表3-2 不同规模肉（奶）牛养殖生产成本主要项目

单位：元/头

项目	小规模（50头以下）	中规模（50～100头）	大规模（100头以上）
（一）直接费用	12 923.74	10 188.63	16 523.27
1. 仔畜费用	9 736.89	6 140.15	10 900.32
2. 饲料费用	2 759.41	3 154.70	4 576.22
3. 疫病防治费用	135.40	142.10	157.05
4. 土地流转费用	181.94	647.19	807.70
5. 其他直接费用	110.10	104.49	81.98
（二）间接费用	1 044.96	204.50	593.53
1. 固定资产折旧及维修费用	491.50	153.77	352.39
2. 保险费	7.69	15.08	29.44
3. 其他间接费用	545.77	35.20	211.70
（三）人工成本	2 178.67	713.59	516.76
1. 自有劳动力投入	1 062.39	154.60	16.70
2. 雇工费用	1 116.28	558.99	500.06
总成本	16 147.37	11 106.27	17 633.56

①直接费用

a. 仔畜费用在直接费用中占比最大，约占69%，对肉牛养殖户有较大影响作用。费用大小的排序为大规模＞小规模＞中规模，说明中规模肉牛自繁能力较强。

b. 饲料费用在直接费用中约占26%，饲料费用大小排序为大规模＞中规模＞小规模，其原因在于大规模肉牛养殖精饲料费用占比较高，每头牛一年需耗费精饲料1 409.47千克，且倾向于使用更好的青贮饲料，故投入费用较高。

c. 疫病防治费用在直接费用中约占 1.2%，且随养殖规模的增大而增多。

d. 土地流转费用在直接费用中约占 4.3%，费用大小排序为大规模＞中规模＞小规模。

②间接费用

间接费用大小排序为小规模＞大规模＞中规模，一方面小规模养殖户固定资产折旧及维修费用、租赁设备等所占费用较高，另一方面大规模养殖户对保险费用的投入大于小规模养殖户，且小规模养殖户保险费用过低，抵抗意外风险能力过低。

③人工成本

调研数据显示人工成本大小排序为小规模＞中规模＞大规模，说明小规模养殖户用工效率低、用工成本高；而大规模养殖户分工明确，有一定的管理准则，用工效率高，且前期投入大，故后期均摊在每头牛上的雇用费用低。

总体来看，中等规模的养殖户（场）在成本方面具有较为明显的优势。

（2）不同规模肉（奶）牛养殖料肉比分析

不同规模肉（奶）牛养殖料肉比如表 3－3 所示。

表 3－3 不同规模肉（奶）牛养殖料肉比

单位：千克/头

项目	小规模（50 头以下）	中规模（50～100 头）	大规模（100 头以上）
饲料	10 248.62	5 556.96	7 823.95
1. 精饲料	1 110.13	823.09	1 409.47
2. 糟渣类饲料	3 489.67	1 449.79	1 442.36
3. 青贮饲料	5 648.82	3 284.08	4 972.12
产肉量	267.27	228.13	361.63
料肉比	38.35	24.36	21.64

a. 投入饲料大小排序为小规模＞大规模＞中规模，而小规模养殖户饲料费用最少，说明小规模养殖户使用的青贮饲料自产比例较高。

b. 料肉比大小排序为小规模＞中规模＞大规模，说明小规模养殖户所用饲料多，但产肉量很少，有必要合理安排饲料投入。

（3）不同规模肉牛养殖成本—利润率分析

成本—利润率是衡量养殖产业效益的重要指标，其公式为：$P=m/C$，其中 P 代表利润率，m 代表净收益，C 代表总成本（表3-4）。

表3-4　不同规模单头牛养殖成本—利润率

项目	小规模（50头以下）	中规模（50～100头）	大规模（100头以上）
总收益（元）	21 053.21	15 705.20	29 721.17
主营收益（元）	20 758.50	15 596.59	29 576.02
副产品收益（元）	294.71	108.61	145.15
总成本（元）	16 147.37	11 106.27	17 633.56
净收益（元）	4 905.84	4 598.93	12 087.61
成本利润率（%）	30.38	41.41	68.55

a. 江西省不同规模单头牛养殖成本利润率大小排序为大规模＞中规模＞小规模，大规模肉牛养殖户超过小规模养殖户的2倍，说明肉牛养殖规模越大，效益越高。

b. 大规模肉（奶）牛养殖成本利润率最高，其总成本也较高，说明大规模肉牛养殖规模效益并不乐观。

c. 小规模投入成本较中规模高出5 041.1元，而成本利润率比中规模低出9个百分点，说明小规模肉（奶）牛养殖经济效益远远不如中规模养殖户的效益。

综合上述肉牛养殖户和养殖企业的单位成本、养殖料肉比、成本—利润率等指标分析，中等规模的养殖场（户）在成本方面具有较为明显的优势，大规模养殖户和养殖企业在养殖料肉比和成本—利润率方面具有优势，而小规模养殖在三个方面均不具有优势。因此，肉（奶）牛养殖并没有一个具有绝对优势的适宜规模。从可行性的角度来讲，必须扩大小规模养殖户的养殖规模，而小规模养殖户并不能够直接从小规模跨越到大规模。因此，江西省适宜发展的应该是50～100头的中等规模的养殖模式。

（四）促进肉（奶）牛养殖模式转变的对策建议

1. 加大政府扶持力度

随着生活水平的提高，人们对市场上牛肉的质量提出了较高要求。基于此，在饲养过程中工作人员必须引进先进的饲养技术，创立科学的饲养模式，以此提高肉牛生产效率，进而增加农户收入。例如筹建家畜改良服务网点，严格遵照肉牛生长规律，以此在母牛饲养和犊牛补饲过程中引入先进的科学技术，充分利用肉牛前期生长速度快的特点，在此期间给予其充足的养分，缩短饲养期，加大饲料供给量，进而提高饲料的利用效率。此外畜牧部门应与当地政府部门联合，建立先进的养殖示范园区，在园区内推广先进的饲养技术，并配合科学的饲料加工技术，在降低饲料成本的同时，提高肉牛的生长速率。同时，当示范园区养殖技术发展成熟后，向周围农户免费推广，以此带动周边养殖户共同发展。

2. 成立先进的养殖合作社

精细化发展模式是小规模肉牛养殖的未来发展趋势，农户必须明确传统粗放式养殖模式存在的弊端，充分肯定养殖合作社的优势。政府与农户联手，结合当地养殖现状，成立先进的养殖合作社，以此保证养殖管理的精细化与标准化。例如在我国某地区小规模肉牛养殖过程中，当地政府创造性地成立了特色化养殖小区，遵循"自繁自养自育"的原则，采取"母牛—犊牛—育肥牛"的养殖方式，保证育肥牛的可靠性，提高肉牛的整体品质。同时，当地政府还提出了"场户结合，就地直线培育"的模式，在遵循市场发展规律的基础上，尽量扩大生产规模，进而为大农户养殖发展奠定坚实基础，并要求其在发展过程中扶植小规模农户，为其提供饲养技术和稳定牛源。此外，在养殖合作社经营发展过程中，工作人员必须统一分配市场信息，在肉牛交易过程中，由肉牛经纪人和合作社代表商谈具体价格，缩减交易中间环节，进而降低市场交易风险，为农户增收提供有效的市场保障（邹志仁、雷少斐，2022；罗善平，2021）。

二、肉羊养殖模式及适宜规模分析

（一）肉羊养殖的传统模式

江西省肉羊养殖的传统模式主要以地方品种为主，以放牧为主，以天然牧草为羊的主要营养供给，以牧区、半农半牧区为主，以零星散养为主。该模式是历史最悠久也最简单的一种养殖模式。这种饲养方式在江西省主要是山区的农户采用，搭建简易栏舍，以放牧为主，在母羊产羔期适当补饲。饲养品种主要是当地山羊，群体以 30～200 只羊为 1 群，由 1～2 人管理，采取下午在山上、冬闲田等地放牧，晚上归牧进圈。羊群主要靠放牧采食野草、灌木枝叶等为主，冬季放牧场地野草少，需要补喂干红薯藤、花生藤和农副产品下脚料如豆渣、米糠等。这种模式完全由农户个人或家庭"单打独斗"地承担所有养殖任务，受技术、圈舍、资金等要素制约，肉羊育肥环节进出行业门槛低、条件简单，因而在很长一段时间内该模式下的生产主体占据产业内生产主体总量的绝对多数。但该模式市场风险对抗力最弱，很难承受市场较大的波动。同时，随着一些政策规制的出台，例如禁牧、环保升级等，该模式逐渐退出产业或向其他模式演变。

（二）肉羊养殖模式发展趋势

我国养羊主要有放牧、"放牧＋补饲"、舍饲 3 种模式。放牧作为牧区和半农半牧区传统的养羊模式，受季节和气候影响较大，容易出现"夏饱、秋肥、冬瘦、春死"的现象。同时，根据保护生态环境和草畜平衡的要求，养羊数量受到了一定的限制，必须向农区转移。"放牧＋补饲"是当今牧区、半牧区和山区常用的方法，该方法可充分利用当地夏、秋季节草地的自然资源，降低饲草成本，只在冬春季补饲部分饲料，满足羊的营养需要，但存在补饲饲料来源不稳定、价格偏高的问题，这种模式缩小了养羊的利润空间。因此，放牧、"放牧＋补饲"这两种模式均受到了挑战，舍饲模式应运而生，并将在部分地区广泛开展，其最大优势是可充分利用农区大量的秸秆等，提高农作物的利用率，保护生态环境。但相对于放牧，存在养殖成本高、效益低的问题。未来，标准化、规模化舍饲养殖将是产业发展的主要模式，技术创新、分阶段养殖是饲养模式的发展趋势。

（三）江西省肉羊养殖的适宜规模

1. 江西省肉羊养殖规模概况

江西省肉羊养殖规模概况如表 3-5 所示。

表 3-5 江西省不同规模肉羊养殖场（户）数

单位：户

年份	规模						
	1~29 只	30~99 只	100~199 只	200~499 只	500~999 只	1 000~2 999 只	3 000 只以上
2015	79 603	4 815	1 183	153	57	13	0
2016	76 439	4 809	1 089	223	74	21	1
2017	74 234	5 477	1 149	436	90	25	2
2018	54 047	5 251	1 483	496	72	24	2
2019	53 965	5 130	1 500	418	83	28	4
2020	53 788	5 083	1 810	493	117	27	10

从表 3-5 可知，现阶段，江西省内养殖规模 200 只以下的小规模肉羊养殖模式（包括养殖规模 30 只以下的散养户、30~99 只的小规模专业养殖户和 100~199 只的小规模养殖场）在数量上占据主体。2015—2020 年间，虽然养殖规模 200 只以下的养殖场（户）数量从 85 601 家减少到 60 681 家，但在全部养殖场（户）中仍然占绝对多数。不过，值得注意的是，养殖规模在 200~499 只的中等规模养殖户数量在 2015—2020 年间增长迅速，从 153 家增长到 493 家，增长率达到 222.22%。

与肉牛养殖类似，肉羊的小规模养殖模式虽然历史悠久，有利于充分利用当地资源条件，发挥家庭劳动力的优势，为农户增收提供便利条件，但是小规模肉羊养殖也存在一系列问题，因此也需要对江西省肉羊养殖的适宜规模进行深入分析，以推动江西省肉羊产业健康发展。

2. 江西省肉羊养殖适宜规模估算

为深入了解江西省肉羊养殖户和养殖企业的生产经营情况，江西省牛羊产业体系经济岗从 2020 年开始选取江西省部分肉羊养殖户和养殖企业作为固定观察点，对这些养殖户和养殖企业的生产经营情况进行跟踪调查。根据对固定观察点不同养殖规模的养殖户和养殖企业肉羊养殖的单位成本、养殖料肉比、成本—利润率等指标进行分析，从而对江西省肉羊养殖的适宜规模进行估算。

（1）不同规模肉羊养殖单位成本分析

江西省不同规模肉羊养殖单位成本如表 3-6 所示。

表 3-6　不同规模肉羊养殖单位成本

单位：元/只

项目	小规模（200 只以下）	中规模（200～500 只）	大规模（500 只以上）
（一）直接费用	974.13	699.39	960.05
1. 仔畜费用	464.19	374.94	507.45
2. 饲料费用	346.37	187.37	355.16
3. 疫病防治费用	52.39	47.04	36.52
4. 土地流转费用	84.98	69.30	46.91
5. 其他直接费用	26.20	20.74	14.01
（二）间接费用	251.90	221.91	453.26
1. 固定资产折旧及维修费用	71.45	45.86	54.15
2. 保险费	0.00	6.80	20.19
3. 其他间接费用	180.45	169.25	378.92
（三）人工成本	620.46	237.58	185.08
1. 自有劳动力投入	594.06	137.09	20.34
2. 雇工费用	26.40	100.49	164.74
总成本	1 819.49	1 158.88	1 598.39

①直接费用

a. 仔畜费用和饲料费用在直接费用中占比最大，对肉羊养殖户有较大影响。

b. 疫病防治费用随养殖规模的增大而减少，说明小规模肉羊养殖户疫病防治意识增强。

c. 平均分摊到每头羊上的土地流转费用大小排序为小规模＞中规模＞大规模，大多因为大规模养殖户养殖规模大，故均摊费用低。

②间接费用

间接费用大小排序为大规模＞小规模＞中规模，一方面是大规模养殖户的保险费用、资产租赁和其他经营费用等会高于中、小规模养殖户；另一方面小规模养殖户固定资产折旧及维修费用较高，而对于羊产业的保险费用过低，不利于后期发展。

③人工成本

调研数据显示人工成本大小排序为小规模＞中规模＞大规模，主要因为小规模养殖户用工效率低、用工成本高，均摊到每头羊上需花费的人工成本为 594.06 元。

总体来看，跟肉牛养殖类似，中等规模的肉羊养殖户（场）在成本方面具有较为明显的优势。

（2）不同规模肉羊养殖料肉比分析

江西省不同规模肉羊养殖料肉比如表 3-7 所示。

表 3-7 不同规模肉羊养殖料肉比

单位：千克/只

项目	小规模（200 只以下）	中规模（200～500 只）	大规模（500 只以上）
饲料	1 788.49	845.09	902.79
1. 精饲料	37.62	36.25	100.70
2. 糟渣类饲料	224.63	283.25	157.95
3. 青贮饲料	1 526.24	525.59	644.14
产肉量	37.18	24.21	41.39
料肉比	48.10	34.91	21.81

a. 投入饲料大小排序为小规模＞大规模＞中规模，小规模养殖户饲料费用最高，主要因为小规模养殖户糟渣饲料占比较高。

b. 料肉比大小排序为小规模＞中规模＞大规模，其中小规模养殖户料肉比是大规模的 2 倍，说明小规模肉羊养殖户所用饲料较多，但产肉量较少，故小规模养殖户有必要合理安排饲料投入。

（3）不同规模肉羊养殖成本—利润率分析

江西省不同规模肉羊养殖成本—利润率如表 3-8 所示。

表 3-8 不同规模单只羊养殖成本—利润率

项目	小规模（200 只以下）	中规模（200～500 只）	大规模（500 只以上）
总收益	1 984.66	1 577.88	2 184.63
主营收益	1 482.18	1 440.75	2 130.48
副产品收益	502.48	137.13	54.15
总成本	1 819.49	1 158.88	1 598.39
净收益	165.17	419.00	586.24
成本利润率（%）	9.08	36.16	36.68

成本利润率大小排序为大规模＞中规模＞小规模，其中大规模肉羊养殖成本—利润率约为小规模的 4 倍，大规模肉羊养殖户成本利润率最高，但总成本低于小规模，说明大规模肉羊养殖规模效益很好。

综合上述肉羊养殖户和养殖企业的单位成本、养殖料肉比、成本—利润率等指标分析，中等规模的养殖户（场）在成本方面具有较为明显的优势，大规模养殖户和养殖企业在养殖料肉比和成本—利润率方面具有一定的优势，而小规模养殖户在 3 个方面均不具有优势。因此，与肉牛养殖类似，肉羊养殖也没有一个具有绝对优势的适宜规模。从可行性的角度来讲，必须扩大小规模养殖户的养殖规模，而小规模养殖户并不能够直接从小规模跨越到大规模。因此，江西省肉羊养殖适宜发展的应该是 200～500 只的中等规模的养殖模式。

（四）促进肉羊养殖模式转变的对策建议

1. 养殖观念的转变

随着肉羊产业的发展，养羊逐步摆脱家庭副业的地位，渐渐转变为农村经济的主要产业，成为当地农民经济收入的主要来源和增收的新途径，即养羊业由谋生手段向促进产业发展方向转变。随着科技的进步，规模化程度的提高，新成果、新技术、新产品的推广和应用，养羊企业对管理、生产人员提出了新的要求，专业化、高素质的技术人员成为企业生产和管理的主流，文化水平低、技术能力差的人员不能胜任现代化养羊业的发展，将退出养羊业的历史舞台。

2. 养殖品种的转变

由于历史的原因，我国的西北、东北地区，内蒙古、西藏等省份主要以饲养绵羊为主，而长江以南及中原一带以饲养山羊为主。各地的地方品种抗逆性强，但养殖效率低。过去，养羊者只重视在本品种内调剂，并不重视优良品种的引进和利用。随着养羊业的快速发展，人们在饲养品种的认识和利用上发生了巨大的变化。一是逐步加强对适应性、抗病力强、繁殖性能好的地方优良品种采取保护措施，并不断进行选种选育，保障种质资源不流失。二是利用当地这些肉羊品种为母本，从国内外引进在当地适应性强、产肉性能好、生长速度快，饲料报酬高的优秀种公羊对本地品种进行杂交改良，采用杂交优势生产商品羊，利用现代生物技术加快肉羊生产速度，实现供给侧结构性改革，达到肉羊产业转型升级、提质增效、保障供给的目的。

我国地方品种羊产肉性能与国外专门化肉羊品种相比存在很大差距。例如，我国绵羊品种中的乌珠穆沁羊在国内为优秀的肉脂兼用羊品种，6～7月龄公、母羊体重分别为39.6千克和35.9千克，成年公、母羊体重分别为74.4千克和58.4千克，为我国大体型肉脂羊品种。但与国外肉用绵羊品种相比，仍存在很大差距。例如，原产于英国的萨福克肉用羊，7月龄单胎公、母羔体重分别为81.7千克和63.5千克，成年公、母羊体重分别为136千克和91千克。可见，饲养高生长速度的肉羊品种较饲养低生长速度的肉羊品种经济效益必然会高很多。

引入优良品种必须与当地气候和饲养方式相适应。在发展肉羊产业时，从外地引入良种，首先应考虑引入品种产地的气候条件、饲养方式与引入地是否适应。例如，山东小尾寒羊在原产地为舍饲圈养，不耐远牧和爬山，若将其引入到山区和土种羊混群放牧饲养，山东小尾寒羊的高产羔率和高生长速度不但表现不出来，而且其生产性能甚至较本地羊还要低很多。

开展经济杂交，利用杂种优势，提高本地羊品种的产肉性能发展肉羊生产。依靠大量引种专门化肉羊品种是不切合生产实际的，利用经济杂交的杂种优势进行肉羊生产，是肉羊生产中最成功的经验。应充分利用当地羊品种资源的优势，适当引入优种肉羊作父本，以本地羊品种作母本，开展经济杂交，是提高肉羊生产效率的一项行之有效的措施。在内蒙古，利用英国萨福克羊作父本与当地内蒙古细毛母羊和当地细毛杂种母羊杂交，在草原区放牧育肥。生产的杂交一代6个半月龄，羯羊胴体可达（18.33±2.06）千克，净肉量平均达（13.49±1.63）千克。大量试验证明，采用经济杂交方式可提高绵羊、山羊的产肉性能，应大力提倡，并有计划、有组织地推广。

发展肉羊生产不可盲目追求饲养高生长速度、大体型品种。饲养高生长速度的肉羊品种比饲养低生长速度的肉羊品种收益要高，但越是高产品种羊对饲草饲料条件和营养需要量要求越高，往往抗病力则较本地品种羊低。因此在选择所饲养的适宜肉羊品种时，应结合本场或本地的实际饲养条件来确定。

3. 养殖区域的转变

牧区、半农半牧区是我国养羊的重点区域，这些地区以广袤草原为主，部分为山坡丘陵，占地面积大，气候寒冷，基础设施较差，冬春饲草供应不足。特别是禁牧以来，饲草供给更难以得到保证。随着人们对羊肉消费量的增加，牧区、半牧区的羊肉产量不能满足市场供给，在市场杠杆、国家政策等方面的调节下，养羊业逐步向自然条件好、饲草料资源丰富的农区发展。农区有充足的秸秆资源及粮食下脚料、工业副产品，配合肉羊饲草料的开发、加工、配制及饲喂方法等配套技术，保证了优质饲草料的充分供给。同时，达到了秸秆过腹还田、农牧有机结合、附产品资源化开发利用的目的，提高了农区单位面积综合效益。

4. 饲养模式的转变

我国养羊主要有放牧、"放牧＋补饲"、舍饲3种模式。放牧作为牧区和半农半牧区传统的养羊模式，受季节和气候影响较大，容易出现"夏饱、秋肥、冬瘦、春死"的现象。同时，根据保护生态环境和草畜平衡要求，养牛数量受到了一定的限制，必须向农区转移。"放牧＋补饲"是当今牧区、半牧区和山区常用的方法，该方法可充分利用当地夏、秋季节自然资源的草地，降低饲草成本，在冬春季补饲部分饲料，满足羊的营养需要，但存在补饲饲料来源不稳定、价格偏高的问题，这种模式缩小了养羊的利润空间。因此，放牧、"放牧＋补饲"这两种模式均受到了挑战，舍饲模式应运而生，并将在部分地区广泛开展，其最大优势是可充分利用农区大量的秸秆等，提高农作物的利用率，保护生态环境。但相比放牧，存在养殖成本高、效益低的问题。未来，标准化、规模化舍饲养殖将是产业发展的主要模式，技术创新、分阶段养殖是饲养模式的发展趋势。

5. 养殖规模的转变

过去，我国养羊业以零星散养为主，规模小，弊端多。一是管理粗放，饲料、饲草品种单一，营养不足或不全面、不平衡，致使羊体质下降，生长速度缓慢，易引发疫病；二是许多实用科学技术得不到应用，效率不高，养殖效益差；三是难以形成批量商品，出现了有产品无市场，销售价格没有话语权的问题。因此，加速了养羊业由零星散养向规模化推进。近年来，大多养羊企业理智大于盲从，充分考虑其资金、技术、管理水平、当地自然环境和资源禀赋、粪污无害化处理能力等综合因素，适度规模的集约化、规模化养羊模式取得了很大进展。

6. 营销方式的转变

过去，千家万户的肉羊零星养殖者将羊拉到市场出售，或由经纪人从养殖地收购，交由屠宰加工企业，部分规模养殖场直接运输肉羊到屠宰加工企业。不分等级，价格统一，按胴体重支付。加工企业将加工的成品肉囤积，待客户上门以统一的批发价销售。现在，部分零星养殖户基本上是由经纪人收购并送往屠宰加工企业，而大部分零星养殖户以合作社等组织形式，同规模养殖场一样，与各屠宰加工企业订立合同，按合同约定的数量、时间和价格向屠宰加工企业提供羊源。活羊价格也因羊的品种、性别、月龄、饲养方式等变化而变化，而羊肉价格也随之变化，可充分体现优质优价，羊肉价格也会因品牌知名度发生变化。营销则利用互联网等方式，使有些冷鲜肉直接进超市和社区，减少了销售环节，降低了营销成本。

7. 营养供给的转变

在以放牧为主的养羊时代，羊的营养供给主要是天然牧草，靠自由采食获取，来源及营养水平受地域、气候和季节影响极大，对羊的生长、发育和繁殖十分不利。而进入"放牧＋补饲"及全舍饲阶段，羊的营养供给由在草地自由采食向人为调控营养转变，即人类可按照羊的营养需求供给饲料，保障其生长、繁殖的营养需要。随着标准化、规模化进程的加快，羊的营养可实现按生长阶段供给，既可保证营养需要，又不会造成饲料浪费。此外，羊的饲料供给也由单一品种的饲料向全价混合饲料转变。在饲料配制方式上，由人工生产向机械设备生产饲料转变，使用 TMR 搅拌机，将饲草、饲料按需要科学搭配，统一投料。

8. 疫病防控的转变

在传统养羊者的意识中，羊不发病，即使个别羊发病也按传统方法进行诊治，很少发生重大传染病，羊的疫病防控并没有引起足够重视。随着养羊进入"放牧＋补饲"或全舍饲时代，养殖密度增加，羊的发病率增高，养羊者开始注重羊的疫病防控，由治疗羊病向"预防＋治疗"转变，即按当地疫病流行情况制定免疫程序来接种疫苗，增加羊的免疫力，减少疫病发生，如发生一般性疾病，则需及时对症治疗。随着养羊规模的扩大和人类对肉类食品安全的重视，疫病防控向"保健＋预防"转变，除预防接种外，更注重环境调控、营养配比和保健措施的实施，保障羊群的健康。

9. 安全意识的转变

过去，由于肉羊养殖企业对羊肉食品安全意识差，部分养殖场为了追求利润，超量或违禁使用矿物质、抗生素、类激素等，导致产品中激素、抗生素、重金属有害物质残留超标，严重危害人体健康，成为影响消费的重要障碍。随着国民经济的发展和人民生活水平的提高，肉羊产品的安全和卫生问题已成为社会共同关注的焦点。因此，推进肉羊健康养殖是养羊业面临的又一重要转变。国家施行食品安全追溯机制，迫使养羊企业根据《中华人民共和国畜牧法》规定，建立起养殖档案，详细记录羊的来源和进出场日期，饲料、饲料添加剂、兽药等投入品来源、使用及检疫、免疫，消毒、疫病、无害化处理等情况，明确羊群的来源和去向，把控投入品的使用，确保上市产品安全可靠。

10. 产品加工的转变

肉羊产品主要是羊肉，过去，羊肉多以胴体或卷肉的形式投放市场，随着生活水平日益提高，产品很难满足不同层次城市居民的需求，迫使多数旧式肉类加工企业改造升级，新上马者进行高标准建设，适合生产符合国际标准的优质高档羊肉及产品的工艺流程，逐步实现简单屠宰加工向精深细加工转变，产品更加多样化。

第四章　江西省牛羊产业牧草种植与加工

一、牧草种植模式及适宜规模

(一)牧草种植模式现状分析

牧草是牛羊产业的基础。为满足牛羊养殖需求，牧草种植已被广大养殖户认可，从小规模养殖农户到大规模养殖企业，大多数都会根据实际条件进行牧草种植。目前，全省牧草种植面积超过 60 万亩。据不完全统计，连片规模化种植饲草 50 亩以上的企业江西省近 300 家，其中 45 家规模养殖场饲草种植面积达 29 093 亩，平均 646.5 亩/场。栽培的主要牧草品种有桂牧 1 号象草（王草）和多花黑麦草，其他品种有高丹草、饲用玉米及燕麦等，但种植模式千差万别。

从土地面积、种植规模现状，江西省牧草种植模式可分为 3 种模式：

1. 分散小面积零星种植模式

主要是由分散的农户种植生产，普遍应用，分布广泛。各农户结合养殖需要，利用自有的荒地、边角地、农闲地等各类土地资源种植牧草，种植面积 0.5~5 亩不等；种植品种多样，多数为象草（王草）、高丹草、苏丹草、多花黑麦草，其中以秋播品种多花黑麦草种植较多；利用方式是青割鲜喂，以家畜补饲为主；不同种植户种植的产量差异大，以多花黑麦草为例，高产种植的可达 8 000 千克/亩，种植较差的只有 3 000 千克/亩，所以其种植效益不一。

2. 小规模不规范种植模式

主要由养殖专业户和小型养殖场种植生产，种植规模小，一般连片面积 5~50 亩，种植用地多为荒地或撂荒地，种植生产利用不规范。种植品种主要有象草（王草）、高丹草（苏丹草）、饲用玉米、多花黑麦草等，利用方式是青割鲜喂为主，部分进行青贮加工，不同种植场（户）种植土地、技术和养殖利用方式不同，牧草产量和效益差异大。

3. 较大面积连片种植模式

主要由规模养殖企业生产种植，属较大面积规模化连片种植模式，一般连片面积 50 亩以上，多为 200～500 亩，有的种植面积达到 1 000 亩以上。种植用地主要为企业长期租赁的山地、荒地或撂荒地等，相比专业户或小养殖场，牧草基地的基础设施、种植生产利用更为规范。种植品种主要是象草（王草）和多花黑麦草，辅助品种有高丹草、苏丹草、饲用玉米等，利用方式是青割鲜喂与青贮加工结合。多数企业具有良好牧草生产机械配套设施，牧草加工收储能力强，做到牧草高产种植，能基本实现草畜配套。

依据种植牧草品种以及土地高复种情况划分，江西牧草种植模式主要有以下 4 种：

（1）旱地桂牧 1 号象草（王草）种植模式

旱地桂牧 1 号象草（王草）种植模式即利用旱地（山地、荒地或撂荒地）春季种植、夏秋季生长收割利用、冬季休眠越冬的多年生产种植模式。该模式单位面积产量高（每亩鲜草产量平均在 1.5 万千克以上），管理简单、投入较少，效益良好，种植面积呈逐年递增。当前，该种植模式面积在 21 万亩以上，为江西省重要的牧草种植模式之一。

（2）"旱地经济作物＋多花黑麦草"轮种模式

利用种植经济作物的旱地，在秋冬季空闲期种植多花黑麦草，实现经济作物与牧草轮作，避免了作物之间争地争季节的矛盾，并有利于土地耕作改良，提高了土地冬春季覆盖度，达到增绿、保持水土，模式高产高效的目的。当前，该种植模式面积比重较低。

（3）"旱地高丹草或饲用玉米＋多花黑麦草"轮种模式

是部分规模养殖场高产牧草地种类模式之一。该模式春季种植高丹草或苏丹草或饲用玉米等一年生牧草，秋季种植多花黑麦草，实现热性牧草与温性牧草轮作，提高土地复种指数和牧草产量，但水肥消耗量大，耕作成本投入较高。当前，该种植模式面积比重较低。

（4）"稻田＋多花黑麦草"轮种模式

利用稻田在水稻收割后冬闲期种植多花黑麦草，实现稻草轮作或稻稻草轮作，较好地避免了作物之间争地争季节的矛盾，并有利于稻田耕作改良、冬季增绿，该模式应用面广、经济高效。20 世纪 90 年代初，我国特别是南方省份开始着手进行推广冬闲田种草工作。江西、云南、福建、广西、江苏先后开展了秋冬闲田种植多花黑麦草种植模式，并取得了较好成效。该种植模式面积近 21 万亩，为江西省重要的牧草种植模式之一。

（二）牧草种植模式变化及发展趋势

近 30 年来，随着牛羊产业发展和规模养殖的增加，牧草种植规模和面积增加，牧草种植模式逐步向产出率高、效益好的方向推进和变化，但变化较缓慢，受土地资源等相关条件和产业发展多因素的制约，分散小面积零星种植和小规模不规范种植仍是主体模式。目前，较大面积连片种植模式及牧草产品加工、综合经营逐年增加，趋势明显，有力地推进了牧草种植模式向规模化、专业化的转变。土地利用及牧草轮作模式仍在逐步规范和完善，通过牧草种植，土地被更加有效利用，利用率不断提高，牧草由产出稳定向高产稳产、生态高效转变。

牧草种植为高产出产业，其生产过程中，不仅劳动强度大，而且劳动力投入较多。随着人工成本的提高，依靠人工劳动已难以适应牧草生产需求，适宜机械化作业的规模化牧草种植模式成为牧草种植的发展趋势，牧草机械化生产也必将推进牧草种植模式的转变和优化，特别是专业化、规模化生产趋势优势明显。

（三）牧草种植模式的适宜规模

江西省地貌以丘陵山地为主，光热水综合条件佳、天然草地资源十分丰富，栽培牧草年均亩产鲜草可达 6.2 吨，可为牛羊等食草畜养殖提供丰富的牧草资源。

牧草种植主要用于解决牛羊饲草来源与降低饲料成本，牧草种植适宜规模基于"以畜定草"原则，需从土地条件、市场状况和牧草品种、牧草生产水平、机械配套综合分析。其中：以丘陵的为主，赣东、赣西、赣南地区可利用旱地较少，荒山、荒地较多且地形地势难以实现牧草生产机械化，大面积连片人工饲草建植可能性较低，宜发展以"稻田＋多花黑麦草"冬闲田种草模式为主，以旱地桂牧 1 号象草（王草）种植模式为辅的生产模式，牧草种植适宜规模为面积 10～100 亩。赣北、中部的赣鄱平原、吉泰平原，连片面积较大，在"种养结合＋机械化"形式下，牧草种植适宜规模为面积 200～600 亩、集中连片种植模式，为养殖 500～1 500 头肉牛提供足够的优质饲草，以旱地桂牧 1 号象草（王草）种植模式为主，旱地高丹草或"饲用玉米＋多花黑麦草"种植模式为辅。

（四）优化牧草种植模式的对策建议

1. 加大投入支持与示范引导，大力推进高效模式优化与应用

牧草种植虽已被广泛接受，但大多数情况还没有考虑到种植模式合理性或优化种植模式。政府部门应当加大投入支持，鼓励行业积极参与牧草种植模式优化调整，结合基础条件，建立不同适宜模式示范点，有效发挥示范引导、辐射带动作用，加强宣传推广，大力推进高效模式的普及应用。

2. 加强集成总结与研究创新，不断完善和提升模式的效能与效益

重点加强牧草种植模式技术研究，进一步增强集成总结及创新能力，不断完善优化和丰富牧草种植模式，提升模式科技水平，提高模式应用效能和推广效益。

3. 改善牧草地设施条件，进一步丰富牧草品种

牧草地条件及牧草品种是高效牧草种植模式的基础，当前江西省牧草种植地土壤质地差、设施条件弱，难以形成良好的种植模式，也不利于有效应用高效的牧草种植模式；全省主推牧草品种仍是以禾本科为主，优良豆科牧草缺乏，品种资源不足，严重影响牧草种植模式建设和功能，需要加强改善牧草地设施条件，进一步丰富牧草品种，为优化牧草种植模式提供基础保障。

4. 完善牧草生产加工机械，提升牧草机械化水平

牧草产品生产加工，是丰富、优化牧草种植模式的关键环节，是解决牧草模式简单化问题的最有效措施。改进完善牧草生产加工机械，有利于提升牧草机械化水平，有利于实现高产栽培科学合理利用牧草，推进牧草种植模式优化提升，提高牧草生产效益。

5. 拓展建立草产品市场，推动牧草专业化生产发展

建设培育市场是实现产业高效稳定、持续健康运行和发展的基础，由于牧草生产市场化水平较低，牧草种植模式优化推动能力弱。要加快拓展建立草产品市场，促进牧草生产转化为商品草产品，积极推动牧草专业化生产，不断丰富草产品市场，依托市场调节作用，进一步优化牧草种植模式。

二、牧草加工企业

江西省草产品加工生产应用较早，但发展缓慢。近十年来，随着规模养殖场的增加和加工技术的成熟以及加工设备的改进升级，草产品加工生产得到较大突破，但科技型专业化加工企业仍然欠缺。

（一）牧草加工企业发展现状

1. 参与企业多，专业化企业少

在"南方草地畜牧业推进行动""牛羊产业大县建设"等项目实施支持与推动下，江西省规模养殖企业快速成长，规模养殖企业参与牧草加工能力显著提升，特别是人工种草面积大幅度增加，牧草加工设施设备大量添置，多数规模养殖企业都在发展牧草加工。据统计，大部分规模养殖企业拥有压块青贮、拉伸膜裹包青贮设备或青贮窖。在牧草生产高峰期，企业可根据需要生产充足的青贮草产品。也有企业根据市场需要，专业从事牧草加工生产经营，为养殖企业开展牧草供给服务，发展牧草市场，促进了草产品产业化生产。但专业化企业仍较少，专业性程度和水平也不高，有待加强培育和支持发展。

2. 企业率先引领，农户参与发展

在资源开发利用的引导下，2006 年江西省第一家草产品加工企业鄱阳湖草业公司成立，企业主要针对鄱阳湖湖草资源（灰化苔草为优势品种），加工裹包青贮和干草产品；之后，相继有陈氏牧业公司、九江华林草业公司等从事湖草资源加工生产。在企业引领下，湖区周边农户积极参与湖草产品加工，有星子县蓼南乡新华村湖洲牧草农业合作社、鄱阳县莲湖乡张华南联合农户等一批加工合作社和专业户参与其中，主要利用鄱阳湖天然草洲资源，年加工湖草（苔草、牛鞭草等）青干草超过万吨。受鄱阳湖水位变化无规律性、特别是近年来人工成本提高等情况的影响，企业生产加工投入成本显著增加，企业已不得不退出加工，但农户利用条件便利、人工成本低等优势，持续进行湖草加工生产经营，推进了湖草加工业

的发展。

3. 优质资源开发针对性强，应用成效明显

针对作物秸秆、农副产品和野生牧草等优质饲草资源的有效利用，经营企业进行了不断的探讨开发，在鄱阳湖草业公司开发湖草资源的基础上，2008 年江西天宝草业公司成立，针对甜玉米加工副产品，从事甜玉米苞叶、棒蕊压块青贮，取得良好效果；龙南新农佳农业公司在甜玉米种植过程中，将玉米秸秆进行青贮加工，物尽其用，有效带动了玉米秸秆的饲料化应用；武宁仙姑寨牧业公司充分利用本地野生草五节芒资源，加入玉米粉、豆粕等混合青贮；江西春晖羊业公司、丰城犇业牧业公司等开展稻草收储，抚州芗峰牧业、鄱阳富大合作社青贮红薯藤，可利用资源开发应用成效明显。

4. 受制约因素多，草产品种类少

江西省牧草加工受天气条件、牧草品种、供求市场等多因素制约，存在草产品种类少、经营市场小、供需矛盾多等问题。由于雨水天气多、湿度大，牧草加工主要是青贮产品，干草调制、草块（草粉）加工成本很高，加上适宜加工干草的优良牧草品种缺乏，特别是优质豆科品种缺失，难以支撑牧草加工企业良性发展，成为牧草加工业的瓶颈问题。

5. 加工数量多，商品化率低

据不完全统计，江西省青贮草产品年加工量为 100 万吨，但多数是养殖企业加工，以自用为主，少部分进行市场销售；由于青贮草产品水分含量高，运输成本较高，而且在运输过程中，存在颠簸振荡破损造成二次发酵变质风险，牧草加工专业企业产品销售运送范围有限，导致牧草加工产品商品化率较低。鄱阳湖湖草资源丰富，但缺乏实质性的发展与利用，湖草产业离规模化、产业化发展还有一定差距。

（二）牧草加工企业市场绩效分析

1. 牧草加工生产效益显著

随着牛羊等草食畜养殖的增加，牧草加工生产效益比较显著。据加工企业测算，牧草加工经营利润率在 30％以上。赣州虔诚青贮饲料公司，种植桂牧 1 号象草加工青贮草产品，平均每亩鲜草产量 2 万千克，可加工袋装青贮草产品 14 吨，成本 300 元/吨（鲜草生产成本 200 元/吨，加工材料成本 60 元/吨、人工成本 40 元/吨），产品出售价格 450 元/吨，利润 150 元/吨，土地亩产值达 6 000 元以上；收贮甜玉米种植户的甜玉米秸秆，青贮产品市场售价 400 元/吨，扣除加工成本 260 元/吨（秸秆收贮 130 元/吨，加工材料成本 60 元/吨、人工成本 70 元/吨），利润 140 元/吨，帮助农户增收 40 元/亩、减少劳动力投入 1.5 个/亩。江西春晖羊业公司，利用捡拾打捆机械进行稻草收储，投入机械、人力、运输成本 500 元/吨，相比市场价格 800 元/吨低 300 元/吨。鄱阳县莲湖乡经营主体开展湖草加工，晒制青干草平均成本 630 元/吨（机械收割 300 元/吨、晾晒 50 元/吨，打捆、运送 100 元/吨，人工 180 元/吨），产品出售价格 900 元/吨左右，牧草产品利润 270 元/吨。

2. 提升企业养殖水平

牧草产品加工的突破和普及应用，有效保证了优质牧草的四季供青需要，企业养殖水平得到明显的提高。同时，牧草生产利用率的提高使草地载畜量增加，企业养殖规模也不断扩大，有力地促进了草牧业的发展。

3. 提高牧草产量与利用率

一是通过草产品加工，真正做到牧草在适宜时期及时收割，既可保证牧草品质，又能提高产量；二是确保牧草丰余期生产过剩时及时收割加工贮藏，可避免牧草生产的浪费，并解决了四季供青问题；三是草产品加工使牧草转化成为商品草产品再进行市场配置和流通，牧草生产利用率得以提高。

4. 促进秸秆资源化高效利用

在牧草产品加工生产实践中，生产企业不断创新青贮加工方式，各类秸秆与牧草混合青贮利用效果增加，不同养殖企业结合本地资源条件和养殖需求，有的利用花生藤与象草混合青贮，有的利用饲用玉米加入甜叶菊渣青贮，都达到了提高青贮质量和品质的良好效果。奉新县腾达肉牛养殖场、吉安牛牛公司等大量订购甜玉米秸秆加工青贮。赣州虔诚青贮饲料公司、龙南新农佳农业公司在甜玉米种植过程中，原作为废弃物的玉米秸秆通过青贮加工，年生产销售 8 000 余吨，既减少了秸秆污染处置问题，又获得了较好的经济效益。江西春晖羊业公司、江西丰业原生态牧业公司、丰城犇业牧业公司等大量收储稻草、花生藤，既降低了养殖成本，又提高了资源利用率。

5. 推动自然优质资源（鄱阳湖湖草）开发

鄱阳湖是我国最大的过水性淡水湖泊，枯水期草洲面积达 143.2 万亩，多数为苔草型、牛鞭草型和狗牙根型草地，牧草品质优良，牧草产量高（一次测产鲜草 857～1 600 千克/亩），具有巨大开发潜力。特别是近年来因血吸虫病防治及生态环境保护需要，鄱阳湖区全面实行封洲禁牧，牧草生长丰盛，通过企业和农户参与湖草加工开发，为鄱阳湖湖草资源开发利用开启了新模式，探索了新途径，并在自然干燥条件下成功批量加工品质优良的青干草产品，丰富了市场需求，增加了湖区农户收入。

6. 推进产业市场化建设

牧草产品加工的发展，大大丰富了牧草产品，不仅可以满足市场需求、弥补养殖业饲草缺口问题，而且通过牧草产品的广泛流通，有利于实现区域间牧草资源再分配，有力推进牧草产品市场建设。牧草产品市场化培育与运行，有助于种养企业增强拓展牧草产品的意愿，创新牧草产品加工生产方式，不断提高牧草产品生产能力，牧草业产业化水平提升加快。

（三）牧草加工企业的典型案例分析

1. 赣州虔诚青贮饲料公司秸秆饲料化加工模式

基于农业秸秆资源，通过科学加工存储，丰富饲草产品，推动秸秆资源化利用，实现农牧业有机结合、资源循环利用、环境友好发展。在实施运行过程中，因地制宜，企业通过与村集体、种植农户签订订单协议，针对甜玉米等作物秸秆及农副产品资源，主要由企业采取机械化收割、青贮加工等现代化生产模式，将优质秸秆青贮加工转变为饲草产品。通过经营饲草产品，企业发展壮大，饲草市场不断丰富，农户收入得以提高，对促进草牧业发展具有重要积极作用。

（1）秸秆饲料资源基本情况

江西省信丰县地处赣南地区，主要有优质稻、甘蔗、甜玉米、烟叶、食用菌、商品蔬菜、中药材、花生等几大产业，基本形成了一乡一品、一村一品的产业格局。2019 年秸秆产量 27.5 万吨，秸秆可收集总量 22.22 万吨。

为推动农业秸秆资源化利用，信丰县在实施秸秆综合利用项目中，对

"秸秆饲料化利用"进行了专项扶持，利用中央财政扶持资金 100 余万元，培育了华华青贮饲料有限公司、赣州虔诚青贮饲料公司等秸秆饲料化加工实体企业，目前年处理加工秸秆能力达 5 万吨以上。其中"甜玉米种植＋秸秆青贮＋肉牛养殖"的模式（甜玉米种植→加工成甜玉米罐头→玉米秸秆、苞叶、棒芯青贮加工成养殖肉牛的青饲料→肉牛养殖→肉牛养殖产生的废弃物→生物发酵成有机肥→种植甜玉米等其他经济作物物质循环利用模式），形成区域内大农业产业生态良性发展的循环模式（图 4-1）。在秸秆资源丰富及饲料化利用的推动下，2020 年，信丰县肉牛存栏 68 520 头，同比增长 17.27%；年出栏 40 664 头，同比增长 6.82%，打造了"江南第一牛市"——大阿耕牛交易市场，占地 15 亩，年交易量达 3 万多头，交易额超亿元，是目前江南耕（肉）牛交易场地最大、设施最全的专业耕（肉）牛交易市场。

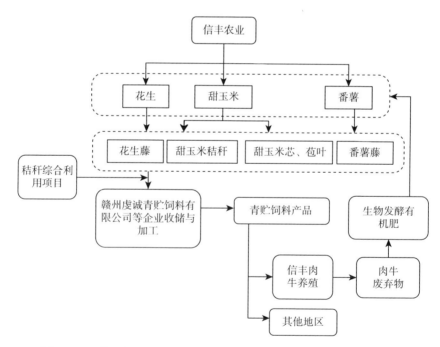

图 4-1 "甜玉米种植＋秸秆青贮加工＋肉牛养殖"物质循环利用模式

（2）赣州虔诚青贮饲料公司秸秆加工情况

赣州虔诚青贮饲料有限公司成立于 2019 年，位于信丰县大塘埠镇合兴村，主要经营范围是农作物种植与青贮饲料加工。该企业拥有国内先进的秸秆联合收割机、粉碎机、圆包裹包、方包裹包设备等机械设备，培养了专业的机械作业、生产加工及销售团队。目前，该公司签约服务加工的原材料来源主要为信丰县大塘、小江、铁石口、古陂、崇仙和万隆等乡镇的甜玉米、番薯藤、花生藤等农作物秸秆，还自种植象草 400 亩。年均收储加工甜玉米秸秆 8 000 吨、番薯藤 2 000 吨、花生藤 1 500 吨。通过公司的秸秆收储加工，签约甜玉米种植大户 8 户，减少劳动力投入 50 万元，增收节支 30 万元；每年带动农民就业人数达到 1 200 人以上，年人均创收 3 200 余元，解决了农业秸秆的资源化利用难题，促进了当地特色产业的可持续发展。加工青贮草产品品质优良，价格适中，深受牛羊养殖场青睐。除供该县域普及利用外，还外销省内赣州、南昌、宜春、上饶、樟树、抚州、吉安等以及周边的梅州、韶关、三明、漳州、龙岩等广东和福建市场。

2. 江西春晖羊业有限公司饲草综合利用收储加工模式

随着产业不断发展，南方牛羊养殖规模化水平不断提升，人工饲草生产种植面积显著增加。本模式基于南方土地类型特点、气候条件及饲草种类、品种特性与加工、利用方式等状况，注重配套选择适宜的牧草收割机械及利用加工机械设备，做到基本实现饲草收割、运送、加工、投喂全过程各环节可便利衔接的机械化作业，从而提高工效、减少劳动力，降低饲草生产成本，保障养殖效益（图 4-2）。

江西春晖羊业有限公司成立于 2014 年 9 月，坐落于江西省樟树市昌傅镇（原柑橘试验站），目前存栏母羊 5 000 多只，可年出栏近 20 000 只，为江西省规模最大的种羊场。公司成立之初从四川省引入 300 只良种努比亚种羊，在南方现代草地畜牧业发展项目（2016 年，270 万只）的支持下，已建成人工饲草地 200 亩、天然草地 2 000 亩。企业根据养殖规模，种植高产牧草和开发其他优质饲草资源，依据饲草类型，选择适宜的收储机械，通过机械化操作，提高工作效率，降低养殖成本。目前，该企业牧草收割机、稻草捡拾机、裹包青贮、袋装青贮、TMR 等类机械共 8 台（套），成了江西省人工草场面积最大、机械化程度最高的羊场。公司工作人员仅 8 人，年可收获牧草产量 6 000 余吨，加工青贮料 2 000 余吨；收储花生藤 300 吨、稻草 300 吨，实现饲草四季稳定供青，满足肉羊生产需求。通过机械利用，可节省母羊饲草成本约 200 元/只、肉羊饲草成本 80 元/只。

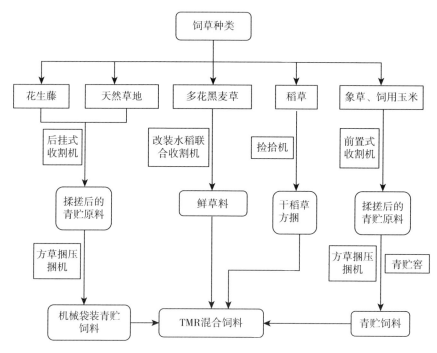

图 4-2　江西春晖羊业有限公司牧草综合利用收储流程

3. 鄱阳湖湖草资源利用加工模式

鄱阳湖是我国最大的过水性淡水湖泊。从统计特征来看，鄱阳湖湿地 2000—2017 年枯水期的平均植被面积为 846.35 平方千米，涨水期为 679.03 平方千米，丰水期为 172.35 平方千米，退水期为 508.63 平方千米。其中种植灰化苔草的草洲年可刈割 3 次（人工测产），最高总产草量达 3 779.9 克/平方米，折合鲜草产量 37.8 吨/公顷。鄱阳湖区全面实行封洲禁牧后，先后涌现出鄱阳县湖草种养专业合作社等企业，季节性开展湖草自然干燥加工，生产青干草产品。苔草青干草粗蛋白含量在 8%～12%，NDF 和 ADF 分别为 50%～60%和 30%～35%，具有较高的消化率，还富含胡萝卜素等多种维生素与氨基酸（其中赖氨酸含量达 1.34%），品质可达干草质量一级以上。

鄱阳县富饶农业综合开发有限公司，成立于 2020 年，位于江西省上饶市鄱阳县，是一家以从事农业为主的企业。根据鄱阳湖水位变化和苔草长势，公司通过"大型机械收割＋自然晾晒＋机械打捆"方式，实现年收储干草 5 000 吨，5 亩地可以收储 2 吨干草，并结合湖草资源分布的情况，企业开展了湖草的区域化、规模化生产加工与发展，先后在鄱阳县、星子县开展苔草收割加工业务，实现跨区域生产。当前，苔草青干草生产运行成本较低，但前期投入大，收割、打包等机械投入成本达 390 万元。

4. 赣州大圣牧业发展有限公司粗料发酵加工模式

赣州大圣牧业发展有限公司成立于 2018 年 5 月，是赣州第一家肉牛产业链服务供应商，定位打造赣州肉牛产业一站式开放性综合服务平台。公司业务包含三大板块：肉牛品牌饲料、添加剂代理贸易；肉牛养殖、技术托管（"公司＋村合作社集体经济＋农户"）及架子牛苗买卖；牧草种植、农作物秸秆收购及加工销售。

公司对牧草、秸秆收储采取了三种运作方式：一是"公司＋农户种植＋基地"。在全赣州范围内与有条件种植皇竹草的基地签订收购协议，利用公司收割机、青贮打包机作为固定资产进行入股，以基地出土地、出人力的合作方式，稳定了牧草供应。二是"公司＋村集体"。结合章贡区秸秆综合利用项目，在村集体单位协助下，公司开展捡拾、运输、打包，实现高标准农田稻草捡拾打包异地饲料化利用；三是通过"公司＋公司"模式。在农业农村局的协助下，与相关公司签订长期合作协议，实现秸秆、农副产品、工业产品等下脚料收储。

该公司依托国外合作商英国英联、日本麒麟等公司的国际先进技术、理念及产品，联合赣南科学院、赣南畜牧水产局领导及研发团队，对收储的鲜牧草、秸秆经铡揉处理后，以"核心料、玉米、豆粕、稻草、花生秧、菌菇下脚料、鲜牧草"等为原料进行营养配方设计，用两百吨压力压缩机对配方原料进行强力压缩除空气后，在密闭内膜袋内密封厌氧发酵，研发出"鲜牧草＋农作物秸秆＋精料"的发酵料，很好地解决了养牛户粗粮收购、运输、存储、加工、饲喂、营养等问题。目前，公司年生产发酵料 8 000 吨左右，远销赣州、吉安、龙岩、韶关等地。

（四）促进牧草加工企业发展的政策建议

1. 高度重视发展草产品加工业，加强宣传和技术推广

草产品加工是草业产业化建设的根本基础，在产业发展规划、建设及政策制定和工作部署中，必须高度重视培育加工企业和发展草产品加工业，只有草产品加工企业与加工业发展创新，才能真正做到牧草生产与草食家畜养殖有效对接，提升草牧业生产水平和能力，提高草牧业效益，实现草牧业规模化、产业化。同时，要进一步加强宣传推广，提高人们对发展草产品加工的认识，广泛普及草产品加工技术，依靠大众的实践和创新，促进草产业不断发展进步。

2. 加大扶持力度，增加优惠政策与项目支持

目前，草产品加工业基础薄弱，需要各级政府加大扶持力度，出台更多的优惠政策和扶持项目，鼓励和引导企业、农户参与发展草产品加工。建议将金融、保险等对农业的扶持政策扩大到草产品加工业，帮助企业消除后顾之忧；将草产品运输纳入农产品运输"绿色通道"目录，享受减免公路通行费政策，降低运输成本，推动草产品市场流通；对草产品加工企业能参照农户和农民专业合作社享受农机具购置补贴政策；推行草产品加工补奖政策，给予加工企业适当补奖，增强企业参与草产品加工的积极性；启动草产品加工基地建设项目，扶持企业参与草产品生产加工示范基地建设，加快带动草产品加工业规模化发展。

3. 加强技术开发研究，不断提升产业发展科技水平

牧草生产科技进步是草产业发展的推动力。要全面加强牧草产品加工的技术开发研究，推进先进科技的应用，提升产业发展科技水平。一是加强草产品加工专用草品种的选育筛选，培育品质优良、适应性强、加工简易的优质草品种，以降低加工成本，生产高质量的草产品。二是加强加工技术的创新研发，重点在牧草干燥技术、高水分干草捆贮藏技术、防霉技术、微生物添加剂等应用技术方面不断创新升级。三是加强草产品加工机械的研制，突出高效、安全、便利，为草产品加工提供先进实用机械和工艺。

4. 培育科技型龙头企业，打造品牌产品

支持规模企业参与草产品加工，鼓励企业与科研院所等技术单位联合，提高企业科技水平和研发能力，培育科技型龙头企业，带动草产品加工产业的规模化、区域化发展。在做大做强草产品加工龙头企业的基础上，支持加强引进、联合、联盟与合作，整合优势资源，树立品牌，打造高品质产品，拓展产品市场，提高产业整体效益。

5. 构建草产品交易市场平台，完善草产品质量检测评价体系

农产品电子商务交易平台，引领了我国传统农业向信息化、标准化、品牌化的现代农业转变。牧草产品同样应借助适宜的电子商务模式，构建具备公信力的交易市场平台，以服务于草产品的生产和销售，指导企业加工与市场对路的产品，解决草产品买卖难的信息问题，帮助草产品加工企业与草食畜养殖企业对接，满足各方需求，实现企业互通互利。同时，由于牧草产品种类多、品质差异大，需抓紧完善草产品质量检测与评价体系，制订质量评定分级标准，为规范企业生产加工和草产品交易提供标准参考依据，保障企业标准化生产和草产品市场有序健康发展。

第五章　江西省牛羊养殖业疫病防控与兽（医）药产业

一、江西省肉（奶）牛养殖业常见疫病及其防控

牛肉是百姓"菜篮子"的重要食品选择之一，肉牛产业发展事关重要农产品供给安全。2020年，江西省政府出台《江西省人民政府办公厅关于推进牛羊产业高质量发展的实施意见》（赣府厅发〔2020〕33号），加快推进了全省牛羊产业高质量跨越式发展。伴随着养殖量逐年增加，肉牛养殖业面临着各种疾病的困扰。以下是江西省近年来肉（奶）牛养殖中常见的疫病及其防控措施，主要包括牛结节性皮肤病、牛流行热、牛焦虫病及牛系统性疾病综合征（牛冬季腹泻、牛运输应激、犊牛气喘病等）。

（一）牛结节性皮肤病

牛结节性皮肤病又称牛疙瘩皮肤病，2019年在我国新疆伊犁州首次确诊该病（刘平等，2020），并于2020年在江西省赣州、抚州等地爆发，对基层养殖户造成了巨大的经济损失。该病主要通过昆虫媒介传播，牛是唯一易感动物，且发病率为5％～45％（杨启尧，2022）。

该病的典型临床症状为皮肤上布有多处凸起结节硬块。病牛出现发热，伴有流泪、流涕、口鼻溃疡、胸部水肿、产奶量下降、浅表淋巴结严重肿大、四肢依赖性组织水肿等症状，病理解剖发现整个消化道黏膜都有痘性病变（Abdallah et al.，2018）。

该病可通过消毒、灭蚊除蝇等措施进行日常防控。目前牛结节性皮肤病尚无特异性治疗方法，国内尚无特效疫苗，养殖户可以按照5倍剂量的羊痘疫苗进行尾根皮内注射免疫防疫。发现该病应将病牛隔离，而后对牛床进行消毒，主要采用漂白粉，也需对牛体消毒，主要采用过氧乙酸。针对病牛病变皮肤应用碘伏进行涂抹，每天2次。针对病牛眼睛则应采用环

丙沙星溶液进行冲洗，每天 3 次（李青云，2021）。除此之外，对于高热不退、呼吸困难等严重个体，可选用头孢噻呋、氟苯尼考、土霉素等广谱抗生素防止激发感染。中药如黄连可起到治疗的叠加作用。

（二）牛流行热

牛流行热又称"三日热"，2022 年江西省多地养牛场都有牛流行热发病现象，该病是由库蠓传播病毒引起的一种热性传染病，该病的传播速度快、病程短、死亡率低。吸血昆虫（蚊、蠓、蝇等）是此病重要的传播媒介，此病多发生于多雨、气候炎热及蚊、蠓滋生的 6—9 月，且传播快、短期内可使大批牛发病，呈地方性或流行性（陈永生，2021）。

该病的典型临床症状为高热，以突发高热、呼吸急促、四肢不同程度的肿胀疼痛、后躯僵硬跛行为主要症状。青壮牛发病较多，犊牛和 8 年以上的老牛很少发病，多数病牛为良性经过，病程较短，多数病例一般 2～5 天可自愈，病死率不高（陈丽，2022）。病理剖检可见气管和支气管内充满大量泡沫状黏液（侯晖，2022）。

根据该病的流行规律做好疫情监测和预防工作，按时做好免疫接种工作，定期灭蚊、蠓等吸血昆虫，做好环境卫生和饲养管理工作。该病尚无特效药，多采取对症治疗。体温过高时，可用解热镇痛药如安乃近注射液、氨基比林注射液；停食时间长，可补液补糖如氯化钠及葡萄糖注射液；胃肠蠕动减弱时，可用复合维生素注射液，增强胃肠蠕动；发生瓣胃阻塞时，可用瓣胃注射油类、盐类泻剂；防止并发症和继发感染，可用青霉素或头孢类药物（陈丽，2022）。

（三）口蹄疫

口蹄疫俗名"口疮""蹄癀"（Naqvi et al.，2022），病毒共分为 A、O、C，南非 I、II、III 及亚洲 I 7 种主型。在自然情况下牛最易感，可通过直接接触和间接接触传染（迪力拜尔·阿木提，2011）。病毒进入家畜机体的门户主要是消化道，其次为黏膜和损伤的皮肤，也能经呼吸道传染（许志成，2012）。潜伏期平均 2～4 天，最短 1～2 天，最长 6～7 天。

该病是由口蹄疫病毒引起的偶蹄动物的一种急性、热性、高度接触性传染病（蒋晓玲等，2022）。该病的特征为口腔黏膜、蹄部和乳房皮肤发生水疱。牛体温升高、采食量下降、会发呆流口水，蹄部、口腔及母牛乳房有水疱，水疱溃烂后结痂，甚至蹄子外壳脱落（Edge et al.，2022）。该病一般多良性经过。若仅口腔发病，1周左右即可自愈；如果蹄部出现病变，则病期可延至2～3周或更久（郑文通，2001）。死亡率一般不超过1%～2%，这种病型叫良性口蹄疫。有些病牛在水疱病变逐渐愈合过程中，病情突然恶化，全身衰弱，肌肉发抖，心跳加快，节律不齐，食欲废绝，反刍停止，行走摇摆，站立不稳，往往因心脏停搏而突然死亡，这种病型叫做恶性口蹄疫，死亡率高达24%～50%（王家福，2005）。

根据江西省牛口蹄疫流行特点，每年定期接种1～3次口蹄疫弱毒疫苗或口蹄疫亚单位疫苗（印春生，2014），可选择牛用的O型、A型或O-A二价疫苗，一般2周可产生免疫力，免疫期为4～6个月。该病目前没有特效药，一旦发现应马上上报当地兽医部门，确诊后按照国家政策进行扑杀并作无公害处理，其他无症状牛只立即采取隔离饲养观察。

（四）牛病毒性腹泻/黏膜病

牛病毒性腹泻/黏膜病，是一种由牛病毒性腹泻病毒引起的传染病（刘占恒等，2020），该病传播速度快、群体感染率和发病率均较高，一年四季均可发生，冬春为主（樊华等，2022），给江西省养牛业造成极大的损失。

该病是以发热、腹泻、消化道黏膜糜烂为主要临床症状的接触性传染病（岳瑞超等，2014）。该病的临床症状与发病牛的日龄以及病程的长短均有一定的关系，通常在临床上可以分为急性型和慢性型（李复煌，2016）。急性型表现为体温升高，口腔黏膜糜烂，病牛表现为不断流涎，呼出的气体带有恶臭味，而后出现腹泻。处于妊娠期90～120天的牛会出现流产和犊牛的先天性缺陷，出生的犊牛不能站立，有时出现共济失调和角弓反张的症状。慢性型的个别病牛会出现体温略微升高，病牛鼻镜、趾间皮肤糜烂坏死，跛行的症状，同时病牛还表现为间歇性的腹泻（Yang et al.，2022）。

该病没有特效的治疗方法，预防上要加强免疫，防止病原引入，疫苗可考虑使用3～5头份的猪瘟疫苗防控（董坤，2022）。针对病症可以进行对症治疗，使用收敛剂和补液、强心、补糖的方法进行治疗，减少病牛因脱水而造成的死亡。同时，对病牛应用恩诺沙星静脉注射，避免出现细菌感染。给病牛提供营养丰富的饲料，提升免疫力，促进该病的痊愈（Wang et al.，2022）。

（五）牛冠状病感染

牛冠状病毒是引起新生犊牛腹泻、牛的呼吸道感染和成年牛的冬季痢疾的重要病原之一（沈思思等，2022）。牛感染该病可导致幼畜死亡、生长迟缓、产奶量减少和奶品质降低，给养牛业造成严重的经济损失（Sun et al.，2020）。

该病引起的新生犊牛腹泻以出血性腹泻为典型特征，大多数犊牛伴有黄色稀便、脱水、体温降低和精神沉郁等症状（Oma et al.，2018）。成年牛的冬季痢疾有血便、发热、精神沉郁、脱水、厌食和产奶量下降等临床症状，严重时会导致贫血。牛的呼吸道感染临床表现为流鼻涕、呼吸困难、咳嗽和发热等。

预防该病的主要措施是供给犊牛初乳抗体、良好的饲养管理、干净的牛舍环境和生物安全。目前该病无特效药，止泻止痢、防止酸中毒是治疗该病的主要措施；可对脱水和酸中毒的牛进行补液；防止继发感染，可选用庆大霉素、喹诺酮类等药物。

（六）焦虫病

牛焦虫病是由于双芽焦虫、巴贝斯焦虫及秦勒焦虫寄生于牛的红细胞内引起的一种血液寄生虫病，通过蜱传播。发病具有明显的季节性，但以夏、秋两季为多。易感染 2 岁以下的犊牛，但症状不明显，易耐过或变为带虫免疫。成牛不易感染，但若发病就比较严重，病死率高（马世平，2022）。

临床上以高热稽留、血尿、黄疸和贫血为特征。潜伏期为 8～15 天，成年牛体温可达 40～42℃，稽留热，后下降变为间歇热，肌肉震颤，精神沉郁，食欲减少或废绝，反刍停止。3～4 天后出现血红蛋白尿，尿液呈浅红色或深红色，继而贫血，血红蛋白含量降低，产奶量急剧下降，病牛迅速消瘦、呼吸困难、起立和运步艰难，或卧地不起。黄疸、水肿、腹泻与便秘交替发生，粪便恶臭且含有黏液和血液。妊娠母牛多发生流产。犊牛发热不严重，持续几天退热后可迅速康复，牛体略显虚弱，黏膜多苍白或呈微黄色（马世平，2022）。

病理解剖发现病牛脾大，切面呈紫红色，脾髓变软。肝脏充血、肿大，质地松软，切面呈灰棕色，胆汁呈稀粥样黏稠，充满胆囊。肾脏和膀胱出血肿大，大量红色尿液充满肾盂和膀胱。直肠黏膜有点状出血和糜烂。

该病防控可通过有计划地消灭牧场和牛舍内的蜱，加强检疫，避免病牛调进、输出；在流行季节改为舍饲。治疗病牛要及时，如用三氮脒（从臀部深层肌肉注射）、硫酸喹啉脲等。同时注意护肝和抗贫血治疗（注射维生素 B_{12}、铁制剂等）。

（七）伊氏锥虫病

伊氏锥虫病又称"苏拉病"，俗称肿脚病，是由伊氏锥虫寄生于家畜血液中引起的一种原虫病。主要由虻和螫蝇传播，多发于夏、秋季节，牛易感染（Kizza et al.，2021）。

该病多呈慢性经过，临床上以间歇性发热、贫血、消瘦、水肿及发生一系列神经症状为特征。潜伏期为 4～14 天，有急性型和慢性型两种。急性型多发生于春耕和夏收期间的肥壮牛，发病后体温突然升高至 40℃ 以上，精神不振，黄疸，贫血，呼吸困难，心悸亢进，口吐白沫，心律失常，外周血液内出现大量虫体（吴传敬，2021）。如不及时治疗，多于数周或数天内死亡。慢性型病牛精神沉郁，嗜睡，食欲减少，瘤胃蠕动减弱、粪便秘结，贫血，间歇热，结膜稍黄，呈进行性消瘦（短时间内体重明显下降），耳尖尾尖等皮肤干裂，最后干燥坏死。四肢下部、前胸及腹下水肿，起卧困难甚至卧地不起，后期多发生麻痹，不能站立，最终死亡。少数有神经症状，妊娠母牛常发生流产。

病理解剖发现病牛尸体消瘦，黏膜呈黄白色。皮下及浆膜胶样浸润，全身性水肿、出血，淋巴结、脾、肝、肾、心等均肿大，有出血点。

在疫区尽早发现病畜和带虫动物，进行隔离治疗，控制传染源，同时定期喷洒杀虫药，尽量消灭吸血昆虫，对控制疫情发展有一定效果。必要时可进行药物（喹嘧胺）预防。对发病动物可用萘磺苯酰脲、喹嘧胺、三氮脒、氯化氮胺菲啶盐酸盐等对病牛进行治疗，同时注意护肝和抗贫血治疗（注射维生素 B_{12}、铁制剂等）。

（八）肝片吸虫病

牛羊肝片吸虫病又被称为肝蛭病，是指肝片吸虫寄生于肝脏、胆管中的一种寄生虫病，同时也会感染人，是一种人畜共患病。成虫会在病牛机体内繁殖，产出的虫卵会随着粪便排出到体外，落入水中后会孵出毛蚴，并且寄生在椎实螺等中间宿主的机体中并发育。肝片吸虫需要利用淡水螺才能完成自身的生长发育，因此，这类疾病主要发生在雨季和水灾地区（Coma et al.，2022）。其中在胆管中寄生的成虫会导致病牛胆管发炎，影响胆汁分泌，消化机能会受到影响，会伴有中毒症状和营养障碍等，牛羊的生产性能降低。

牛羊肝片吸虫病主要发生在夏秋两季，幼龄犊牛感染此类疾病的概率最高，且在短时间内遭受严重感染，会导致病畜突发死亡。哺乳期母畜感染此型，其乳液会逐渐变稀薄，产奶量逐渐减少，怀孕母牛感染后，容易发生流产和死胎等现象，即使生产出羔牛也容易死亡。该病潜伏期长短不一，可数天至 2～3 个月不等，临床可分为急性期、慢性期。急性期主要是幼虫在腹腔及肝脏移行所产生的症状，如合并有细菌感染可导致病情加重。主要有不规则发热（38～40℃）、右下腹疼痛、食欲缺乏、腹胀、腹泻或便秘。多数有肝肿大、少数伴有脾肿大及腹水。上述症状可持续 4 个月左右而消退并逐渐进入慢性期。慢性期是当急性症状消退后可数月或数年无明显不适，亦可在此期某些症状再次出现如腹痛、腹泻、不规则发热以及反复荨麻疹、黄疸、贫血（张玲萍，2019）。

该病应提前预防，加强家畜管理，定期驱虫，一般在春秋两季开展常规性驱虫，第一次驱虫时间可以定在 4—5 月，第二次驱虫时间可以定在 10—11 月。划区放牧，粪便无害化处理，避免污染水源，饮用水（包括牲畜）与一般用水分开，饮用水宜定期消毒，加强卫生宣教，不喝或不吃可能遭受污染的生水和水生植物，以切断传播路径。

硫氯酚是治疗该病常用药物，10～15 天为一个疗程，间隔 5～7 天后再给第二个疗程，一般用药第 3 天即见疗效，3～6 天内体温降至正常，临床症状随之减轻。除此之外还可使用吡喹酮、阿苯达唑、溴酚磷等药物。该病除针对病原体治疗外还应使用广谱抗生素（如氟苯尼考等）治疗继发细菌感染。

(九) 尿素中毒

在牛饲养育肥过程中，在牛饲料中添加尿素能够帮助牛瘤胃中的微生物生长发育，促使这些微生物合成蛋白质，进而辅助牛消化利用饲料中的各种营养物质，达到促进牛育肥发育的目的。而且通过饲喂适量的尿素还可以显著改善饲草蛋白不足的问题，从而降低精料的投喂量，保证牛育肥的同时降低了生产成本。但是这一过程中，可能会因尿素用量过多造成牛尿素中毒（肖和良，2021）。

中毒的患畜多会表现出不安、震颤、采食和反刍停止、呻吟、站立不稳等典型的中毒症状，并出现各种神经症状，如酒醉状，甚至还会出现强直性痉挛（仁青加，2020）。此外，尿素中毒的患畜眼球震颤，四肢张开，触诊可见患畜出现腹胀，部分患畜出现呼吸困难，口流泡沫以及腹泻等症状。最后随着中毒症状的加深，病牛全身痉挛和抽搐，并且伴随呼吸困难，心脏搏动亢进，患畜的脉数增至 100 次/分钟以上，最终患畜因多器官衰竭死亡（刘重贵等，2017）。对病死牛进行外观检查，会发现尸体明显膨胀，严重腐败，皮肤呈紫绀色，口腔会有带血的泡沫状液体流出，可视黏膜也可呈绀色，且眼球、肛门明显突出膨胀，剖解可见瘤胃内出现大量的氨味气体以及典型的瘤胃积食症状。此外，尿素中毒牛的皱胃黏膜多出现脱落，肠黏膜出血，肝脏多肿大，呈灰绿色。肾脏呈暗褐色，膀胱内黏膜存在出血点，尿液呈深黄色，并有刺鼻的气味。

目前牛尿素中毒尚无特效疗法。在停喂清槽的基础上，多是通过缓解病牛的中毒症状达到救治的目的。患畜在尿素中毒的早期可以通过灌服食醋能有效中和牛瘤胃中的氨，并且还可以减少脲酶的活力，减少机体对尿素的吸收（雷踊林等，2017）。此外，还需缓解急性瘤胃膨气，可用套管针或长针头在左肷部穿刺放气。如果出现重症倒地的患畜，需尽快静脉注射 25% 葡萄糖酸钙注射液（500～1 000 毫升，速度不宜过快，否则易引起心搏骤停）、400 单位辅酶 A 和维生素 C 注射液 1 克，每日 1 次，连续注射 2 日控制病情的发展。此外中药也能有效缓解牛尿素中毒，处方一：防风 56 克，甘草 74 克，绿豆粉 56 克，白糖 112 克，使用粉碎机打碎成粉末，在饲料中添加投喂即可。处方二：甘草 74 克，绿豆 595 克，加水煎取之后取药汁，晾温后灌服。

对于该病最佳的预防措施为科学合理地添加尿素：①添加尿素按每100千克体重20克计算用量，尿素配成0.5%～1%的溶液与粉碎的玉米或铡碎的粗料充分混合均匀，每日用量分2～3次饲喂（李代红等，2019）。②饲喂尿素后防止大量饮水，以免尿素分解过快而中毒。③在饲喂尿素过程中，不能过多地饲喂豆类、南瓜等含有尿素酶的饲料（杨锋等，2018）。④犊牛（60千克以内）不能饲喂尿素，其瘤胃微生物菌系尚不完善，不能利用尿素氮源生成菌体蛋白，不仅会造成浪费，还会对瘤胃造成损伤。

（十）瘤胃酸中毒

瘤胃酸中毒主要是因过食富含碳水化合物的谷物饲料，在胃内高度发酵产生大量乳酸后引起的急性代谢性酸中毒（张剑霞等，2022）。病畜表现为消化障碍，瘤胃胀满，精神抑郁，运动失调，卧地不起，神志昏迷，酸血症，陷于脱水状态而死亡。我国耕牛、奶牛，乃至犊牛，都会发生该病，可造成重大经济损失（张文正，2017）。

引起该病原因主要有：饲喂大量谷物如大麦、小麦、玉米及甘薯干，特别是粉碎过细的谷物后；耕牛在常规饲养情况下，突然饲喂谷物类精料或偷食大量谷物；气候骤然变化，牛羊神经反应性降低，呈现应激状态，消化机能紊乱，任其采食等（郭永兰等，2022）。

急性病例常在采食后无明显病症，于3～5小时内突然死亡。轻症病畜则表现神情恐惧，食欲反刍减退，瘤胃运动减弱，肚腹胀满，粪便呈灰色，松软或下痢。间或后肢踢腹，呈现腹痛症状（Snyder et al.，2017）。临床上，绝大多数病例都表现为急性病症。病畜神情忧郁，目光无神，惊恐不安，步态不稳。食欲废绝，流涎，磨牙，虚嚼。瘤胃运动消失，内容物胀满、黏硬，下痢，粪便呈淡灰色，酸奶气味。气喘，甚至呼吸极度困难。心跳加快，每分钟可达100次以上。严重者心力衰竭，呈现虚脱状态。

轻症病例，可先洗胃，或用氧化镁（氢氧化镁亦可）加温水，借鼻饲管投入瘤胃内，继而进行瘤胃按摩，促进乳酸中和与吸附有毒物质（Liu et al.，2019）。当酸中毒与脱水现象明显时，亦可用碳酸氢钠予以纠正，调节酸碱平衡，同时应用强心药（樟脑磺酸钠注射液、安钠咖等）及抗菌药等。对重剧病例进行急救，应根据病情采取全身疗法或施行手术取出瘤胃内容物。若出现多数病例，首先应用抗酸药物治疗（如碳酸氢钠），再进行后续治疗。此外，还需防止继发瘤胃炎、急性腹膜炎或蹄叶炎，消除过敏反应，可使用马来酸氯苯那敏进行肌肉注射。在病情发展过程中，若出现休克症状时，宜用地塞米松静脉或肌肉注射。血钙下降，出现抽搐表现时，用10%葡萄糖酸钙注射液，静脉慢速滴注，亦具有抗过敏及降低渗透压作用。在治疗过程中，还应注意清理胃肠，防腐制酵，以抑制乳酸杆菌滋生，增强治疗效果。日常防控中需要注意饲料选择和调配，防止过食谷物饲料，可减少发病率（薛闯等，2021）。

（十一）胎衣不下

胎衣不下又称为胎膜停滞，是指分娩后不能在正常时间内将胎膜完全排出（严福文等，2019）。一般正常排出胎衣的时间，大约在分娩后，牛为12～18小时、山羊为2.5小时、绵羊为4小时。该病牛比羊发病率更高，此病主要和母畜产后子宫收缩无力及胎盘异常有关。

牛全部胎衣不下时，悬垂于阴门外的胎膜表面有大小不等的稍突起的暗红色的胎儿胎盘，随胎衣腐败分解发出特殊的腐败臭味，并有红褐色的恶臭黏液和胎衣碎块从子宫排出，子宫颈口不完全闭锁（贾斌，2021）。部分胎衣不下时，其腐败分解较迟，牛耐受性较强，故常无严重的全身症状，初仅见拱背、举尾及努责。

该病可通过注射药物（催产素注射液、己烯雌酚注射液等）来促进子宫收缩，病情严重的需要进行手术剥离。还可通过加强饲养管理，增加母畜运动，分娩时保持环境的卫生和安静来防止和减少胎衣不下的发生。产后按摩乳房，让仔畜吸吮乳汁，均有助于子宫收缩进而促进胎衣排出。

（十二）阴道脱出

阴道的一部分或全部脱出于阴门之外，称为阴道脱出（李生金，2018）。年老体弱的母畜发病率较高。该病主要原因是日粮中缺乏常量元素及微量元素，母畜运动不足、过度劳役、阴道损伤及年老体弱等，使得固定阴道的结缔组织松弛。此外，分娩及难产时努责等，致使腹内压增加，也可引发阴道脱出。

该病一般无全身症状，多见病畜不安、拱背和作排尿姿势。当继发感染时，则出现全身症状。部分阴道脱出常在卧下时，在阴门开张处，见到形如鹅卵到拳头大的红色或暗红色的半球状突出物，站立时缓慢缩回。完全脱出多由部分脱出发展而成，可见形似排球到篮球大的球状物突出于阴门外，脱出的阴道，初呈粉红色，渐成紫红色肉冻状，表面常有污染的粪，进而出血、干裂、结痂、糜烂等。

因脱出的程度不同而症状各异。部分脱出站立时能自行缩回的，一般不需整复和固定，但需加强运动、增强营养、减少卧地。当站立时不能自行缩回者，则应进行整复固定，并配以药物治疗。完全脱出的治疗应进行手术整复固定，并配以药物治疗。必要时可行阴道部分切除术（李仲选，2017）。预防和及时治疗增加腹压的各种疾病可减少阴道脱出的发生率。

（十三）难产

在母牛分娩过程中，胎儿不能被顺利地娩出时，称为难产（孙京华，2020）。此时，若助产不及时或助产不当，不仅可以引起母畜生殖器官疾病，甚至可造成胎儿或母体的死亡。

母体营养不良、疾病、疲劳及分娩时外界因素的干扰等，会使孕畜产力减弱或不足（Vander et al.，2018）。此外，多次给予子宫收缩剂，也可引起产力异常。骨盆畸形、骨折，都可造成产道的狭窄和变形，胎儿异常、胎儿活力不足、畸形、过大都可导致胎儿难以通过产道造成难产。

难产助产的目的是保全母子生命和避免产畜生殖器官与胎儿的损伤和感染。当有困难时，应根据情况保全二者之一，难产助产要严格遵守操作规程。矫正胎儿的异常部分，应尽可能把胎儿推回子宫内进行助产。拉出胎儿时，要随产畜努责徐徐持续地进行。助产手术一般先用手进行，必要时配合产科器械，使用产科器械时，要注意保护锐部以防损伤产道和感染。产道干燥时，用灭菌的液状石蜡或植物油灌注于产道内。产畜的外阴部及术者手臂和所用器械，均须严格消毒。若助产后仍然无法正常分娩，需要及时进行剖宫产手术。预防难产的措施有初产母畜不宜配种过早，妊娠期间合理饲养、营养均衡，有适当的运动和使役，临产前进行产道检查，对怀孕母畜能否正常分娩做出诊断。

（十四）子宫内膜炎

子宫内膜炎是子宫黏膜的炎症，是常见的一种母畜生殖器官疾病（苏少锋等，2023），也是导致母畜不育的重要原因之一。该病多发生于乳用家畜，尤以奶牛常见。

该病发生的原因主要是配种、人工授精及阴道检查时消毒不严、难产、胎衣不下、子宫脱出及产道损伤之后，因细菌（双球菌、葡萄球菌、链球菌、大肠杆菌等）侵入引起。此外，阴道内存在的某些条件性病原菌，在机体抗病力降低时，也可发生该病。

该病可分为黏液脓性子宫内膜炎和纤维蛋白性子宫内膜炎（孙红莉，2013）。黏液脓性子宫内膜炎仅侵害子宫黏膜，表现为体温略微升高，食欲缺乏，泌乳量降低，拱背，努责，常作排尿姿势，从阴道排出黏液性或黏液脓性渗出物，子宫颈稍微开张，有时可见脓性渗出物从子宫颈流出，直肠检查时触感一个或两个子宫角变大，宫壁增厚，收缩反应微弱，有痛感。纤维蛋白性子宫内膜炎不仅侵害子宫黏膜，而且侵害到子宫肌层及其血管，因而导致纤维蛋白原的大量渗出，并引起黏膜或肌层的坏死（Vander、Wyns，2018）。表现为体温升高，精神不振，食欲减退或废绝，反刍及泌乳减少或停止，常努责，从阴门流出污红色或棕黄色的恶臭渗出物，内含黏液及污白色的黏膜组织碎片，卧地时排出增多，并常黏附于阴门周围和尾根上，将手伸入子宫，感到子宫黏膜表面粗糙。

该病可选用 0.1%～0.3% 高锰酸钾溶液，0.1%～0.2% 依沙吖啶溶液，0.1% 复方碘溶液，每日或隔日冲洗子宫，至排出的液体透明为止。为了促进子宫收缩，减少和阻止渗出物的吸收，可用 5%～10% 氯化钠溶液，每日或隔日冲洗子宫一次进行局部处理，常能取得较好疗效。随渗出物的逐渐减少和子宫收缩力的提高，氯化钠溶液的浓度应渐降至 1%，其用量亦随之渐减。针对子宫内膜炎的治疗，一般在改善饲养管理的同时，应尽早进行局部处理，常能取得较好疗效。另外，还要根据疾病的情况、病畜个体的特点和全身状态，正确选用上述方法。当感染严重而引起败血症时，应在实施局部治疗的同时，还要进行全身治疗。

（十五）瘤胃积食

瘤胃积食又称瘤胃阻塞、急性瘤胃扩张。在养殖中，可分为原发性和继发性，前者主要因牛采食不当引起，发生率较高；后者主要由其他继发性感染引起（赵菌，2022）。该病主要发生于春冬时节，未及时救治甚至会出现脱水、中毒、衰竭或窒息等情况，严重影响养殖效益。

瘤胃积食病情发展迅速，通常在过量采食后数小时内发病，其典型的病症为左腹部肿胀或膨大、胃部坚硬、便秘等，病牛主要表现为神情不安、回头顾腹、食欲下降、反刍次数减少、嗳气、流涎、呼吸急促、鼻镜干燥、粪便干硬呈黑褐色，发病前后期有不同程度的腹痛等症状（原芳，2021）。

该病可通过按摩、药物、洗胃、手术等方式进行治疗，以排除瘤胃内容物、兴奋前胃运动机能、抑制瘤胃内容物发酵为主要治疗原则，防止机体酸中毒（甘成礼，2023）。该病初期可用1%氯化钠溶液洗胃，若病情加重，更换为5%葡萄糖氯化钠注射液，同时加入5%维生素C，为抑制瘤胃内容物发酵可内服防腐止酵药。症状轻者可先绝食，进行瘤胃按摩并灌服足量温水，用酵母粉消食化积；较严重者，可用泻剂硫酸镁或硫化钠清肠消导，或液体石蜡以助排，后可用毛果芸香碱或新斯的明皮下注射促进瘤胃运转（心脏功能不全及孕牛禁用）。药物治疗无效时，应进行瘤胃切开术取出内容物，并用1%温食盐水洗涤。养殖户在日常饲养过程中需要采取科学合理的饲喂管理手段，密切关注牛群健康状况，加强牛群的运动量，做好养殖场护理工作可有效降低牛瘤胃积食的发病率（赵菡，2022）。

（十六）瘤胃臌气

瘤胃臌气又称为瘤胃臌胀或气胀病，大多因牛食用过量不易消化食物引发，在养殖过程中，该疾病的出现会严重威胁牛的正常进食，制约其生长发育，严重时可能造成牛死亡，给养殖工作造成极大的损失。是牛群中发生率相对较高的一种胃部疾病。

瘤胃臌气可分为原发性和继发性两种。原发性多在采食中或采食后不久突然发病，病牛常表现为回顾左腹部、后肢踢腹、背腰拱起、腹部膨大疼痛、采食量迅速下降、反刍和嗳气突然停止、肷窝突出、呼吸困难、心跳频率显著增加等症状。继发性的瘤胃臌气一般继发于瘤胃积食、瘤胃炎、前胃迟缓等疾病（吴仕琴，2022）。

预防该病需加强牛场的生产管理，把控好饲料质量，科学使用微生态制剂，必要时合理使用药物进行预防。原发性瘤胃臌气可通过瘤胃穿刺进行放气来缓解症状，同时注入二甲硅油或植物油进行消沫治疗，症状较轻病牛可采用人工辅助病牛促进嗳气的方式排气，严重者可进行胃管排气；继发性瘤胃臌气需尽快治好原发性疾病，之后再进行调理（刘桂华，2022）。

（十七）牛布鲁菌病

该病是由布鲁氏菌引起的人畜共患的一种慢性传染病。主要侵害生殖系统，以母畜发生流产和公畜发生睾丸炎为特征。病畜是该病的传染源，布鲁氏菌主要存在于子宫、胎膜、乳腺、睾丸、关节囊等处，除不定期地随乳汁、精液、脓汁排出外，主要是在母畜流产时大量随胎儿、胎衣、羊水、子宫阴道分泌物以及乳汁等排出体外（郭玲，2022a）。因此，产仔季节以及畜群大批发生流产时，是该病大规模传播的时期（Khurana et al.，2021）。

一般可由于直接接触（如交配）或通过污染的饲料、饮水、土壤、用具等，以及昆虫媒介而间接传染，感染途径主要是消化道，其次是生殖道和皮肤、黏膜，实际上几乎通过任何途径均可感染。

对于此病发防治，应尽量做到自繁自养，不从外地购买家畜。新购入的家畜，必须隔离观察1个月，并做两次布鲁菌病的检疫，确认健康后，方能合群。每年配种前，种公畜也必须进行检疫，确认健康者方能参加配种。对病畜污染的畜舍、运动场、饲槽及各种饲养用具等，用5%克辽林或来苏儿溶液、10%～20%石灰乳、2%氢氧化钠溶液等进行消毒。流产胎儿、胎衣、羊水及产道分泌物等，应妥善消毒和处理。病畜的皮，需用3%～5%来苏儿浸泡24小时后再利用。乳汁煮沸消毒，粪便发酵处理。培育健康幼畜：约占50%以上的隐性病畜，在良好的隔离饲养条件下，经2～4年可自然痊愈。因此，在一般奶牛场，隐性患病母牛数量多时，可用健康公牛的精液进行人工授精，从而培育健康犊牛，犊牛出生后，食母乳3～5天，然后送犊牛隔离舍，喂以消毒乳和健康乳（Holt et al.，2023）。

（十八）牛支原体肺炎

牛传染性支原体肺炎也称牛肺疫、烂肺病，是以肺部病变为主要症状的传染病，归类为呼吸系统疾病，具有很强的传染性，会引发坏死性肺炎、生殖道炎、关节炎、角膜炎等疾病。牛支原体肺炎的主要传染源是带毒牛和发病牛，其分泌物和排泄物中带有大量的支原体，可以造成健康动物发生感染；此外患病牛接触过的用具也可造成健康牛发病（Ammar et al.，2022）。

发病牛常表现为食欲缺乏，逐渐消瘦，并伴有咳嗽、脓性鼻涕。体温可以短时间升到 40℃ 以上，呈稽留热。病牛的鼻孔扩张，眼角有黏性污浊物。病牛焦躁不安，长时间站立不卧，同时伴有气喘吁吁、呼吸困难、吭声不断，时而痛性短咳，时而脓性鼻液喷出。发病后期的主要症状是呼吸困难、消瘦、不饮不食，直至死亡（王天宇等，2021）。

综合防治措施可以用常规的消毒剂杀灭支原体。对牛舍和牛具定期消毒，有效防止细菌滋生。加强牛群引进的管理。在引入新的牛群前，要对牛进行严格检验、消毒，注射疫苗。对引进的牛要隔离一个月以上，观察牛的状态是否健康，确定健康后再引入。严禁将冰冷的水和饲料喂牛，同时要保证牛舍内的温度，切勿过低；要对牛舍勤通风，保证牛舍内的空气新鲜。坚持"自繁自养"原则，"自繁自养"是控制牛生病的最好办法，"自繁自养"可以减少牛与外在病原接触的风险。在患病牛出现临床症状时，可以选取抗生素（如大环内酯类：加米霉素、泰拉菌素、泰乐菌素等）进行对症治疗，降低发生混合感染的概率，从而减轻患病牛的病情，尽量缩短病程，防止造成不必要的经济损失（周大勇，2019）。

（十九）梭菌感染

牛梭菌感染、奶牛梭菌病病原主要包括产气荚膜梭菌（魏氏梭菌）、肉毒梭菌、腐败梭菌、气肿疽梭菌（肖氏梭菌）、诺维氏梭菌、溶组织梭菌、产芽孢梭菌等（李昌明，2020）。夏秋季节是牛羊肉毒梭菌感染的高发、多发时期，这种病在家畜中以牛最易发病，又称为牛"猝死症"（马国和等，2019）。

牛感染后主要表现为肠炎和肠毒血症，犊牛出生后精神、食欲尚佳，但不久突然发病，未见任何症状而就猝死（王玲玲，2022）。临床症状表现为犊牛体温升高至 40.0～40.5℃，精神不振，食欲废绝，口色发红，眼球部凹陷，鼻镜、眼角膜、皮肤干燥，皮肤温度不均，弹性降低，低头弓背，腹痛，并有腹泻，粪便排出稀便恶臭，粪便薄如水或稠如糊状，一般呈黄绿色、黄白色或暗红色；有的表现为腹泻，不腹泻或排少量血便，病的后期牛表现为高度衰竭，口吐白色泡沫，倒在地下，不愿活动，极度虚脱而死；有的病牛会出现神经症状，头颈弯曲，呈角弓反张，最后发生痉挛而死亡（祁国军，2012）。

该病可通过消毒、加强饲养管理、让犊牛吃上初乳等方式减少发病率，一旦感染要立即隔离饲养（张迪，2021）。母牛每年用五联苗预防接种 1 次。全身症状严重的立即采取补液、抗休克、防止继发感染为重点的治疗方针，如用抗生素（氨苄青霉素等）抗感染，选用樟脑磺酸钠或安钠咖作为强心剂，补液用 5% 葡萄糖盐水，配合 VC、VB_6，连用 3 天（许英民，2018）。

（二十）牛冬痢

牛冬季腹泻综合征简称"牛冬痢"，是一种具有高度传染性的季节性疾病。该病常发于春冬季节，各年龄段饲牛均易感。牛冬痢可由多种致病因素诱发，受寒是该病的常见病因，常见病原体有轮状病毒、黏膜病病毒、牛冠状病毒、大肠杆菌、沙门氏菌、空肠弯曲杆菌、球虫、犊牛隐孢子虫等（陈颖钰等，2022）。

患畜发病迅速，出现回头望腹、起卧不安、哀嚎、发热、眼窝凹陷、被毛粗乱、腹泻、粪中带血等临床症状，严重的腹泻和血便还会引起病牛脱水及贫血，多数病牛的腹泻在数日内即可自愈，极少出现死亡病例。但通常患病奶牛要经过数周乃至数月其产奶量方能恢复正常，故会造成较大的经济损失（韩潇潇等，2013）。将病死牛剖解后可见胃黏膜及肠道黏膜组织坏死、脱落形成溃疡，有出血斑或出血点，小肠严重膨胀，肠壁薄如透明状，肠系膜淋巴结肿大。

牛冬痢的治疗应遵从御寒保暖、防腐制酵、抑菌消炎、保护胃肠黏膜、纠正脱水和肠道止血等治疗原则。常用抗菌药包括硫酸庆大霉素注射液、硫酸阿米卡星注射液、恩诺沙星注射液（6 月内小牛禁止使用）、氟苯尼考注射液等。常用制酵剂是液体鱼石脂，吸附剂包括蒙脱石散和活性炭；再使用含乳酸菌、双歧杆菌、肠球菌及芽孢杆菌等组成的益生菌制剂调整肠道微生态平衡（Nakagawa et al.，2021）。

除牛冬痢的常见病因外，还有其他病因引起的腹泻，如营养性腹泻和毒性物质引起的腹泻等（Jones et al.，1931）。营养性腹泻主要由于母乳质量差、饲料不易消化或断奶发生应激等原因造成，因此饲养员应供给易消化饲料，并使用益生菌促进病牛肠道对饲料的消化利用；而牛因误食霉变饲料或其他有毒物质后导致中毒引起的腹泻，首先应用盐类泻药或润滑性泻药促进毒物的排出，再配合使用吸附剂吸附残余的毒物（秦义娴等，2022）。

中兽医认为牛冬痢多由于寒湿困脾、脾胃气虚和迫血下行所致，应采用补气健脾、凉血止痢、保护肠黏膜、解除肠痉挛的原则进行治疗。中药用党参 60 克、猪苓 60 克、苍术 70 克、乌梅 100 克、诃子 100 克、五倍子根皮（炒炭）60 克、地榆炭 60 克、鲜车前一把、白头翁 90 克，煎汤备用；西药用鞣酸蛋白酶 250 克、酵母片 200 片、阿托品（每片内含 0.3 毫克）40 片，混合研细。将西药分 3 份，用中药汤分 3 次冲灌（沈敏、王新华、钟发刚，2002）。

其余中药制剂辅助治疗牛冬痢效果也十分明显，如杨树花口服液和博落回注射液，具有涩肠止泻、燥湿止痢、健脾养胃和抗菌消炎等作用。血余炭为人发制成的炭化物，因价格低廉、购买便捷的特点，常配伍地榆和槐花被养殖户用来治疗牛出血性下痢。

（二十一）肉牛运输应激综合征

肉牛运输应激综合征，是因应激等原因导致的，呼吸道、消化道乃至全身病理性反应的综合征候群应激是导致该病的最主要诱因（Fike et al.，2006）。肉牛在驱赶或运输过程中，都会因环境条件、行为规律及生活节奏等改变，进而导致应激反应。应激反应带来的后果轻则食欲减退、敏感、精神状态下降，重则引起机体免疫力大幅下降导致疾病甚至死亡（贺丛等，2010）。此外，引发该疾病的主要病原微生物为支原体。支原体感染时会造成持续性急性呼吸系统疾病，同时易继发牛传染性鼻气管炎等病毒性疾病及沙门氏菌、葡萄球菌、链球菌等细菌感染，加重患畜病情。在应激原与病原体的协同作用下，患畜将出现呼吸道、消化道乃至全身病理性反应，对养殖产业造成重大危害（张涛等，2022）。

病牛主要表现为高烧、呼吸道症状及腹泻（Deng et al.，2017）。该病常发于新引入的肉牛，发病率可达 60%～70%。发病迅速，主要症状为体温升高，可达 41.5℃，精神较差、食欲消退、被毛粗乱、极度消瘦。呼吸道症状较为显著，病畜主要表现为咳嗽、气喘、流黏性或脓性鼻液。消化道症状则表现为持续腹泻，严重者出现血便，部分病牛的血便中带有脱落的肠黏膜。该病易继发关节炎、结膜炎，导致眼睛出现脓性分泌物、流泪，口腔出现溃疡且流涎不止。随着病程发展，病牛极度消瘦，严重者会导致神经症状甚至衰竭死亡。剖检可见病牛气管壁充血、混有黏液，肺脏虾肉样变，与胸腔壁及纵隔间严重粘连。肺充血、气肿，出现化脓性或者黄色干酪样豌豆大小的坏死灶。心包积液，皱胃表面有条纹样溃疡灶，肠道有出血点，且肠黏膜开始脱落（张涛、曹华斌、杨帆等，2022）。

肉牛运输应激综合征治疗原则为：早诊早治，抗菌消炎、补液强体、增强机体造血机能。选用适宜的抗生素或广谱抗菌药，根据病牛症状的严重程度，合理选择治疗方案。病牛症状较轻时给予口服补液盐，同时配合应用抗生素如加米霉素、泰乐菌素、氟苯尼考等，可达到较好的治疗效果。病牛症状严重时，需要静脉输液治疗，并对症用药，减轻机体负担，若病牛持续腹泻或血便时，应适当使用吸附剂及止血药物，如蒙脱石散、酚磺乙胺等（贺丛等，2011）。

防范该病应做好运输前、运输中及运输后"三级"防控策略。运输前应做好肉牛的挑选、检疫、保健及运输车辆和圈舍的准备工作：选择体格、体型、精神正常，行走步态端正的牛；做好检疫工作；饲料与水中加入微生态菌剂、电解多维等，维持瘤胃菌群活性，强身健体，保健催肥（Alfaro et al.，2020）；选择装有定位栏的专业运输车辆，并彻底消毒，晾干后在车厢内铺上一层 4～7 厘米厚度的干沙土或垫草以防滑；选择通风、保暖等措施优秀的标准化圈舍，并准备好饲料、药物、消毒工具等（杨高丰等，2011）。运输中要有专业人员随车同行，并做到"快、勤、稳"：应选择有经验的司机，在长途行驶时，保证安全情况下优先选择高速路行驶，车速保持 60～80 千米/小时，以减少运输时间；每 2～3 小时观察一次肉牛，并适量饲喂优质干草、补充水分；行驶过程中要稳，避免急刹车、急转弯等操作，减少肉牛在运输车上的碰撞及摔倒等物理性损伤。运输后需积极做好抗应激及疫病防治措施：卸车轻柔，入圈后将饲料逐步加入运输前肉牛食用的饲料中，以减少肉牛对饲料的大幅转变带来的胃肠应激；15 天内禁止饲喂青贮饲料，应以优质的干草为主。入圈后若有发病个体应立即隔离治疗，且注意舍内消毒。病牛需规范疗程，及时进行诊治，不可一针了事（马爱霞等，2020）。

（二十二）夏季犊牛呼吸道疾病综合征

犊牛呼吸道疾病综合征是由于天气炎热、饲养管理不当、病原微生物侵袭等因素导致的一种急性呼吸道疾病，若得不到及时治疗病牛死亡率较高，养牛户一般将其称为"犊牛气喘病"。

患畜初期表现出呼吸加快、体温升高、食欲不振、站立不稳等症状。随着病情的恶化，患畜开始出现胸腹式呼吸、倒地不起、心率加快，张口呼吸并伴有高热，体温可达 41～42℃，舌苔及眼结膜呈紫红色。后期患畜出现烦躁不安，口腔黏膜黄染，舌无血色呈灰青色，最终因呼吸衰竭而死。

该病的病原复杂，较难诊断出确切的病原体。一般认为，导致该病发生的主要病因有以下四种：①新生牛犊的免疫力较差，对牛传染性鼻气管炎病毒、牛副流感病毒 3 型、牛呼吸道合胞体病毒等病原体抵抗力较弱，易受到各种病原体的入侵，导致疾病的发生（吴翠兰等，2018）。②犊牛出生时呼吸道内羊水残留引起异物性肺炎也是该病发病的主要原因之一（艾柯代·吐鲁洪等，2022）。③夏季蚊虫叮咬很容易使母牛感染血液寄生虫疾病（如附红体、焦虫），且血液寄生虫大多可以通过胎盘屏障传染给犊牛，犊牛在免疫力低下时也可能因此发病。④母牛妊娠及泌乳期间采食霉变饲草料出现慢性霉菌毒素中毒，所产出犊牛在出生后便容易发生新生犊牛喘。

夏季应加强饲养管理，栏舍注意防暑降温，患畜应先做降温处理防止体温过高损伤机体。可将患畜搬运至凉爽通风的地方，用湿毛巾敷盖在颈部以降低体温。而后用药进行抗感染、消炎、退烧以及补充电解质和维生素，同时用中药作为辅助治疗以提高气喘病的治愈率。由于犊牛抵抗力差，严重病例也可以用母牛全血或血清输液，补充因吸初乳不足而导致的母源抗体下降。①抗感染：头孢噻呋钠体重每千克注射 50 毫克、硫酸丁安卡那霉素注射液，按照体重每千克注射 30 毫克，2 次/天。②退烧：若体温超过 40℃，需使用退烧药降低体温，可以使用 25％安乃近或者复方氨基比林注射液每千克注射 0.5 毫升，肌肉注射，1 次/天，也可以使用中药退烧剂，如柴胡注射液或者鱼腥草注射液，按照药品说明书注射即可。若超过 41℃可使用地塞米松等糖皮质激素紧急处理，按照每百千克体重 10 毫克，肌肉注射。③补充电解质和维生素；复方氯化钠注射液500 毫升、维生素 C 注射液 500 毫克、复方布他磷注射液 5～10 毫升（Kreipe et al.，2011）。④中成药辅助治疗：银黄注射液 0.4 毫升/千克，肌肉注射，1 次/天，连续用药 3～5 天。此外，有报道称给患畜灌服中药能有效控制该病的发展（宝音德力格尔等，2022）。配方：葶苈子 50 克，桔梗 30 克，大枣 30 克，竹叶 30 克，石膏 30 克加水 1 500 毫升，先泡两个小时，再文火熬制 1 小时，每次大约用 150 毫升，灌服，1 天 1 次。如果犊牛病程较长，并出现虚弱的情况，可适当添加黄芪等调节犊牛体质（Li et al.，2022），增强其抵抗力。

夏季需改善犊牛的出生环境，牛舍要定期清理消毒、灭蝇灭蚊，且应在阴凉通风的室内生产，有条件的话可在有空调的室内生产。犊牛出生后应及时清理口鼻内残留的异物，再用干净的布料将身体上的黏液擦干。犊牛一旦发病，立刻将患畜转移到阴凉通风的地方，体温不超过 40℃建议物理降温，可不用退烧药。地塞米松等糖皮质激素在动物高热时也能通过抑制炎症来退烧，但使用不能过于频繁，长期使用糖皮质激素会降低动物的免疫力，可能会加重患畜的感染情况。同时，高热时补液应避免使用葡萄糖注射液，因为葡萄糖注射液为机体提供的热量会影响机体散热。当犊牛食欲缺乏时，犊牛母源抗体含量减少，也会降低患畜对疾病的抵抗力，所以对于食欲废绝的病重患畜可尝试输血来增强免疫力。

（二十三）牛呼吸道疾病综合征

牛呼吸道疾病综合征是肉（奶）牛养殖业危害最为严重的疫病之一，具有高发病率和高死亡率的特点（Chai et al.，2022）。临床症状多表现为食欲消退、可视黏膜发绀、体温升高、呼吸困难、流涕、气喘和咳嗽等症状（陶攀等，2023）。牛呼吸道疾病综合征常发于寒冷的季节或运输、断奶等过程，主要危害犊牛，各种年龄阶段和各品种牛均易发生（王花婷等，2022）。

牛呼吸道疾病综合征的病因以传染性病原为主，包括病毒性病原、细菌性病原和牛支原体等。其中病毒性病原包括牛传染性鼻气管炎病毒、牛疱疹 1 型病毒、牛副流感 3 型病毒、牛病毒性腹泻病毒、牛呼吸道合胞体病毒等（Chai、Capik、Kegley、Richeson、Powell、Zhao，2022）。而细菌性病原包括 A 型多杀性巴氏杆菌、溶血性曼氏杆菌、昏睡嗜血杆菌等。运输应激是牛呼吸道疾病综合征的主要诱因之一，常在运输过程中影响牛鼻咽部微生物群的动态平衡，破坏抵御呼吸道感染的第一道屏障（高辉等，2022）。此外，潮湿阴冷的环境、脱水缺氧的状态和阉割等诱因也会导致肉牛应激，免疫功能下降，增大各种病原体入侵机体的可能性，多种病原体协同致使牛呼吸道疾病综合征的发生。

咳嗽和气喘是牛呼吸道疾病综合征的特征性临床症状，往往伴随流鼻涕、打喷嚏、高热、精神萎靡甚至反刍停止和食欲废绝等症状。病牛常在清晨和夜间咳嗽较为严重，除肺炎外，有些病牛还可能出现关节炎、结膜炎、乳腺炎等多种症状。以肺部出现"虾肉样变"为主要病理变化，上呼吸道病变最为严重，鼻腔和气管存在大量带血黏液，鼻黏膜高度充血，口腔黏膜和气管有出血点和出血斑（Timsit et al.，2020）。病牛鼻腔与气管中出现大量黏性分泌物，肺的心叶和尖叶等部位有红色肉样变，严重时肺部发生干酪样坏死及脓性溃烂，切开肺部会发现肺内有积液。心脏肥厚，心包中含有腐败味的黄色液体，脾大数倍（王花婷、曹华斌、杨帆等，2022）。

抑制呼吸道病原菌的增殖和消除体内的炎症反应是治疗牛呼吸道疾病综合征的基本原则。可以根据临床经验和药敏试验，选用适宜的抗菌药。治疗该疾病常用的抗菌药可选择：加米霉素、泰拉菌素，头孢噻呋钠、氟苯尼考等（McMullen et al.，2020）。结合化痰、止咳平喘等对症治疗方法可更全面地治疗该疾病。常用药包括麻杏石甘颗粒每 200～300 克拌料 500 千克、甘草颗粒每 1 千克拌料 500 千克。若牛舍内发生疫病，应立即隔离患畜，及时淘汰严重个体，彻底消毒环境，并将患病母犊进行分离饲养，使用巴氏消毒法消毒牛奶，避免用已被污染的牛奶喂犊牛，并对母牛进行早期治疗和紧急接种。严格控制并对进出车辆和人员进行消毒，用戊二醛、月苄三甲氯铵、2% 氢氧化钠溶液或生石灰等对牛舍和器具等进行喷雾消毒处理，1 次/天，连续 1 周。

按时接种牛病毒性腹泻/黏膜病、牛传染性鼻气管炎二联灭活疫苗和肺炎型巴氏杆菌病的疫苗可以作为预防此病的重要途径。因此养殖户应科学化制定免疫程序，严格遵守疫苗接种规定，按时按量接种疫苗，坚持自繁自养原则、减少运输应激、早期预防保健和加强饲养管理可以减少此病的发生（Smith，2020）。

二、江西省肉羊养殖业常见疫病及防控措施

肉羊生产是畜牧业的重要组成部分，随着人们生活水平的提高，羊肉市场需求不断递增，越来越多的人加入肉羊养殖行业。江西省饲草资源丰富，交通便利，饲养品种多以湖羊、赣西山羊为主，以下叙述了几种常见的肉羊疾病。

（一）羊梭菌性疾病

羊梭菌性疾病通常包括羊快疫、羊肠毒血症、羊黑疫、羔羊痢疾以及羊猝狙等几种疾病，是由产气荚膜梭菌所引起的疾病。该病传播迅猛，死亡率极高，且极易与其他疾病发生混合感染，可造成羊群大批量的死亡，给羊养殖业带来巨大的经济损失（高秉香，2018）。

羊快疫多见于6～18月龄的羊，通常突发于营养状况良好羊，其表现为结膜潮红，不断磨牙和呻吟，面部肌肉不同程度痉挛，口腔内有大量红色泡沫状液体。羊猝狙多见于成年羊，发病急，常在发病后3～6小时出现死亡。发病初期病羊症状不明显，随后突然死亡，死后出现骨骼气肿疽。羊黑疫多发生于2～4岁羊，病羊食欲下降，精神不振，体温上升，呼吸急促，发病后3～6小时出现死亡，有的病羊无明显临床症状而突然昏迷和死亡。羊肠毒血症，病羊突然无症状而亡或出现少量症状后几小时即亡，其病死率非常高。部分出现临床症状的羊表现为站立不稳、呼吸不畅、喘气，周身肌肉震颤，严重时抽搐，角弓反张，不断哀鸣，其体温下降，最终倒地而亡，并不断从口鼻流出带泡沫的淡红色或红色液体（马桂琴，2018）。

该病可通过接种疫苗的方式预防，接种前根据当地该病流行情况和发病规律制定免疫接种方案。通常羊春季和秋季采用四联苗或者五联苗接种，四联苗是羊快疫、羊猝狙、羊肠毒血症和羔羊痢疾，五联苗是在四联

苗的基础上增加了羊黑疫（许伟等，2020）。无论羊的大小，每只均接种5毫升，接种部位为皮下或肌肉。母羊通常在配种前接种，以免配种导致交叉感染，且母羊每个月应进行1次补免。

（二）羊传染性胸膜肺炎

羊传染性胸膜肺炎又称羊支原体性肺炎，我国内蒙古百灵庙地区1935年曾流行，后来在西北、华北、内蒙古等地都有发现，对养殖户造成了巨大的经济损失。据资料记载此病受感染羊发病率为19％～90％，死亡率约为49％～100％。病羊与带菌羊是该病的主要传染源，3岁以下的山羊最易感并在冬春季节高发。

该病的临床症状主要有体温升高、咳嗽、流大量鼻涕、腹式呼吸、呼吸幅度和频率显著升高及消瘦等，根据疾病的进程以及症状的轻重，常分为最急性型、急性型和慢性型。病理剖检发现肺脏组织呈现纤维性炎症。

首先，该病的防治措施主要以预防为主，加强对羊群的饲养管理，做好环境卫生消毒、防疫与检疫工作，坚持"自繁自养"原则，减少羊只流动，不从疫区引进种羊，引进外来羊只必须进行隔离（李忠军等，2022）；病羊要及时隔离并治疗，对其分泌物、排泄物、活动场地、饲养器具和圈舍进行彻底消毒灭菌，病死的羊立即进行无害化处理，从而有效切断该病的各种传播途径（邱添，2022）。其次，可通过灭活疫苗以及药物的使用来进行预防以及患病后缓解临床症状，使用药物治疗时可使用对支原体较为敏感的大环内酯类药物如泰拉霉素、加米霉素，泰乐菌素等，同时应注意此类抗生素药物不能长期使用，应避免兽药残留及部分支原体病菌发生变异使得羊群持续性感染。

（三）布鲁菌病

布鲁菌病是由不同菌种的布鲁菌侵入机体引发的一系列慢性变态性反应性的人畜共患病，该病在全世界范围内广泛流行。布氏杆菌是一类革兰氏阴性的短小杆菌，牛、羊、猪等动物最易感染（林洋，2020）。

羊患该病的临床症状与牛相似，详见前文。怀孕母羊感染的一般症状为流产，公羊感染的一般症状为关节炎、睾丸炎和附睾炎，睾丸肿大或皱缩（周志雄等，2021）。江西省内布鲁菌病的防控措施是绝对净化。为了做到省内布氏杆菌的绝对净化，检测出布氏杆菌抗体阳性的个体病畜需及时扑杀，江西省内禁用布氏杆菌疫苗。对于基层养殖户要加强布鲁氏菌病宣传，提高防控意识，要规范养殖行为，做好引种监测，不引种布氏杆菌抗体阳性的个体，实现科学化养羊，坚持自繁自养，避免疫病传入，及时做好消杀工作（孙长江等，2020）。

（四）口蹄疫

羊口蹄疫临床症状与牛口蹄疫临床症状大致相同，详见前文牛口蹄疫。绵羊水疱多见于蹄部；山羊在口腔和蹄部均有病变；羔羊主要表现出血性肠炎和心肌炎。

口蹄疫主要是通过病原移动进行传播，因此，为了降低口蹄疫发生率，应尽量实现自繁自产的生产模式，避免从外部引进羊种，尤其不要从疫区、口蹄疫高发区引进（塔吉，2022）。该病目前没有特效药，每年定期接种1~3次口蹄疫弱毒疫苗或口蹄疫亚单位疫苗，一般两周可产生免疫力（郭玲，2022b）。对于急性和恶性口蹄疫病的病畜进行扑杀，并作无公害处理，其他无症状患畜立即采取隔离饲养观察。同时做好羊群临床监测，对场内环境进行彻底消毒（Paton et al.，2009）。

（五）小反刍兽疫

小反刍兽疫又称"羊瘟"或"伪牛瘟"，2007年在我国西藏阿里地区日图县首次发生，2014年3月，江西省首次发生由外省调运羊只引起的输入性小反刍兽疫疫情，波及江西广丰县、鄱阳县、婺源县、弋阳县、信丰县5个县的6个养殖户（场）（李小平等，2018），对基层养殖户造成了巨大的经济损失。易感动物为绵羊、山羊等反刍动物，牛、猪也可感染。该病传播途径为接触性感染，以呼吸道为主。是一种急性接触性病毒病，我国将其列为一类动物疫病。

该病潜伏期4~6天，少数病例最长可达21天。主要临床症状为高热，食欲减退，口、鼻、眼出现黏液性或脓性分泌物，呼吸道出血、消化道出血。山羊发病率和死亡率高，甚至可达100%。剖检病羊可见眼部结膜炎和坏死性口炎，严重病例在咽喉和硬腭部位出现病变，呼吸道黏膜有出血点，支气管扩张、胸腔积液等肺炎病变，皱胃糜烂和出血斑，脾大坏死，肠道出血坏死，肠系膜肿大，盲肠和结肠部位有斑马状条纹等病变症状。

目前小反刍兽疫尚无特异性治疗方法，疫苗免疫是防控该病最有效的手段。对于新出生的羔羊应在出生后 1 个月时免疫接种 1 次，将冻干疫苗使用灭菌生理盐水稀释后按照 1 毫升/只的剂量进行皮下注射（徐国范，2022）。按时监测评估抗体水平。不从疫区和高风险地区引进羊只，如果发现阳性病例，则应当按照相关要求采取扑杀处理和无害化处理措施。针对阳性病例所在的羊只群体，则应当做好隔离观察与病毒排查措施。隔离观察期最少 21 天（石岩等，2013）。在隔离期内，每周都要进行 1 次全面检测。一旦发现阳性病例，则要进行同样的扑杀处理和无害化处理（索朗卓嘎，2022）。

（六）羊痘

又被称为"羊出花""羊天花"，是由羊痘病毒引起的一种急性、热性、高度接触性传染病，病原包含绵羊痘病毒和山羊痘病毒两种。多发于冬末春初，天气寒冷季节。主要通过呼吸道和皮肤接触传播。不同品种、年龄的羊均易感，以羔羊感染发病的死亡率较高，可达 50%。我国将其列为一类动物疫病。

潜伏期平均为 6～8 天，病羊表现为鼻黏膜、眼结膜潮红，鼻腔内有大量鼻液流出，初期为水样鼻液，后期为脓性鼻液，病羊呼吸加快，寒战不止，大约 2～3 天后，病羊无毛或少毛部位（眼、唇、乳房、外生殖器等）出现红色或紫红色小丘疹（徐海军等，2015），随后发展成水疱，最后形成脓疱，几日内脓疱干瘪，形成痂块并脱落。还有病例表现为疹疱内出血，血色呈黑红色，病羊迅速消瘦，呼吸困难，继发感染败血症等疾病，严重病例 4～5 天内死亡。剖检咽和支气管黏膜有痘疹。肺有干酪样结节。前胃或皱胃黏膜上有大小不等的圆形结节等病变症状（展恩松，2018）。

该病防治措施可以通过加强饲养管理，冬、春适当补饲，囤好秋膘，注意防寒来减少疾病的发生。常发地区每年定期免疫接种，绵羊用羊痘鸡胚化弱毒疫苗，山羊用山羊痘弱化疫苗，尾根皮内注射 0.5 毫升/只。若发现阳性病例，及时上报，封锁疫区，隔离病羊，消毒污染环境。对病死羊的尸体做无害化处理。对受威胁的羊群做紧急免疫接种。病羊可在隔离条件下对症治疗，局部可用 0.1%高锰酸钾溶液清洗，涂抹紫药水或碘甘油等（刘志科等，2017）。

（七）羊传染性脓疱

羊传染性脓疱病，又称羊口疮，是由羊口疮病毒引起的一种急性、高接触性、嗜血性和嗜上皮性人畜共患传染病。主要感染 3～6 个月龄大小的羔羊。一年四季均可发生，没有明显的季节性，多发于春、秋两季。常呈群发性流行，感染率高，但死亡率较低。持续感染易引起继发感染，增加死亡率（王妍等，2023）。

该病主要表现为菜花样增生性病变。根据病变发生的部位不同，分为唇型、蹄型、外阴型，其中唇型最常见，也是引起羔羊死亡的主要因素之一。羊传染性脓疱病毒的潜伏期大约为 2～10 天，潜伏期病羊精神沉郁、食欲减退、体温稍升高，之后逐渐在皮肤、口腔、唇部、鼻等部位出现丘疹、脓疱、溃疡、结痂等病变，严重时整个下颌出现肿胀，口腔黏膜和唇部出现乳头状糜烂性口炎，皮肤破损可引发细菌感染。一般羊传染性脓疱在两个月左右痊愈，痊愈后获得的免疫力能够维持 8～12 个月，但病毒仍存在于皮肤中，可造成持续感染，羊初次感染羊传染性脓疱病毒后病变比较严重，再次感染时对机体的损伤较小（于永忠等，2022）。

该病暂无特效药，防治为主。针对患畜用 0.1％高锰酸钾溶液冲洗患部或用 5％硫酸铜溶液清除污物，然后用 2％龙胆紫或碘甘油涂擦疮面，也可先用高锰酸钾溶液冲洗溃疡面。如出现脓疱、溃烂及细菌感染的重症动物，可选用抗生素防止继发感染。

（八）羊螨虫病

绵羊螨虫病是由于疥螨或痒螨寄生于羊表皮而引起的一种接触性、慢性感染的寄生虫病。羊螨虫一般包括疥螨和痒螨，一般只感染羊，通过接触传播，病程长周期也长，不容易彻底痊愈。该病一般盛行于冬季和秋末春初，尤其冬季是羊螨虫病的高发季节。在圈舍潮湿、阴暗，特别是阴雨、湿冷天，圈舍卫生条件不良的情况下，最适宜螨虫的发育繁殖（张晓龙，2018）。

患畜表皮炎症或者溃烂，瘙痒剧烈，皮肤变得干硬、粗糙、增厚，严重者可引起患螨羊皮肤出血，出现水疱、结节、痂皮等症状，皮肤则由于其毛囊、皮脂腺被破坏而出现皮肤增厚、脱毛症状。

由于该病传染性强，一旦感染，难以彻底治疗。所以该病以预防为主，针对患畜常用 0.5% 双甲脒，1：500 用水稀释，涂抹于患处。可选用伊维菌素进行驱虫，间隔 7～10 天后再次用药，以便彻底灭杀虫卵中刚孵出的幼虫。

三、江西省牛羊兽（医）药产业

（一）江西省牛羊兽（医）药产业发展存在的问题

江西省市县两级畜牧兽医机构较为健全，并有较强的专业技术力量，乡镇兽医站自机构改革后，原有机构与其他部门合并成立了农业综合服务中心，成为基层综合办事机构，人员人事任免、工资、原机构财产归乡镇政府，工作安排部署均由县（区）农业农村局发文至各镇（办），经县（区）、镇两级行政部门层层签发、传阅，文件传至镇（办）业务部门耗时过长，导致安排的业务工作执行不畅。乡镇畜牧兽医专业技术人员除了从事重大动物疫病防控、畜牧技术推广等工作外，更多的工作则是包村扶贫、秸秆禁烧、森林防火、抗洪抢险等政府常规性、突发性行政方面工作，人员分流、一人多岗、一职多责情况相当普遍，使本职工作出现一些空挡和失误。

随着畜禽产业化进程的加速，国家对兽药管理制度的不断完善，行业对兽药产品的要求越来越高，企业也纷纷加大研发投资力度，这也使得江西省的新兽药产品注册数量逐年递增。兽药产业是促进畜牧业健康发展的基础性产业，改革开放以来，我国畜牧业飞速发展，带动了兽药行业的增长。兽药产业是促进畜牧业和养殖业健康发展的基础性产业，在保障动物源性食品安全和公共卫生安全等方面具有重要作用。江西省畜牧业逐渐由农户散养向标准化、集约化、规模化养殖方式转变，即从传统畜牧业向现代畜牧业转变，转变之中，兽药产业也在快速放量。

乡镇畜牧兽医人员严重缺乏，不能满足畜牧生产需要。拥有专业知识和实践经验的防疫员群体少，在乡镇工作的防疫员大多年纪偏大，文化程度不高，素质较低。在乡镇发展畜牧业的同时，防疫员的工作往往存在自己独大，后继无人的现象，有专业知识的专业防疫员往往投身在城市的防疫工作中，从而导致乡镇的畜牧业后备人才的职务空缺。而且乡镇工作条件比较恶劣，人才流失比较严重，一些有较高专业能力的高素质人才往往会选择大城市中环境较好，薪资待遇较高的工作，因此导致基层的乡镇兽医人员越来越缺乏。

对于畜牧兽医的管理措施也不够明确，当前兽医的管理和服务工作相对落后，且畜牧兽医的上岗前培训工作做得不够完善，没有明确的管理机制，导致畜牧人员的工作出现空缺，最终使得畜牧兽医对工作态度消极。此外，畜牧兽医的从业态度影响到了现有畜牧兽医人才对于乡镇畜牧业发展的工作积极性。

中华人民共和国国务院令第 404 号《兽药管理条例》中，第四十一条明确规定："禁止将人用药物用于动物。"据相关调查，部分养殖场存在人药兽用的问题，主要人用抗生素有青霉素、头孢类、链霉素等。在兽医临床上，用于防治动物细菌性感染的抗菌药称为"兽用抗菌药"。某些病原菌对动物和人均有致病性，而且会产生交叉感染，为防止病原菌因长时间接触某种抗生素而筛选出该药物的耐药菌株，人药兽用是绝对禁止的。在动物代谢药物期间，药物随着动物代谢排出也会污染水源和土壤，严重危害生态环境。

兽药生产、兽药经营和兽药使用企业单位还存在有监管体系不健全的问题。兽用类处方药依法仅能够凭具有国家执业兽医师注册核发的正规临床执业处方凭证来购买销售，因此如果有未经由国家执业兽医师资质审批和开具合格的兽医处方，任何人都不得依法进行购买销售和使用处方药，这是兽用处方药管理的一个最基本的原则，若管理不当可能出现滥用人用药品、病原体产生耐药性、动物产品兽药残留等问题。兽药监管需要全方位立体性的监管，从养殖、产品生产、市场等多个角度进行监管。而当前部分市场监管过程中，大多是从产品生产角度进行一次质量检验，缺乏对相关畜牧企业的培训，影响到了兽药饲料市场监管的效果，不利于监督管控。

部分养殖户为提高动物抗逆性能、生长性能、预防疫病发生，在实际生产饲养环节中常不按照兽药使用说明书合理使用药物，如增加兽药的使用种类、次数和剂量等。滥用兽用抗菌药可影响动物对疾病的抵抗力，还能抑制动物机体的体液免疫和细胞免疫反应，造成动物机体抗病力和免疫力下降。此外，长期滥用抗生素可使细菌耐药性不断加强，由单耐药发展到多重耐药，耐药菌也不断增多，导致有效控制细菌性疾病越来越困难。

（二）江西省牛羊兽（医）药产业发展建议及对策

针对存在的问题，提出以下对策：

坚持统筹兼顾，完善畜牧兽医体系机构建设。各级政府要重点抓好顶层设计，设立纵向到底、横向到边的畜牧兽医体系。按照职能职责，任务分工、人员编制，统一名称，统一职能，解决上下衔接不对口、管理不顺畅的问题，实现"有机构履职，有人员负责，有能力干事"的良好局面。形成以政府为主导的公益性畜牧兽医技术体系，组织机构健全、人员队伍合理、专业技术人员素质提高，基本保障社会服务体系的支撑作用（魏宇等，2022）。

合理设置兽医岗位职责，发挥专业技术特长。从家畜养殖、家禽养殖、特种经济动物养殖、饲料营养、猪病防治、禽病防治等畜牧兽医相关多个领域设置专家，组建专业技术创新和服务团队，发挥畜牧兽医技术专业特长，培养一批具有较高专业学术水准、在行业内有一定影响力及知名度的科技研究与技术服务带头人，带动整体人员业务能力提高，打破县乡界限促进技术人员在区域范围内的合理流动，转岗换位。

举办农业相关政策法律法规宣传的现场座谈会，定期组织全市各畜禽养殖场和养殖户集中学习宣传《乡村兽医管理办法》《兽药管理条例》《兽用处方药和非处方药管理办法》及《畜禽规模养殖污染防治条例》等法律法规。使广大基层人员养殖户及时了解与掌握有关兽医基本常识以及各种兽药及其滥用行为的各种危害，并注重对专业养殖操作人员定期进行科学规范的用药技术教育培训、技术指导咨询和使用技术培训考核，使全体养殖户切实掌握科学先进合理的畜禽用药管理知识体系和药物使用科学方法，营造出人人积极参与支持畜牧业和群众关心重视畜产品质量及安全管理工作的良好社会氛围。

优化人才队伍结构，强化服务能力提升，建立和完善畜牧兽医专业技术人员业务素质提升制度。坚持开展继续教育学习培训，优化培训方式和内容，采取多种形式集体培训、赴外学习，业余自学等方式提升专业能力，积极引导和激励畜牧兽医技术人员不断提高专业技术水平，开拓视野增强服务意识和能力，加快适应产业发展新技术和新知识的变化需求，提升综合素质（刘俊等，2022）。

严格执行《兽药管理条例》，聘用具有执业兽医资格证书的兽医，规范牧场疾病预防和诊疗工作，科学合理用药，明确常用药物配伍方案，保证动物群体稳定和生产良性循环，推进科学、规范、可持续化饲养管理模式。不同的抗生素有其对应的适应症及相应剂量，依据临床观察及实验室诊断分析结果正确判断机体所感染的病原微生物类型，之后再选用与其相适应且疗效好的抗生素进行治疗（王娜等，2017）。使用抗生素时要严格遵循正确使用的原则，用量要合理，不宜超量使用或用量不足，超量使用易导致药物浪费或滥用，严重时可引发机体毒性反应；而用量不足将严重影响疗效，同时还易引发细菌耐药性（陈莎莎等，2017）。

加强安全生产监管遵循"三管三必须原则"，从事兽药生产、兽药经营和兽药使用的企业和单位以及兽药检验机构的实验（检测）室、动物诊疗机构等相关企业和单位的主要负责人，是该单位安全生产第一责任人，企业要建立和完善安全责任制度，加强监督管理，采取标本兼治。重在治本的方略按要求及时采取自评和评审方式对检查发现的问题进行坚决整改，消除隐患。督促各生产企业遵守国家有关的安全、法规和行业规范。建立和完善安全生产管理制度，强化安全生产标准化、信息化建设和防范风险控制机制，加强安全生产的投资和保障。兽药生产企业要编制安全风险防控手册、应急预案和现场处置方案，确保安全生产责任落实到每个环节和岗位（谭克龙等，2021）。

第六章　江西省牛羊屠宰加工业

一、牛羊屠宰加工企业发展现状及市场绩效分析

随着国民生活水平的日益提高，人们对食品的卫生安全和质量安全要求也随之提高（丁存振、赵瑞莹，2014），而营养价值较高的各类肉及肉制食品的品质也成为广大消费者最为关心的问题。现阶段经济的快速发展，形成了人们快节奏的生活方式，人们不再简单地仅满足于鲜肉以及冷冻肉，对已加工好的、方便食用的熟肉制品的需求不断提升。因此，对屠宰及肉类加工企业来说，生产健康、安全、卫生的熟肉制品既是挑战也是发展的机遇。但是，屠宰及肉类加工行业作为高度竞争行业，市场化程度高，产品创新难度大，价格竞争激烈（李家鹏等，2013）。从历史发展的角度来看，我国屠宰业起步于 20 世纪 50 年代，经过更新迭代和长达几十年的发展，屠宰业相关法律法规日趋完善，肉类屠宰加工企业飞速发展①。

江西省地处中国东南部，属江南地区，光照充足，雨量充沛。江西省居民对于牛羊肉的喜好程度不高，主要在冬季食用羊。江西省居民食用羊肉较少的原因：其一，羊肉的价格偏高。相比猪肉禽肉，羊肉价格在江西地区普遍偏高。其二，烹饪技术要求高。羊肉的膻腥味重，吃食羊肉需要具备相应的烹饪技能。其三，江西肉羊产量低。江西本地的羊企较少，缺少新鲜肉羊，市场中流通的羊肉大多为冰冻羊肉。其四，羊肉饮食观念偏消极。在人们的观念中，羊肉为发物，易上火，虽营养丰富但不宜多吃。因此，江西地区居民肉类消费多以猪、鸡、鸭、鱼肉为主，相比之下牛羊肉需求量较低（图 6 - 1）。

---

① https://baijiahao.baidu.com/s? id=1686229093310108559，2020 - 12 - 26.

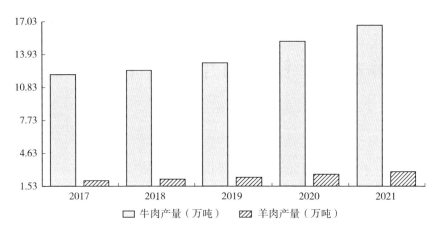

图 6-1　江西省近 5 年牛羊肉产量（中国统计年鉴，2022）

　　党的十九大之后，在"加大生态系统保护力度""实施乡村振兴战略"和"深化关于供给侧结构性改革"等一系列政策背景下，我国牛羊养殖业逐步向更加规模化的方向发展。屠宰加工是整个肉类产业链中的重要环节，江西省肉类屠宰加工企业多以猪肉屠宰加工和禽类屠宰加工为主，与居民的需求量成正比，如"双胞胎""煌上煌"等企业在近年来飞速发展，已经成了家喻户晓的品牌。相比之下，牛羊肉屠宰加工企业的发展速度较为缓慢，具有代表性的牛羊屠宰加工企业主要包括：江西省牛牛实业发展有限公司、鄱湖水牛食品有限公司、南昌鄱湾养殖发展有限公司、江西中力牛羊养殖有限公司、高安市洪兴牧业有限公司、余江县年丰农牧业有限公司、江西胜龙牛业有限公司等。专业的牛肉或羊肉加工屠宰企业较少，较难找到具有代表性的典型企业案例。

　　鉴于此，本章对江西省牛羊屠宰加工产业现状简单做如下分析：

1. 现有屠宰模式

　　江西省牛肉屠宰加工企业主要集中在吉安市、宜春市和赣州市，羊肉屠宰加工企业主要集中在萍乡市、九江市和宜春市，已逐步形成区域化产业结构。江西省现存牛羊屠宰加工方式主要分为以下几种：①自宰自食——对活牛羊进行屠宰，不进一步加工。在这种情况下，牛羊肉不在市场上流通就能直接进入消费者手中。②自宰销售——也是活牛羊的屠宰加工形式之一，消费者到养殖户家中选购牛或羊只，养殖户委托专业的屠宰户在家中屠宰，消费者主要为熟悉农村小规模自繁自育户的农村居民或周边城镇居民。此种方式下，肉羊或肉牛出售数量占整个农区肉羊或肉牛存栏量的比重很小。③一般性屠宰场屠宰——屠宰场专门用来屠宰牛羊，他们收购活牛羊进行大规模、有效率地宰杀，属于经营性质的机构，牛羊屠宰环节与养殖机构合作，同时向下游肉制品生产商提供货源，还要配合质检部门设定好检疫程序，确保屠宰后的生肉无害。目前，大多数屠宰场仍然采用人工屠宰方式，少数屠宰场采用机械屠宰。④企业附设屠宰场屠宰加工——由牛羊肉加工企业附设的牛羊定点屠宰场进行牛羊屠宰，此类屠宰场为公司内部屠宰场，主要为公司牛羊肉分割、深加工进行屠宰，受供需两方面因素制约，年屠宰量有限。

就牛羊不同屠宰加工方式的质量而言，养殖者自己屠宰、自宰自食以及家门口屠宰出售等原始方式卫生条件差，可能未经过相关部门的检验、检疫，容易出现牛羊肉产品质量低、安全性、卫生等没有保障的情况；屠宰场屠宰时，一般性牛羊定点屠宰场有专门的屠宰工人，卫生和检疫程序规范，但屠宰方式仍沿袭传统的个体屠宰方式，未利用任何现代化屠宰分割设备，屠宰工人为旧时的个体屠宰商贩，卫生方面相比个体屠宰较为规范，但屠宰整体环境仍较差，产品易受污染；加工企业附设屠宰场卫生、安全，而且屠宰效率高。公司一体化经营模式要求先进的、高效率的屠宰方式，因而牛羊的屠宰不再是采用人工方式而用机器替代，产品均要经过相关部门检验，因此屠宰后的牛羊肉质量安全有保障。此外，企业对屠宰好的牛羊肉进一步分割、加工，增加了产品的附加值。

2. 现有产品产业链

由于不同屠宰场的加工设备和加工技术条件差异，产品质量与安全性存在一定差异。相较于小型屠宰场来说，大型屠宰加工场的产品质量更高。在质量和安全性方面，小型屠宰加工场处于中间地位，个体商贩最低。从当前的市场消费情况来看，一般只有大型屠宰加工企业的产品才能进入国内一些高档饭店和超级市场；小型屠宰加工企业的产品则进入大型批发市场，批发给一般饭店和机关团体食堂；个体商贩加工的牛羊肉多以冷鲜产品形式进入农贸市场，在目前中国的消费水平下，个体商贩具有较大的市场空间。从企业的组织结构来看，江西省牛羊屠宰加工业多以小企业为主，大中型企业偏少，行业整体规模化、集约化水平偏低。从牛羊肉产品的供给结构来看，大部分经营主体仅加工初级产品，高端、精深加工的产品供给较少。从加工资源的利用方式来看，资源利用率和产品出品率都偏低，损耗较高。江西省牛羊肉屠宰场及加工企业的布局虽然比较均匀，但是较为分散，因而不能产生产业集聚以及规模效应。此外，牛羊屠宰加工与养殖、收储、物流等环节衔接得不够紧密，产业链较短。

江西省的肉牛、肉羊产业尚处于起步阶段，整个屠宰加工行业发展不成熟，产业化水平低，屠宰加工程序不规范。由于加工企业缺乏上游的养殖环节及下游的流通、消费环节，因此企业不仅没有稳定的货源供给，发展空间也较小，还造成了一些原料的浪费，因而出现了环节单一、产业链较短的发展困境。由于产业链较短，缺少上下游环节的紧密衔接，企业可能面临上游原料活牛羊供应量不足带来的风险。如果活牛羊供应量达不到企业的成本收益点，企业将会亏损。缺少下游的流通和销售环节，企业仅仅依靠简单的屠宰加工难以拥有更大的发展空间。

3. 制约牛羊屠宰加工企业发展的因素

牛羊屠宰加工企业发展还存在四方面的制约因素：一是技术及专业化方面。①资源集中且专业处理技术落后。技术、设备落后导致资源利用效率较低，且大多数牛羊肉加工企业和屠宰场均采用传统的屠宰方法和较为落后的加工工艺，羊肉屠宰后不经过排酸工序，使得肉的口感、品质略差，企业收益较低。②自主创新投入较少。受到基层人才、资金、技术和设备的限制，屠宰及加工企业对于牛羊肉关键技术的研发重视不足，基础研究薄弱，以关键技术支撑的技术研发和创新平台相对较少。③规模化和产业化程度低，屠宰和加工不规范。江西省牛羊养殖以家庭养殖和散养居多，且主要以传统家庭式或作坊式手工屠宰为主，设备简陋、工艺落后。而规模化养殖、屠宰和加工企业为数不多，且大多数大型企业是牛羊肉兼营，专营性的企业较少。二是加工食品卫生安全方面。①食品卫生安全质量不高。私屠滥宰情况普遍存在，导致定点屠宰未形成规范，同步检验检疫不到位，较差的私屠滥宰卫生条件成为牛羊产品质量安全隐患之一。②容易造成疾病污染隐患危害人体健康。屠宰加工过程中产生的血污和垃圾不能妥善处理，屠宰场存在重大的疫病传染及环境污染隐患。三是产品流通交易方面。①产品缺乏品牌效应和竞争优势。产品多以初级加工和中档、低档产品为主，产品技术含量低，产品整体上处于较低的竞争水平，且没有形成品牌效应和规模效益，产品整体上缺乏竞争优势。②市场流通成本费用高。小规模、低成本的生产方式导致技术升级速度迟缓，设备改造迭代慢，较低水平的养殖技术导致牛羊繁殖能力低下，生长速度慢，患病率增加，出栏量减少，相关企业的屠宰和加工成本逐步攀升。牛羊出栏后通过收购、屠宰、加工、批发或零售，最终到达消费环节，屠宰、加工环节中产生了较高的费用。③产品消费空间相对较小。虽然牛羊市场需求量逐步上升，但仍存在产品销售渠道狭窄现象。小型屠宰加工企业的产品一般进入大型批发市场，批发给饭店和单位食堂，个体商贩的产出品多以冷鲜产品形式进入农贸市场，进入高档餐厅、冲击世界市场的品牌牛羊产品较少。四是政府监管方面。牛羊屠宰加工行业目前仍缺乏政府有效监管。由于屠宰加工企业过于分散，在一定程度上增加了政府监管的难度。

综上，尽管江西省牛羊屠宰加工在现有屠宰模式和产品产业链方面都取得了一定的发展，但是随着牛羊肉产品需求不断上升，屠宰加工企业仍然面临严峻的挑战，现阶段，牛羊屠宰企业主要面临技术及专业化、加工食品卫生安全、产品流通交易、政府监管方面的问题和困境。牛羊屠宰加工企业需要不断研发相关技术、提高产品质量、提升产品品牌，在政府的扶持下，不断促进牛羊屠宰加工业标准化、规范化、市场化发展。

二、促进牛羊屠宰加工企业发展的对策建议

江西省地处东南，毗邻长三角，直面大粤湾，交通便利；部分地区长期延续畜养牛羊的传统，牛羊种质丰富，锦江黄牛、吉安黄牛、广丰铁蹄牛、鄱阳湖水牛、信丰山地水牛、峡江水牛、赣西山羊和广丰山羊等8种本地牛羊品种收录于《国家畜禽遗传资源名录（2021年）》[①]；江西省自然环境和生态环境优越，丘陵地貌及面积广阔的草地资源为培育牛羊优良品种提供了基础。江西省第三次全国国土调查显示，江西省草地面积达

---

① http://www.moa.gov.cn/govpublic/nybzzj1/202101/P020210114550330461811.

8.87万公顷（133.05万亩）①；2016年，江西省成为唯一获得"全国绿色有机农产品示范基地试点省"这一称号的地区（熊涛，2020）；2021年，农业农村部与江西省签订《农业农村部　江西省人民政府共建江西绿色有机农产品基地试点省框架协议》，国家鼓励江西省发展绿色有机地标性农产品，积极促进建立"生态鄱阳湖　绿色农产品"品牌②。随着人民生活水平和营养膳食意识的提高，肉质鲜嫩、营养丰富的牛羊肉产品市场需求量与日俱增，这些优势为促进发展本地牛羊屠宰加工提供了有利条件。但受到技术水平和市场供给等因素限制，江西省牛羊屠宰及加工产业未得到良好发展。

为促进牛羊屠宰及加工企业发展，建议从以下7个方面入手。

1. 升级加工技术，促进设备迭代

仅仅依靠传统加工方式和落后技术设备的牛羊企业不能满足市场需求，因此，加大技术开发、促进设备升级是必然选择。定点屠宰生产线设计还需完善，散户参与度较低、定点屠宰场常年处于闲置状态而无法充分发挥作用状况亟须改变。私屠滥宰过程中，很多副产品未得到有效化、高值化、高质化利用，产品附加值流失。出于市场需求考量，相关企业对技术设备升级迭代提升产品质量的投入相对较少，获得有机、绿色和地理标志等相关认证的企业较少，大部分企业还未形成产品优势。立足江西省生产标准化程度低的现实情况，政府应派专业机构组织技术人员进行培训，依托相关政策，按照绿色有机食品生产标准，制定绿色、有机和无公害牛羊肉饲养和屠宰技术规程，建立和规范生态产品认证评价标准，构建具有中国特色的生态产品认证体系，积极探索牛羊肉产品结构调整、分级标准引领模式，助力中国牛羊产业实现生态产品价值（周岩，2021）。在牛羊标准化、规模化养殖基础上，屠宰加工企业应积极实行规模化、机械化屠宰，促进技术升级。引进专业技术人才和检验设备，建立健全牛羊肉品质检验检疫制度。严格按照质量控制规范进行标准化生产，实现以卫生和安全为前提的屠宰加工（丁存振、赵瑞莹，2014）。促进传统加工方式升级，

① http：//bnr.jiangxi.gov.cn/art/2022/4/18/art_29231_4080003.html，2022－04－18.

② http：//www.moa.gov.cn/nybgb/2021/202109/202112/t20211207_6384014.htm.

加强国际交流与合作，引进先进的管理经验和技术，克服传统加工工艺易造成的质量安全不稳定、贮藏时间短、色泽风味欠佳等问题。借鉴吸收先进的国际标准和动物福利等新观念，为更好地融入国际竞争提供条件（丁存振、赵瑞莹，2014）。同时，相关企业应提高环保意识，采纳环境友好型生产、污染减量化和资源高效化的屠宰加工方式，遵循牛羊肉屠宰规律，研发符合牛羊产品采购、运输、屠宰、分级、保鲜等流程的先进设备，促进屠宰加工业机械化、规模化发展。

2. 研发产品形式，促进精深加工

加快传统屠宰加工技术向机械化、自动化、信息化建设转型，屠宰加工企业应大力投资、支持相关高等院校、研究所成立关键技术攻关小组，加强各大高校、研究所的人才引进，依托高等院校和研究所的专业性，针对市场需求，对牛羊肉进行重点问题攻坚，组织技术培训，开发研制高品质、安全绿色的新产品，扭转产品形式单一、技术成果短缺的局面。企业应注重拓展牛羊产品精深加工，进一步完善屠宰加工体系，通过升级加工技术，促进设备迭代，对牛羊肉进行分割分级、精深加工，增加产品的附加值。生产要素等物质资源的供给决定了食品加工业的效率和质量，但目前牛羊产业资源损耗严重，利用效率低下。因此，加工企业要重视产品多元化发展，积极推动牛羊肉产品分级。比如，屠宰过程中，血浆含量高，低值化处理现象普遍存在。羊血约占活羊体重的 4.5%，牛血约占活牛体重的 8%。血浆作为一种性优价廉的蛋白质资源，富含多种营养和多种生物活性物质，因其富含血浆蛋白，具备良好的成胶性能，被广泛用于血豆腐产品或者动物饲料加工。为提高血浆蛋白利用率，已有学者将血浆蛋白应用于重组肉制品，相较大豆蛋白和肉蛋白，血浆蛋白可以提升重组肉制品 4% 的产品获得率（王鹏，2010）。当羊血浆蛋白添加量为 10%，pH 为 6.2 时，羊血浆蛋白的加入能够有效改善重组肉制品的保水性、硬度、储能模量，微观结构中的三维网络结构增多，趋向有序均匀（倪娜等，2015）。

屠宰加工企业加强与国外先进技术进行交流合作，有利于尽快赶上国外发展步伐，融入世界肉类产品流通市场，加快国内相关企业成为"龙头企业"的步伐。另外，牛羊肉产品的精深加工应立足于江西省地区风味习俗，研制具有浓郁"赣"字特色的产品，重点建设地标品牌。通过延长产业链条，重视牛羊养殖、产品销售，以市场为主导，提高产品附加值。屠宰加工企业不应只局限于屠宰加工，而应注重饲草、培育、养殖、屠宰加工、运输、销售产业链一体化发展。

3. 拓展经营范围，促进规模发展

近年来，江西省牛羊产业实现持续稳定发展，但由于集约化基础薄弱，技术创新较缓，资源整合低效，未能形成区域化、规模化、品牌化效应。在江西省政府着力打造 20 个肉牛大县和 20 个肉羊大县之际，屠宰加工企业要结合"菜篮子"生产加工扶持项目，积极响应政府金融保险政策，运用"财政惠农信贷通"和政策性农业信贷担保，多渠道引入资金支持，努力发展冷链和升级跨区域销售网络及企业标准。企业需重视技术、设备、产品形式升级，重视检验检疫、污水处理、污染减排设施等项目，推进饲草育种、养殖水平、产品质检、保鲜、高值化利用、产品包装及宣传销售等环节全方面升级。注重市场调研，以市场需求为导向，尊重消费者的消费需求，研发"赣"字系列牛羊产品，开拓经营范围，增强风险防范能力。以"龙头企业"为发展目标，学习国外先进管理技术，积极参与企业重组或合并，整合各方优势，发展"龙头企业＋合作组织＋基地＋农户"经营模式。引导散户加入企业的一体化产业链，参与到产业链的养殖生产、屠宰加工和产品运输等环节，建立畅通高效的养殖、加工与销售于一体的规模化经营。

4. 建设地标品牌，促进安全发展

屠宰加工企业应迎合南方居民的消费习惯，将牛羊肉产品主要定位于南方市场，开发不同系列的分割和鲜切肉产品，设立直销点，构建营销网络，借助电商平台打响"赣"字招牌。因此，企业在做好产业升级、产品研发的基础上，应积极实施品牌战略，线下连锁和线上售卖双线齐头并进，打造江西省独特的区域品牌形象。通过建立江西地标明星品牌，促进消费者"增加购买、加速购买以及转移购买"（丁存振、赵瑞莹，2014）。为提升牛羊肉产品的附加值，企业应重视牛羊肉产品的精深加工，采用现代化的屠宰加工设备，生产出不同档次、不同系列的牛羊肉产品，满足消费者的多种需求，引导消费者逐步转变传统的消费习惯。充分发掘江西省

牛羊肉独特风味和优质牛羊肉生产优势，打造"赣"字招牌，推动企业自创品牌，着力解决市场份额小、品牌缺乏知名度等问题。

牛羊肉产品质量安全是各方关注的重点，相关企业应结合自身品牌形象制定自控体系，建立羊肉屠宰加工业监管技术系统和羊肉质量安全信息可追溯系统，提高对牛羊肉产品从饲草培育、采购、屠宰质检、销售去向等环节层层追根溯源的能力。建立全国质量网络体系互联互认，从牛羊肉产品饲草种植阶段的空气、水质、饲养地开始到牛羊肉采购、运输、屠宰、加工、质检、贮藏、销售等全产业链环节进行实时监管，由专人专门定期检测和抽检，严把食品安全关，实现全程溯源。严格建设"放心肉"服务体系，加强企业质量认证和管理工作，对监督人员进行定期培训，提高安全意识与执行能力，严控生产流水线的每一道工序，应用 ISO9001、ISO14001、HACCP 食品安全管理体系，确保每一只牛羊有源可溯，有去向可寻，严格保证"赣"系牛羊肉产品高质高值。

5. 保证牛羊健康，促进疫病防控

牛羊市场需求量的增长，促进了畜牧养殖业的发展，加强牛羊出栏前的疾病防控措施不仅有助于减少养殖户的损失，保证牛羊健康状态，还能为牛羊屠宰加工企业减少成本，有助于该行业稳定、可持续发展。如果病疫在畜禽之间传播，必然会导致大量的畜禽生病甚至死亡，也必将提高牛羊屠宰加工企业采购、运输、检验检疫压力及成本。在产业链一体化中，企业应协助抓好防疫体系建设，完善动物防疫体系，建设动物防疫检疫试验室和无公害畜产品检测试验室。牛羊屠宰加工企业应积极推进县—乡—镇各级定点畜禽屠宰场的建设，强化产地检疫和屠宰检疫，全面落实牛羊产品准入制度，建立动物标识和疫病可追溯体系，企业相关部门应加强牛羊产品的监督检查力度，为探索无公害畜产品市场准入制、逐步提高牛羊产品安全水平做出贡献。

6. 健全溯源体系，促进产业一体化

以打造"生态鄱阳湖·绿色农产品"为目标，建设区域"绿色产业链"，相关企业应根据人才、技术、资金和市场等因素，合理分配企业权重，重视发展规律，以加工业为核心，以牧草、种质筛选、疫病防控、产品加工和宣传等相关产业建设为重点，以饲草优选为起点，以开发"赣"

字系列牛羊明星产品为目标，以产品安全营养为保障，多方发力，互惠共赢，形成养殖、加工、销售一体化发展模式。通过产业链一体化建设，建立健全完整的溯源体系。稳定饲草、活牛羊供给为屠宰加工企业提供加工原料和保证质量安全，有效规避疫病传染造成的经济损失风险。例如：为解决牛羊肉收购上的困难，稳定牛羊肉来源，降低交易成本，企业可以吸纳长期从事牛羊肉收购的人员，让他们承担牛羊收购工作，在条件允许时与养殖户签订收购合同，灵活掌握企业与养殖户之间的产销关系，最大限度上节约交易成本。相关企业可以根据养殖企业和散户的饲养水平、规模、品种进行干预和引导，针对各自实际养殖过程出现的问题进行研判，提出有针对性、可操作的建设性方案。企业也可以投资建立规范化、标准化基地，采取"企业＋基地＋养殖户"的组织模式，鼓励散户进入基地规范化养殖，与养殖户签订产销合同。在这种组织模式下，养殖户在生产和交易中的机会主义行为减弱，有效防止私屠滥宰现象的发生，从而提供符合企业要求标准、产品质量高的牛羊肉，牛羊产品的附加值得到保证，且养殖户单方违约的概率也将降低，这都将降低企业的交易成本以及稳定牛羊肉来源。引进和培育牧草的地方品种和新品种，进行牧草筛选和品种提纯复壮，因地制宜开展草田轮作，稳步推动牧草加工利用率，发展构建牛羊重要产区及主要规模饲草生产规范，为牛羊的养殖提供原料支持。重视地方种质资源保护和利用，对种质进行采样、鉴定和保护工作，发展科学化进食，提高种牛种羊繁殖率。将资金向技术设备迭代升级倾斜，建立健全精深加工产业体系，包括产品研发、检验检疫、包装形式、冷库物流等有关项目。从消费者实际需求出发，打造具有市场竞争力的"赣"字系列优势品牌。

7. 争取政府支持，积极接受监督

自国家"十三五"农业现代化规划发布，江西省政府为促进畜牧业发展，陆续出台了多个文件。江西省出台的《关于推进牛羊产业高质量发展的实施意见》（以下简称《意见》）中明确指出：到2025年，全省牛羊肉产量力争达到30万吨，其中牛肉产量20万吨、羊肉产量10万吨，实现牛羊产值250亿元。为推进农业结构调整改革、丰富城乡居民"菜篮子"。《意见》指出，通过以奖代补、先建后补、贷款贴息等方式，重点支持牛

羊养殖场（户）标准化改造、良种繁殖场建设、饲草种植及开发利用。同时，鼓励有条件的县（市、区）在实施奶牛政策性保险的基础上，探索开展肉牛、肉羊保险。江西省规划将赣中、赣中南作为肉牛优势产区，赣西、赣西北、赣东北作为肉羊优势产区，实施整县协同发展，打造 20 个肉牛大县和 20 个肉羊大县①。

从事牛羊屠宰加工的相关企业，要积极争取政策支持，积极配合各级政府进行适当干预与调控，协同各方制定切实可行的措施。企业可以通过借助政府力量，进行多渠道融资，提高企业经济实力，为攻坚关键技术、实现产业链一体化提供经济基础，科学合理规划资金使用途径，争取以小钱撬动发展。为促进屠宰加工业的发展和提高牛羊产品安全水平，相关企业需在政策指导下，正确认识并遵循牛羊产业发展规律，及时修改、丰富现存标准体系。

另外，开展政策宣传，加大屠宰、加工标准的宣传和培训专业人员的力度，引导、加强散户屠宰意识，禁止私屠滥宰，落实与屠宰点相配套的检验检疫制度，提高企业的标准意识和执行标准的自觉性。此外，企业应重视一体化过程中信用信息记录的完整性，保证牛羊产品的安全质量，树立诚信形象，建立诚信体系。积极接受法律和法规的监督；支持、配合政法人员执法行为；响应《生态鄱阳湖绿色农产品》文件要求，积极进行绿色食品和有机食品认证；促进屠宰加工生产线流程透明化，确保产品有源可溯、安全高质。

近年来，牛羊产品市场需求量逐渐升高，江西省凭借本土丰富的饲草资源和多元化的牛羊种质资源，依托国家出台相关文件，畜牧产业取得了持续健康发展，江西省的牛羊屠宰加工企业还将拥有更大的发展空间。

---

① http：//www.jiangxi.gov.cn/art/2020/11/13/art_4975_2892401.html，2020－11－06.

第七章　江西省牛羊养殖业生产效率

效率问题是学术界的研究热点之一，效率不仅可以反映生产技术水平的高低，还反映资源配置的高低。因此，在研究中往往将其作为分析经济增长源泉的重要工具，近年来被广泛应用于农业。测算方法主要以数据包络分析方法（DEA）和随机前沿分析方法（SFA）为主。数据包络分析方法（DEA）以可测算多项投入与产出效率、不受参数限制等优势，成为众多学者测算产业效率的首选方法。由于传统 DEA 模型存在最优决策单元（DMU）效率值无法比较的不足，因此，本章基于 2011—2020 年江西省牛羊产业投入产出的相关数据，采用超效率 DEA 模型对江西省 11 个地级市的牛羊生产效率进行测算。并将超效率引入 Tobit 模型，分析江西省肉牛肉羊生产效率的影响因素，探寻江西省牛羊生产过程中存在的问题，以求促进其提质增效，助力江西省牛羊产业实现产业振兴。

一、江西省肉牛养殖业生产效率

（一）模型介绍

本章采用 DEA 模型对江西省肉牛产业的生产效率进行测算，但传统径向 DEA 模型存在以下两个问题：第一，在实际问题中，投入指标的缩小和产出指标的放大并不是同比例的，径向 DEA 模型将导致测算结果存在偏差；第二，传统 DEA 模型存在无法对效率值为 1 的多个 DMU 进行比较的缺陷。故本章选用非径向的超效率 DEA 模型，超效率 DEA 模型直接将松弛变量纳入目标函数中，使模型经济解释的目标由效益比例最大化转变为实际利润最大化。同时，超级 DEA 模型允许综合技术效率值大于 1，从而可以对诸多最优 DMU 进行比较分析。假设有 m 种投入要素，s 种产出要素，超效率 DEA 模型如下：

$$\min\theta = \frac{1 + \dfrac{1}{m}\sum_{i=1}^{m} s_i^- / x_{ik}}{1 - \dfrac{1}{s}\sum_{r=1}^{s} s_r^+ / y_{rk}}$$

$$\mathrm{s.t.} \begin{cases} \displaystyle\sum_{j=1, j\neq k}^{n} x_{ij}\lambda_j - s_i^- \leqslant x_{ik} \\[2ex] \displaystyle\sum_{j=1, j\neq k}^{n} y_{rj}\lambda_j - s_i^+ \geqslant y_{rk} \\[2ex] \lambda,\ s^-,\ s^+ \geqslant 0 \\ i = 1,\ 2,\ \cdots,\ m;\ r = 1,\ 2,\ \cdots,\ s \\ j = 1,\ 2,\ \cdots,\ n(j \neq k) \end{cases}$$

θ 表示效率值；i、r 表示要素的种类；s_i^- 表示第 i 项松弛产出；s_r^+ 表示第 r 项松弛投入；x_{ik} 表示第 k 个 DMU 的第 i 项投入；y_{rk} 表示第 k 个 DMU 的第 r 项产出；j 表示 DMU 序号；k 表示被排除在外的 DMU；x_{ij} 表示第 j 个 DMU 的第 i 项投入；λ_j 表示第 j 个决策单元的包络乘数；y_{rj} 表示第 j 个 DMU 的第 r 项产出；λ 表示包络乘数；s^+ 和 s^- 分别表示松弛产出和松弛投入变量。

（二）投入产出指标与数据来源

1. 投入产出指标

江西省肉牛养殖效率投入产出指标见表 7-1。

表 7-1　江西省肉牛养殖效率投入产出指标

指标	内容	细则
投入指标	资本投入	当年肉牛的存栏数量（头）
	中间投入	直接投入（仔畜、饲料、医疗防疫及其他直接费用）、间接投入（固定资产折旧、草场建设）（元）
	劳动投入	从事肉牛生产的人口数量（人）
产出指标	产值	当年肉牛生产产值（元）

选取 2011—2020 年度江西省 11 个地级市肉牛养殖投入产出数据，分析其肉牛产业生产效率。总产值因为其定义清晰、可获得性高而广受青睐。如果农业产出变量是增加值，投入要素中不需要包括中间投入，农业

产出变量为农业总产值，则需要包括中间投入品。不同学者对于中间投入的选择具有明显的差异，主要表现在仔畜、饲料、防疫等其他中间投入的选择上。宏观统计数据的测算基本采用相应产业的劳动力、资本、中间投入的一贯范式进行核算（龚斌磊，2021）。综上，在参考众多学者观点的基础上，考虑到数据的客观性及可获得性，本章选取的产出指标是江西省2011—2020年肉牛产业总产值，投入指标涉及资本、劳动力及中间投入。

2. 数据来源

本章肉牛生产投入、产出指标相关数据主要来源于2012—2021年《中国畜牧兽医年鉴》《江西省统计年鉴》及《全国农产品成本收益年鉴》。同时，为避免物价指数的影响，以2011年为基期，对肉牛总产值、中间投入费用、农村居民人均可支配收入以及农林水支出4个涉及金额的指标，进行相应的价格指数调整，以此来提高计算结果的准确性。

（三）江西省肉牛养殖企业（户）生产效率测算

本章通过R语言软件基于投入角度，运用超效率DEA模型，测算不变规模报酬下江西省11个地级市的肉牛生产效率。通过模型测算，得出了江西省2011—2020年肉牛产业生产效率值，具体如表7-2所示。

表7-2　江西省各地级市肉牛产业生产效率

年份	抚州	赣州	吉安	景德镇	九江	南昌	萍乡	上饶	新余	宜春	鹰潭	均值
2011	0.35	0.40	0.51	0.40	0.30	0.43	0.42	0.39	0.55	0.41	0.40	0.41
2012	0.41	0.41	0.51	0.44	0.34	0.45	0.46	0.42	0.57	0.46	0.42	0.45
2013	0.44	0.43	0.51	0.48	0.38	0.49	0.50	0.46	0.60	0.50	0.46	0.48
2014	0.48	0.42	0.52	0.51	0.43	0.51	0.52	0.48	0.58	0.54	0.50	0.50
2015	0.52	0.46	0.57	0.55	0.46	0.56	0.57	0.52	0.63	0.59	0.56	0.54
2016	0.60	0.52	0.68	0.57	0.52	0.58	0.55	0.56	0.70	0.67	0.59	0.59
2017	0.59	0.54	0.66	0.89	0.55	0.57	0.57	0.59	0.67	0.67	0.68	0.63
2018	0.65	0.59	0.71	0.97	0.60	0.60	0.60	0.64	0.73	0.75	0.72	0.69
2019	0.75	0.68	0.82	1.04	0.69	0.66	0.69	0.71	0.83	0.85	0.84	0.78
2020	0.86	0.77	0.94	0.89	0.76	0.77	0.77	0.81	1.16	1.05	0.98	0.89
均值	0.56	0.52	0.64	0.67	0.50	0.56	0.57	0.56	0.70	0.65	0.61	0.60

从时间上看，10年期间，江西省肉牛产业生产效率逐步增长，效率年增

长率始终保持为正。江西省肉牛产业底子薄，前期发展基础条件差，导致全省前期肉牛生产效率不高。2011 年江西省 11 个地级市的效率均值仅为 0.41，"十二五"期间的效率均值只有 0.48。但是到了 2020 年效率均值已达到 0.89，10 年间效率翻了一番。如图 7-1 所示，2012—2020 年的年增长率整体呈"w"形增长，即下降增长再下降增长的变动趋势，增长率分别为 9.76％、6.67％、4.17％、8.00％、9.26％、6.78％、9.52％、13.04％ 和 14.10％。其中，2014 年效率提升最为缓慢，增长率仅为 4.17％，但 2014 年后肉牛生产效率稳步提升，增长率始终保持在 6.78％ 以上。2014 年是"南方现代草地畜牧业推进行动"发起的时间，江西省抢抓"北繁南育"战略先机，积极策应，及时启动了"南方现代草地畜牧业发展项目"。2018 年江西省将牛羊产业作为九大重点农业产业之一，强调为农业产业结构调整做出应有的产业贡献，次年，增长率突破 13％，全省肉牛产业生产效率突破 0.7。随着生产经验的不断累积及相关政策的不断推进，2020 年江西全省肉牛生产效率达到近 10 年的峰值 0.89，涨幅也是最大的。由此可以看出，自 2014 年以来，江西省实施了一系列刺激肉牛生产的政策措施，肉牛生产的效率逐渐提高，至 2020 年其生产效率已经达到近 10 多年的最高点，说明其肉牛生产效率在政策的助力下不断向前推进。"南方现代草地畜牧业推进行动"此项政策对南方草地畜牧业的发展确实起到了一定的引领和促进作用。

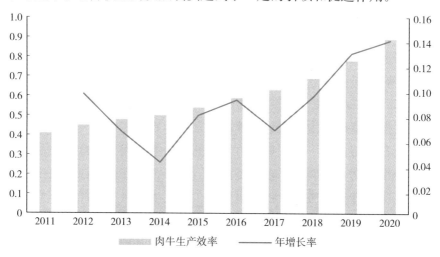

图 7-1　江西省肉牛生产效率年变化

从地域上看，新余一直是江西省肉牛产业发展的佼佼者，是肉牛生产效率最高的地级市，效率均值达到 0.70，2020 年效率值更是达到了 1.16。另外，景德镇、鹰潭、宜春和吉安 4 地的肉牛生产效率均值分别达到了 0.67、0.61、0.65 和 0.64，均高于全省 0.60 的平均水平。宜春是 11 个地级市中肉牛生产效率提升最大的，涨幅高达 155.38%。赣州、吉安、南昌和萍乡 4 个地级市增速较慢，涨幅均在 100% 以下，分别为 95.30%、85.34%、80.81% 和 81.39%。其中，南昌发展最为缓慢，涨幅仅为 80.81%，可能的原因是南昌作为江西省省会，经济水平较高，经济发展重点主要以二、三产业为主，农业经济占比相对较少，对畜牧业重视不足，导致效率提升较慢。

综上，基于超级 DEA 模型测得了江西省各地级市肉牛生产的效率值，发现 2011—2020 年 10 年间，各地级市的肉牛生产效率提高了。从生产效率来看，全省肉牛生产效率均值从 0.41 增长到 0.89，效率提高较快，可见全省肉牛产业得到了一定程度的发展。特别是在 2014 年"南方现代草地畜牧业推进行动"实施之后，肉牛增长率长期保持在高位，肉牛生产效率随之逐年稳步提高，对江西省肉牛生产效率的提升切实起到一定的推动作用。从地域来看，宜春、新余、吉安及景德镇 4 个地级市肉牛生产效率位于全省前列，而赣州及九江肉牛生产效率相对较低，肉牛养殖潜力有待进一步挖掘。

(四) 江西省不同地区肉牛养殖企业（户）生产效率差异分析

依据上文测得的各地级市肉牛产业生产效率的均值，将 11 个地级市划分为发展强势型地区、发展成长型地区和发展潜力型地区三种类型进行分析。

发展强势型地区为新余、景德镇、宜春和吉安，4 地肉牛的生产效率均处于全省上游，高于全省平均值。这类地区不仅肉牛生产效率高、养殖生产综合水平高，发展速度较快且稳定。宜春、吉安是江西省肉牛存出栏大市，宜春拥有高安裕丰农牧有限公司、华瑞生物科技、江西丰业原生态等大型肉牛相关企业，吉安则有泰和、安福、永新等县域的肉牛养殖企业。与小规模养殖户相比，大型肉牛养殖企业的基础设施更加完善，肉牛生产技术相对较高，养殖规模大，经济效益好。大型专业化企业不仅带动了当地肉牛产业的发展，而且对当地肉牛生产效率的提升也起到了一定的推动作用。

景德镇便得益于此，虽然土地面积小，肉牛存栏量整体不高，但生产效率处于前列，主要有两点原因。一是归功于得天独厚的自然优势，景德镇山区特征明显，植被覆盖率达 70%，为肉牛养殖提供了丰富的草料资源，十分适宜肉牛产业的发展。二是归功于当地的肉牛养殖企业，由于自然条件优越，景德镇因此成为众多肉牛生产企业的生产基地，如乐平斌峰、浮梁松寿及浮梁浩然农牧业发展有限公司等。新余不是肉牛存、出栏大县，但是有大型知名肉牛生产企业——新余洪泰牛羊科技有限公司，所以，肉牛生产效率依旧处于前列，当然，这也离不开吉安和宜春两大肉牛生产强势地区的辐射带动作用。

发展成长型地区包括鹰潭、萍乡、上饶、南昌、抚州 5 个地级市。这类地区需"扬长补短"，立足本地特色，对肉牛产业的不足之处进行调整，提高肉牛生产效率，努力步入发展强势型地区的行列。特别是抚州，作为江西省肉牛新兴生产区，抚州先后涌现出以临川、崇仁、南城和乐安为代表的肉牛养殖区县。抚州可以利用本地"抚州黄牛"的品牌带动力，实施品牌兴牧战略，建立并完善其产业链、价值链和供应链，不断提升品牌肉牛产业影响力。萍乡和上饶主要以肉羊养殖为主，但肉牛生产效率依旧可观，处于全省中游水平。南昌市的肉牛生产效率增长缓慢，与其以工业为主的经济结构有关，但仍可依托本地"进贤犊牛"的特色品牌，发挥省会的经济优势，发展高端肉牛养殖生产，充分发挥经济效益。

发展潜力型地区为九江和赣州，两地的肉牛产业发展水平还需进一步提高，相应潜力有待挖掘。九江是江西省肉羊存、出栏大市，肉羊专业化企业较多，生产规模大，因此从事肉牛养殖户较少，发展相对不足，致使肉牛生产效率较低。宜春、吉安和赣州是江西省肉牛存、出栏量最高的三大地级市，但赣州的肉牛生产效率较低，相较于宜春和吉安两地的肉牛生产效率处于全省前列，造成这种效率差异的主要原因是地级市拥有大型肉牛企业数量不同。赣州土地类型地域性强，利用差异明显，面积虽广但适宜发展肉牛养殖的区域有限。因此，赣州的肉牛生产以小规模养殖户为主，知名的大型肉牛养殖企业较少，造成肉牛生产效率整体较低。

按照地理区域，可以将江西省进一步划分为赣东（上饶、鹰潭、景德镇）、赣西（宜春、萍乡、新余）、赣中（吉安、抚州）、赣南（赣州）和赣北（南昌、九江）。通过计算各地生产效率发现，赣东、赣中和赣西所包含的城市均处于发展强势型和发展成长型地区的行列，而发展潜力型地区则位于赣南和赣北地区。总体来看，江西省全省肉牛养殖呈现"南北弱东中西较强"的空间布局，赣北、赣南地区肉牛生产效率较低，总体发展水平有待进一步提高；而东中西部肉牛产业发展较好，生产效率较高。

（五）江西省肉牛养殖企业（户）生产效率影响因素分析

1. 面板 Tobit 模型与变量设定

（1）面板 Tobit 模型

本章以江西省 11 个地级市的静态效率 DEA 值作为因变量，建立回归方程。因 DMU 的效率值均处于 ［0，1］ 或 ［0，+∞） 区间范围内，多个样本在特定范围内趋近于某一极限值，采用最小二乘法进行参数估计易出现结果有偏或不一致等问题，而 Tobit 模型可以准确解释其中极限值和非极限观察值之间的性质差异。因此，本章采用 Tobit 面板回归分析模型对样本进行分析，公式如下：

$$y_i^* = \beta_0 + \sum_{j=1}^{k} \beta_j x_{ij} + \delta_j$$

$$y_i = \begin{cases} y_i^*, & y_i^* > 0 \\ 0, & y_i^* \leqslant 0 \end{cases}$$

其中：y_i^* 为潜变量；y_i 为因变量即效率值；x_{ij} 为自变量即影响因素；β_j 为回归系数；β_0 为常数项；误差项 δ_j 独立且服从正态分布 $N \sim (0, \sigma^2)$。

（2）变量选取及分析

效率影响因素的方向略有差异，部分学者专门研究某一变量的影响，如养殖规模（杨晓彤等，2021；马晓萍、王明利，2021）、经营主体（杜富林等，2019）、合作社（赵立夫等，2021）、草原生态补奖政策（杨春、王明利，2019）或"粮改饲"政策（马晓萍等，2022）等某一变量对肉牛养殖效率的影响。另一部分学者则是归纳分析多个变量对效率的影响，如学者李俊茹等对中国肉牛产业全要素生产率的研究表明，农业机械化、政策扶持、交通条件等因素对肉牛产业全要素生产率产生正向影响，而农村居民收入及粮食生产对其具有负向影响（李俊茹、王明利等，2019）。综上，本章结合李俊茹、吴庆春等学者的研究，分别从政策扶持、经济发展、自然资源禀赋、基础设施建设及市场价格变动 5 个方面，选取了可能影响江西省肉牛生产效率的 6 个指标，见表 7 - 3。

表 7 - 3　江西省肉牛生产效率影响因素

变量类型	具体变量指标	变量代码	单位	数据来源
因变量	肉牛产业生产效率	y		上文测得
自变量	农村居民人均可支配收入	x_1	万元	《江西省统计年鉴》
	农林水支出	x_2	万元	《江西省统计年鉴》
	公路修建	x_3	千米/平方千米	《江西省统计年鉴》
	粮食播种面积	x_4	公顷	相关数据整理所得
	人口城镇化率	x_5	%	《江西省统计年鉴》
	商品零售价格指数	x_6		《江西省统计年鉴》

在表 7 - 3 的这 6 个指标中，政策扶持选取了地区政府每年的农林水支出，由于缺乏地方政府畜牧业单一的财政投入数据，加之农业各个项目间关联性较强，故采用农林水支出反映地区政府的政策扶持。地区经济发展选取了农村居民人均可支配收入和人口城镇化率两个指标，农村居民人均可支配收入单方面反映地区的经济发展情况，显得略微单薄，因为地区之间农业经济发展比重不同，再加上城镇化率，更能反映一个地区的经济情况。自然资源禀赋方面，由于缺乏 11 个地级市每年的牧草种植面积数据，因此采用各地市的粮食播种面积。这是因为江西省粮食播种中的水稻、薯类、玉米等产生的秸秆、薯藤、玉米秆都可以作为肉牛的饲料，具有一定的关联性。选用公路修建情况反映地区的基础设施建设，由于各地级市的面积不同、公路里程不同，因此以公路里程除以地区面积，得到单位面积的公路里程，以此反映地区基础设施建设情况更为合理。市场价格方面，本章选取了商品零售价格指数这个指标来反映价格变动的情况。综上，以上述 6 个指标来探究对江西省 11 个地级市肉牛生产效率的影响。

2. 实证分析

使用 Stata 17.0 软件运用面板 Tobit 回归模型进行估计分析，肉牛产业生产效率影响因素的回归结果见表 7 - 4。

表 7 - 4   肉牛产业生产效率影响因素模型回归及 LR 检验结果

变量	系数	P 值
x_1	0.283 4	0.000
x_2	1.61×10^{-7}	0.066
x_3	0.042 7	0.483
x_4	8.08×10^{-7}	0.003
x_5	0.015 3	0.003
x_6	0.014 4	0.004
LR 检验	Prob＞chibar^2＝0.000	

由回归结果可知，根据 LR 检验结果 Prob＞chibar^2＝0.000，回归模型应选择随机效应的面板 Tobit 模型。由表 7 - 4 可见，农村居民人均可支配收入、农林水支出、粮食播种面积、城镇化水平和商品零售价格指数 5 个变量对江西省肉牛生产效率的提升有着显著正向影响，基础设施建设对江西省肉牛生产效率的提升影响并不显著。

农村居民人均可支配收入显著影响江西省肉牛生产效率的提升，且呈正相关关系。由表 7 - 4 可知，农村居民人均可支配收入对肉牛生产效率的影响系数为 0.283 4，P 值为 0.000，通过了 1% 水平的显著性检验。肉牛的养殖繁育周期较长，牛仔的繁育周期一般为 1 年半以上。因此，当农户可支配收入较高时，对肉牛生产周期的包容度会更高，也愿意将更多的资金收入投入肉牛生产中去，进而提升肉牛产业的生产效率。因此，农村居民人均可支配收入提高与肉牛生产的效率提升有正向相关关系。

农林水支出显著影响江西省肉牛生产效率的提升，且呈正相关关系。农林水支出的 P 值为 0.066，通过了 10% 水平的显著性检验。财政农林水支出是政府发挥财政职能促进农业发展的重要手段之一，对农业生产起着保障、稳定的作用，可反映政府财政对肉牛生产的扶持力度。由实证结果可知，政府农林水支出的增加虽然促进肉牛生产效率的提高，但推动作用微乎其微，系数仅为 1.61×10^{-7}。可能的原因在于，政府财政农林水支出中，用于肉牛养殖方面的比例并不大。

公路修建水平的 P 值为 0.483，未通过显著性水平的检验，因此对江西省肉牛生产效率提升的影响不显著。可能的原因在于，单位面积内公路里程反映出一个地区的交通基础设施建设情况，便捷的交通会降低运输成本、节省物流时间。但是，在肉牛养殖的整个环节中，良种、饲养、疫病防控等因素影响更大，交通基础设施对肉牛生产的影响占比不大，所以，未能通过显著性检验。

粮食播种面积显著影响江西省肉牛生产效率的提升，且呈正相关关系。粮食播种面积的 P 值为 0.003，通过了 5% 水平的显著性检验。饲料是草地畜牧业发展的基础生产资料，粮食的播种面积反映了饲料的生产潜力，是饲料的生产基础。本章以江西省各地级市粮食生产面积代替江西省肉牛饲料生产潜力。由实证结果可知，粮食播种面积越广，推动肉牛生产效率提升的效果越显著。

人口城镇化率显著影响江西省肉牛生产效率的提升，且呈正相关关系。由回归结果可知，人口城镇化率对肉牛生产效率的影响系数为 0.015 3，P 值为 0.003，通过了 5% 水平的显著性检验。人口城镇化率可以从侧面反映一个地区的经济发展水平，一般而言，一个地区的城镇化率越高，经济也越发达。城市经济越发达，生产技术越先进，市场化水平越高，生产资源分配更加趋于高效、合理。因此，人口城镇化率的提高，可以促进肉牛生产效率提升。

商品零售价格指数显著影响江西省肉牛生产效率的提升，且呈正相关关系。从回归模型的结果可知，商品零售价格指数的影响系数为 0.014 4，P 值为 0.004，通过了 5% 水平的显著性检验。出栏的肉牛最终以商品的形式流入市场，其间必然会受到市场价格波动的影响。商品零售价格指数可以反映市场牛肉价格的变动情况，牛肉市场价格升高，激发肉牛养殖户的养殖动力，生产积极性得到提高，进而有利于提高肉牛生产效率。

二、江西省肉羊养殖业生产效率

(一)模型介绍

本章节采用 DEA 模型对江西省肉羊产业的生产效率进行测算，但传统径向 DEA 模型存在以下两个问题：第一，在实际问题中，投入指标的缩小和产出指标的放大并不是同比例的，径向 DEA 模型将导致测算结果存在偏差；第二，传统 DEA 模型存在无法对效率值为 1 的多个 DMU 进行比较的缺陷。故本章节选用非径向的超效率 DEA 模型，超效率 DEA 模型直接将松弛变量纳入到目标函数中，使模型经济解释的目标由效益比例最大化转变为实际利润最大化。同时，超级 DEA 模型允许综合技术效率值大于 1，从而可以对诸多最优 DMU 进行比较分析。假设有 m 种投入要素，s 种产出要素，超效率 DEA 模型如下：

$$\min\theta = \frac{1 + \frac{1}{m}\sum_{i=1}^{m} s_i^- / x_{ik}}{1 - \frac{1}{s}\sum_{r=1}^{s} s_r^+ / y_{rk}}$$

$$\text{s. t.} \begin{cases} \sum_{j=1, j\neq k}^{n} x_{ij}\lambda_j - s_i^- \leqslant x_{ik} \\ \sum_{j=1, j\neq k}^{n} y_{rj}\lambda_j - s_i^+ \geqslant y_{rk} \\ \lambda, \ s^-, \ s^+ \geqslant 0 \\ i = 1, \ 2, \ \cdots, \ m; \ r = 1, \ 2, \ \cdots, \ s \\ j = 1, \ 2, \ \cdots, \ n(j \neq k) \end{cases}$$

θ 表示效率值；i、r 表示要素的种类；s_i^- 表示第 i 项松弛产出；s_r^+ 表示第 r 项松弛投入；x_{ik} 表示第 k 个 DMU 的第 i 项投入；y_{rk} 表示第 k 个 DMU 的第 r 项产出；j 表示 DMU 序号；k 表示被排除在外的 DMU；x_{ij} 表示第 j 个 DMU 的第 i 项投入；λ_j 表示第 j 个决策单元的包络乘数；y_{rj} 表示第 j 个 DMU 的第 r 项产出；λ 表示包络乘数；s^+ 和 s^- 分别表示松弛产出和松弛投入变量。

（二）投入产出指标与数据来源

1. 投入产出指标

选取 2011—2020 年度江西省 11 个地级市肉羊养殖投入产出数据，分析其肉羊产业生产效率。在参考众多学者观点的基础上，考虑到数据的客观性及可获得性，本章选取的投入产出指标具体如表 7 - 5 所示。

表 7-5　江西省肉羊养殖效率投入产出指标

指标	内容	细则
投入指标	资本投入	当年肉羊的存栏数量（只）
	中间投入	直接投入（仔畜、饲料、医疗防疫及其他直接费用）、间接投入（固定资产折旧、草场建设）（元）
	劳动投入	从事肉羊生产的人口数量（人）
产出指标	产值	当年肉羊生产产值（元）

2. 数据来源

本章肉羊生产投入、产出指标相关数据主要来源于 2012—2021 年《中国畜牧兽医年鉴》《江西省统计年鉴》及《全国农产品成本收益年鉴》。同时，为避免物价指数的影响，以 2011 年为基期，对肉羊总产值、中间投入费用、农村居民人均可支配收入以及农林水支出 4 个涉及金额的指标进行相应的价格指数调整，以此提高计算结果的准确性。

（三）江西省肉羊养殖企业（户）生产效率测算

通过 R 语言软件，基于投入角度对不变规模报酬下的投入产出指标进行超效率 DEA 模型的测算，从而得出江西省 2011—2020 年各地级市肉羊生产效率值，如表 7-6 所示。

表 7-6　江西省各地级市肉羊生产效率

年份	抚州	赣州	吉安	景德镇	九江	南昌	萍乡	上饶	新余	宜春	鹰潭	均值
2011	0.46	0.58	0.51	0.47	0.53	0.52	0.79	0.89	0.59	0.96	0.89	0.65
2012	0.53	0.64	0.57	0.49	0.58	0.56	0.91	0.99	0.62	1.02	0.98	0.72
2013	0.65	0.63	0.64	0.78	0.63	0.65	0.85	0.64	0.65	0.64	0.69	0.68
2014	0.59	0.58	0.58	0.73	0.58	0.59	0.77	0.59	0.59	0.59	0.75	0.63
2015	0.54	0.53	0.53	0.40	0.53	0.54	0.70	0.53	0.54	0.54	0.63	0.55
2016	0.60	0.59	0.60	0.42	0.60	0.60	0.78	0.60	0.60	0.60	0.79	0.62
2017	0.67	0.67	0.67	0.48	0.67	0.67	0.88	0.67	0.67	0.68	0.93	0.69
2018	0.57	0.65	0.69	0.56	0.67	0.65	0.88	0.67	0.70	0.70	0.89	0.69
2019	0.71	0.64	0.71	0.58	0.66	0.55	0.87	0.82	0.69	0.68	0.87	0.71
2020	0.55	0.71	0.61	0.87	0.60	0.72	1.28	0.62	0.45	0.76	1.17	0.76
均值	0.59	0.62	0.61	0.58	0.61	0.61	0.87	0.70	0.61	0.72	0.86	0.67

从时间上看，江西省肉羊生产效率呈波动式增长趋势。为便于比较，本章将时间分为 2011—2015 年（"十二五"）和 2016—2020 年（"十三五"）两个时间段进行分析（图 7-2）。"十二五"期间，江西全省肉羊生产的整体效率均值为 0.65，2012 年和 2013 年的生产效率均高于"十二五"期间平均水平。2012 年肉羊生产效率为 0.72，相比 2011 年的 0.65，增长了 9.87%，各地级市的肉羊生产效率也均有不同程度的提高，特别是宜春市，肉羊生产效率问鼎全省最高值 1.02。此后 3 年，即 2013—2015 年，肉羊生产效率连续 3 年负增长，肉羊生产效率于 2015 年达到 10 年间的最低值，仅为 0.55，相较 2011 年降低了 15.38%。2014 年中国南方大面积暴发了"羊瘟（小反刍兽疫）"，造成羊群大面积死亡、肉羊养殖户大量破产，肉羊生产效率大幅下降。2014 年，农业部发起了"南方现代草地畜牧业推进行动"，2015 年肉羊生产的相关政策开始陆续实施。由表 7-6 可知，2015 年以后，江西全省肉羊产业生产效率开始逐步提高。进入"十三五"后，随着"推进行动"的持续推进，江西省政府日益重视畜牧业的发展，并于 2020 年初发布《关于推进牛羊产业高质量发展的实施意见》（赣府厅发〔2020〕33 号），为"十三五"期间肉羊产业的发展做出了积极贡献。由表 7-6 可知，2016—2020 年江西省肉羊生产效率均值依次为 0.62、0.69、0.69、0.71、0.76，5 年的总体均值为 0.69，且未出现负增长的情况。可见，政府相关政策的实施对江西省肉羊产业的生产效率起到了促进及稳定的作用。

从地域上看，萍乡市是江西省肉羊产业的"领头羊"，不仅是肉羊养殖大市，而且肉羊生产效率位居全省最高，全市总体效率均值达到 0.87，2020 年肉羊生产效率值高达 1.28。此外，鹰潭、宜春、上饶 3 地的肉羊生产效率均值分别达到了 0.86、0.72 和 0.70，均高于全省平均水平 0.67。将 2020 年与 2011 年的肉羊生产效率相比较，发现景德镇是 11 个地级市中提升幅度最大的，2020 年景德镇肉羊生产效率为 0.87，与 2011 年的 0.47 相比增长了 85.11%，但总体均值仅为 0.58，肉羊生产效率仍处于省内下游。萍乡、南昌和鹰潭 3 地的肉羊生产效率均有不同程度的提高，10 年间分别增长了 62.03%、38.46% 和 31.46%。但上饶、新余、宜春 3 个地级市都出现了负增长，相较 2011

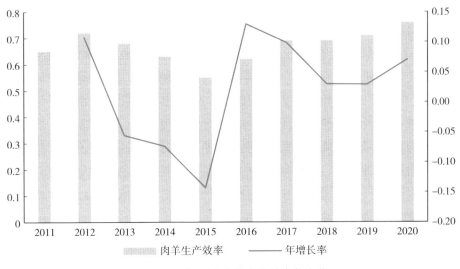

图 7-2　江西省肉羊生产效率年变化

年，2020 年肉羊生产效率增长率分别为 30.34％、23.73％和 20.83％。值得一提的是，即便宜春市的肉羊生产效率有所下降，但在省内依旧处于前列。

本章基于超级 DEA 模型，测得了江西省 11 个地级市的肉羊生产效率值，发现 2011—2020 年 10 年间，各地级市的肉羊生产效率呈现波动增长趋势。从时间来看，全省肉羊生产效率均值从 0.65 增长到 0.76，其间经历了 2013—2015 连续 3 年的下滑后，肉羊生产效率于 2015 年后开始持续攀升。特别是"十三五"期间，肉羊生产效率提高较快，全省肉羊产业得到一定程度的发展。随着"南方现代草地畜牧业推进行动"的推进，政府相关的扶持政策得以陆续开展，对江西省肉羊生产效率的提高起到了一定的稳定及促进作用。从地域来看，萍乡、上饶、鹰潭和宜春 4 个地级市的肉羊生产效率较高，高于全省平均水平，而抚州和景德镇两地的肉羊生产效率相对较低，需进一步发展。

（四）江西省不同地区肉羊养殖企业（户）生产效率差异分析

依据上文测得的各地级市肉羊生产效率均值，将 11 个地级市划分为发展强势型地区、发展成长型地区和发展潜力型地区三种类型进行分析。

发展强势型地区为萍乡、上饶、鹰潭和宜春 4 个地级市，4 地的肉羊生产效率高于全省平均值，居全省前列。其中，萍乡和宜春是江西省的肉羊存、出栏大市，萍乡不仅肉羊养殖规模大，而且肉羊生产效率高，以0.87 的效率值稳居全省第一。宜春市也是牛羊存、出栏大市，肉羊生产效率居全省前列，虽然 2014 年的羊瘟使其遭受重创，众多养殖户转投肉牛的生产行列，肉羊养殖户大面积破产，肉羊出栏量明显下滑，导致生产效率下降，但当地养殖资源丰富，加之拥有江西春晖、高安欣鑫种养繁育等公司为其支撑，因此依旧稳居全省前列。上饶是江西省肉羊生产的新型区域，涌现了以余干、鄱阳等县为主的上饶市肉羊特色新兴生产区，带动了当地肉羊生产。而鹰潭在上饶的辐射带动作用下，依托本地山水的自然优势，使当地肉羊产业得到发展。

发展成长型地区包括九江、新余、吉安、南昌、赣州 5 个地级市。九江的肉羊生产在全省有着重要的地位，拥有江西大业牧业、江西亿合等知名企业，但大多企业主营羊羔出售。加之九江肉羊育肥以小规模养殖农户居多，对九江市肉羊产业效率的提高起到一定的阻碍作用。新余、赣州均有大型肉羊养殖企业，如新余建佳岭生态养殖有限公司、赣州绿林湾农牧有限公司，应充分利用龙头企业优势，鼓励通过"公司＋农户"等模式，带动中小养殖户融入现代畜牧业发展。南昌应充分利用当地经济、交通等优势，寻找破解肉羊发展瓶颈的新思路。而吉安以肉牛养殖为主，肉羊生产重视程度不足，因此存、出栏数量少，整体效率也不高。

发展潜力型地区为抚州和景德镇，两地的肉羊生产效率较低，在全省处于下游。抚州和景德镇两地以肉牛养殖为主，一个是肉牛新兴地区，拥有"抚州黄牛"的特色品牌；一个则是肉牛生产高效率地级市，拥有包括浩然牧业等多家肉牛生产龙头企业。因此，抚州和景德镇的肉羊产业发展相对不足，肉羊养殖水平还需进一步提高，相应地，养殖潜力有待挖掘。

按照地理区域，可以将江西省进一步划分为赣东（上饶、鹰潭、景德镇）、赣西（宜春、萍乡、新余）、赣中（吉安、抚州）、赣南（赣州）和赣北（南昌、九江）。通过计算各地生产效率可以发现，发展强势型地区主要位于赣西和赣东。生产效率较高的地区，大多紧紧相邻，说明存在一定的集聚现象。且总体来看，江西省全省呈现"东西强中部弱"的空间布局。

（五）江西省肉羊养殖企业（户）生产效率影响因素分析

1. 面板 Tobit 模型与变量设定

（1）面板 Tobit 模型

本章以江西省 11 个地级市的肉羊生产效率 DEA 值作为因变量，建立回归方程。因 DMU 的效率值均处于 [0，1] 或 [0，$+\infty$) 区间范围内，多个样本在特定范围内趋近于某一极限值，采用最小二乘法进行参数估计易出现结果有偏或不一致等问题，而 Tobit 模型可以准确解释其中极限值和非极限观察值之间的性质差异。因此，本章采用 Tobit 回归分析模型对样本进行分析，公式如下：

$$y_i^* = \beta_0 + \sum_{j=1}^{k} \beta_j x_{ij} + \delta_j$$

$$y_i = \begin{cases} y_i^*, & y_i^* > 0 \\ 0, & y_i^* \leqslant 0 \end{cases}$$

其中：y_i^* 为潜变量；y_i 为因变量即效率值；x_{ij} 为自变量即影响因素；β_j 为回归系数；β_0 为常数项；误差项 δ_j 独立且服从正态分布 $N\sim(0，\sigma^2)$。

（2）变量选取及分析

效率影响因素的方向略有差异，部分学者专门研究某一变量的影响，如养殖规模（杨晓彤等，2021；马晓萍、王明利，2021）、经营主体（杜富林等，2019）、合作社（赵立夫等，2021）、草原生态补奖政策（杨春，王明利，2019）或"粮改饲"政策（马晓萍等，2022）等某一变量对肉羊效率的影响，另一部分学者则是归纳分析多个变量对效率的影响，如学者李俊茹等对中国肉羊产业全要素生产率的研究表明，农业机械化、政策扶持、交通条件等因素对肉羊产业全要素生产率产生正向影响，而农村居民收入及粮食生产对其具有负向影响（李俊茹、王明利等，2019）。综上，本章结合李俊茹、吴庆春等学者的研究，分别从政策扶持、经济发展、自然资源禀赋、基础设施建设及市场价格变动 5 个方面，选取了可能影响江西省肉羊生产效率的 6 个指标。本章结合相关学者的研究，将影响江西省肉羊生产效率的主要因素归并为 6 个指标，如表 7 - 7 所示。

表 7 - 7　江西省肉羊生产效率影响因素

变量类型	具体变量指标	变量代码	单位	数据来源
因变量	肉羊生产效率	y		上文测得
自变量	农村居民人均可支配收入	x_1	万元	《江西省统计年鉴》
	农林水支出	x_2	万元	《江西省统计年鉴》
	公路修建	x_3	千米/平方千米	《江西省统计年鉴》
	粮食播种面积	x_4	公顷	相关数据整理所得
	人口城镇化率	x_5	%	《江西省统计年鉴》
	商品零售价格指数	x_6		《江西省统计年鉴》

在以上 6 个指标中，政策扶持选取了地区政府每年的农林水支出，由于缺乏地方政府畜牧业单一的财政投入数据，加之农业各个项目间关联性较强，故采用农林水支出反映地区政府的政策扶持。地区经济发展选取了农村人均可支配收入及人口城镇化率两个指标，农村人均可支配收入单方面反映地区的经济发展情况，显得略微单薄，因为地区之间农业经济发展比重不同，再加上城镇化率，更能反映一个地区的经济情况。自然资源禀赋方面，由于缺乏 11 个地级市每年的牧草种植面积数据，因此采用各地市的粮食播种面积。这是因为江西省粮食播种中的水稻、薯类、玉米等产生的秸秆、薯藤、玉米秆都可以作为肉羊的饲料，具有一定的关联性。选用公路建设情况反映地区的基础设施建设，这是因为各地区面积不同、公路里程不同，因此以公路里程除以地区面积，得到单位面积的公路里程，以此反映地区基础设施建设情况会更加合理。市场价格方面，选取了商品零售价格指数这个指标来反映价格变动的情况。综上，以上述指标来探究对江西省 11 个地级市肉羊生产效率的影响。

2. 实证分析

通过 Stata 17.0 软件，运用面板 Tobit 回归模型进行估计分析，江西省肉羊产业生产效率影响因素的回归结果见表 7 - 8。

由回归结果可知，根据 LR 检验结果 Prob＞chibar^2 ＝0.000，回归模型应选择随机效应的面板 Tobit 模型。由表 7 - 8 可知，农林水支出、城镇化水平和粮食播种面积 3 个变量对江西省肉羊生产效率的提升有着显著正向影响，农村居民人均可支配收入、公路修建和商品零售价格指数对江西省肉羊生产效率的提升影响并不显著。

表7-8　肉羊产业生产效率影响因素模型回归及 LR 检验结果

变量	系数	P 值
x_1	0.045 6	0.295
x_2	1.63×10^{-7}	0.042
x_3	0.016 1	0.786
x_4	1.73×10^{-7}	0.076
x_5	0.166 1	0.000
x_6	0.010 9	0.299
LR 检验	Prob$>$chibar$^2=0.000$	

农村居民人均可支配收入的 P 值为 0.295，未通过 10% 显著水平的检验，对肉羊产业效率提升的影响不显著。可能的原因是肉羊的养殖繁育周期较短，资金回笼相对更快，资金投入力度也相对较小。因此，农户可支配收入的高低对肉羊生产的影响不大，对提升肉羊产业的生产效率影响也有限。因此，农村居民人均可支配收入对肉羊产业效率的影响不显著。

农林水支出显著影响江西省肉羊产业效率的提升，且呈正相关关系。农林水支出的 P 值为 0.042，通过了 5% 显著水平的检验。农林水支出作为政府发挥财政职能的重要手段，可反映政府财政对肉羊产业的扶持力度。由实证结果可知，政府农林水支出的增加，可以促进肉羊生产效率的提高，但推动作用并不大，系数仅为 1.63×10^{-7}。可能的原因是政府财政支出以固定资产为主，对肉羊生产直接的投入较少。

公路修建水平对肉羊产业效率提升的影响不显著，P 值为 0.786，未通过 10% 显著水平的检验。可能的原因在于，单位面积内公路里程反映出一个地区的交通基础设施建设情况，便捷的交通会降低运输成本、节省物流时间。但是，在肉羊养殖的整个环节中，相较良种、饲养、疫病防控等重要环节，交通基础设施的建设水平影响相对有限，所以，未能通过显著性检验。

粮食播种面积显著影响江西省肉羊生产效率的提升，且呈正相关关系。P 值为 0.076，通过了显著水平检验。饲料是开展肉羊养殖的基础，是提高肉羊生产效率的必要条件。由于缺乏牧草种植面积与产量的数据，因此，本章以江西省各地级市粮食生产面积代替江西省肉羊饲料生产潜力。近年来，"粮改饲"政策在全国各地推行，粮食、青贮及经济作物的占比日益科学合理，粮食作物的作用愈发重要。因此，粮食播种面积越广，对肉羊的生产效率提升越显著。

人口城镇化率显著影响江西省肉羊生产效率的提升，且呈正相关关系。人口城镇化率系数为 0.166 1，P 值为 0.000，在 1% 的水平上显著。人口城镇化率可以从侧面反映一个地区的经济发展水平。一个地区的城镇化率越高，经济也越发达。城市的经济越繁荣，肉羊相关的生产技术越先进，当地的市场化水平更高，生产资源分配也就更加趋于高效、合理。因此，人口城镇化率的提高，可以促进肉羊产业效率提升。

商品零售价格指数的 P 值为 0.299，未通过 10% 显著水平的检验，对江西省肉羊生产效率提升的影响不显著。出栏的肉羊以羊肉的形式流入市场，商品零售价格指数可以反映市场羊肉价格的变动情况。但是肉羊的繁殖生产期相对较短，出栏数量相对稳定。因此，当羊肉市场价格发生变动时，农户大多通过调整存栏量，进而控制出栏量。所以，商品零售价格指数对江西省肉羊生产效率提升的影响为正，但不显著。

三、总结

本章通过运用超效率 DEA - Tobit 模型测算了江西省 11 个地级市 2011—2020 年的牛羊生产效率及其影响因素，得出以下结论。

第一，肉牛方面，由上述实证结果可知，10 年间江西省肉牛生产效率逐年稳步增长，效率年增长率始终保持为正，发展态势良好。特别是 2014 年以来，江西省实施了一系列刺激肉牛生产的政策措施，肉牛生产效率在政策的助力下不断向前促进，至 2020 年江西省肉牛生产效率已经达到 0.89，是近 10 年生产效率的最高值。空间上，全省呈现"南北弱东中西较强"的空间布局，赣北、赣南地区肉牛生产效率较低，有待进一步提高，东中西部肉牛产业发展突出，如新余、景德镇、宜春和吉安 4 地，肉牛的生产效率均处于全省上游，生产效率较高。

第二，在肉羊方面，江西省肉羊生产效率呈波动式增长趋势，2013—

2015 年，肉羊生产效率连续 3 年负增长，2015 年更是到达 10 年间的最低值。这是因为南方大面积暴发了羊性疾病，造成大面积羊群死亡，肉羊生产效率大幅度降低。进入"十三五"后，随着"推进行动"的持续推进，江西省政府日益重视，全省肉羊产业生产效率开始逐步提升，2016—2020 年江西省这 5 年的肉羊生产效率总体均值为 0.69，未出现负增长的情况。空间上全省肉羊生产呈现"东西强中部弱"的空间布局，萍乡、上饶、鹰潭和宜春 4 地的肉羊生产效率高于全省平均值，居全省前列，均位于赣西和赣东地区。可见生产效率较高的地区，大多紧紧相邻，说明存在一定的集聚现象。

第三，在影响生产效率的因素中，农村居民人均可支配收入、农林水支出、粮食播种面积、城镇化水平和商品零售价格指数 5 个变量对江西省肉牛生产效率的提升有着显著正向影响；农林水支出、城镇化水平和粮食播种面积 3 个变量对江西省肉羊生产效率的提升有着显著的正向影响。因此，各地级市要想提高肉牛或肉羊的生产效率，应发挥正向影响因素的促进作用，抑制负向因素的影响。牛羊生产效率较低的地级市应积极结合当地资源禀赋，因地制宜，改变传统农业生产方式，推动向现代草地畜牧业转变，进而早日实现产业振兴。

第八章　江西省牛羊肉产品市场消费

一、牛羊肉产品总体消费概况

（一）牛羊肉消费占肉类消费比例

江西省居民牛羊肉产品消费支出占肉类消费支出比重低。江西省42.8%的居民牛肉消费支出在肉类消费的占比为20%～40%，39.3%的居民牛肉消费支出在肉类消费的占比低于20%（表8-1），而近八成居民的羊肉消费支出在肉类消费的占比为20%及以下（表8-2）。可以看出江西省居民牛羊肉产品消费占比低，《国家统计年鉴2021》调查数据显示，全国平均牛肉消费量为3.2千克，全国平均羊肉消费量为1.94千克，而江西省牛羊肉平均消费量分别为2.6千克和0.3千克，江西省牛羊肉产品市场有待进一步挖掘。

表8-1　牛肉消费占肉类消费比例等级

比例等级	频率	百分比（%）
20%及以下	244	39.3
20%～40%（含）	266	42.8
40%～60%（含）	106	17.1
60%～80%（含）	5	0.8
80%以上	0	0
总计	621	100

表8-2　羊肉消费占肉类消费比例等级

比例等级	频率	百分比（%）
20%及以下	494	79.5
20%～40%（含）	116	18.7
40%～60%（含）	10	1.6

（续）

比例等级	频率	百分比（%）
60%～80%（含）	0	0
80%以上	1	0.2
总计	621	100

（二）牛羊肉户外消费占总牛羊肉消费比例

江西省居民牛羊肉以在家消费为主，户外消费比例较低。从表 8 - 3、表 8 - 4 中可以看出，江西省 56.5% 的居民牛肉户外消费支出占其牛肉总消费支出比例在 20% 及以下，20.3% 的居民牛肉户外消费支出占其牛肉总消费支出比例在 20%～40%，而 60.4% 的居民羊肉户外消费支出占其羊肉总消费支出比例在 20% 及以下，18.4% 的居民羊肉户外消费支出占其羊肉总消费支出比例在 20%～40%，可以看出居民牛羊肉产品户外消费占比低，牛羊肉产品户外消费市场有待进一步挖掘。

表 8 - 3　牛肉户外消费占总牛肉消费比例等级

比例等级	频率	百分比（%）
20%及以下	351	56.5
20%～40%（含）	126	20.3
40%～60%（含）	88	14.2
60%～80%（含）	43	6.9
80%以上	13	2.1
总计	621	100

表 8 - 4　羊肉户外消费占总羊肉消费比例等级

比例等级	频率	百分比（%）
20%及以下	375	60.4
20%～40%（含）	114	18.4
40%～60%（含）	53	8.5
60%～80%（含）	43	6.9
80%以上	36	5.8
总计	621	100

（三）牛羊肉消费频率及差异性分析

1. 牛羊肉消费频率

江西省居民牛肉消费渐入常态，羊肉消费频率相对偏低。从表 8 - 5、表 8 - 6 可以看出，江西省 47.7% 的居民牛肉消费频率为每月食用 1～3 次，39.1% 的居民牛肉消费频率为每周食用 1 次及以上，近九成居民每月均会食用牛肉，说明居民牛肉消费基本成为常态。而对于羊肉的消费，每周食用 1 次及以上的仅占 9.8%，30.8% 的居民羊肉消费频率为每月食用 1～3 次，22.1% 的居民羊肉消费频率为每季度食用 1～3 次，24.5% 的居民羊肉消费频率为每年食用 1～3 次。居民羊肉消费频率整体低于牛肉，说明牛羊肉在消费者肉类购买当中的地位存在一定的差别，目前消费者对于羊肉的接受度还比较低。

表 8 - 5 牛肉的消费频率

	频率	百分比（%）
每周食用 1 次及以上	243	39.1
每月食用 1～3 次	296	47.7
每季度食用 1～3 次	51	8.2
每年食用 1～3 次	31	5
总计	621	100

表 8 - 6 羊肉的消费频率

	频率	百分比（%）
每周食用 1 次及以上	61	9.8
每月食用 1～3 次	191	30.8
每季度食用 1～3 次	137	22.1
每年食用 1～3 次	152	24.5
从不吃羊肉	80	12.9
总计	621	100

2. 牛羊肉消费频率的差异性分析

牛羊肉消费频率的差异可能源于个人家庭特征差异，鉴于此，利用卡方检验，分析受访者的个人家庭特征对其牛羊肉消费频率的影响，并通过交叉列联表分析探究其差异之处。

（1）个人家庭特征对其牛羊肉消费频率的影响分析

原假设：调查对象基本信息对牛肉消费频率不存在显著影响。

从表8-7可知，居民居住位置、年龄段、健康状况等对居民牛肉消费频率均有显著影响，拒绝原假设；性别、婚姻状况、家庭人口总数对居民牛肉消费频率没有显著影响。

表8-7　卡方检验结果（牛肉）

个人家庭特征	卡方值	P 值	显著性
居住位置	22.545	＜0.001	显著
性别	7.346	0.062	不显著
年龄段	45.273	＜0.001	显著
健康状况	27.883	0.006	显著
婚姻状况	3.437	0.329	不显著
家庭人口总数	8.237	0.510	不显著

原假设：调查对象基本信息对羊肉消费频率不存在显著影响。

由表8-8可知，居民居住位置、性别、年龄段、健康状况等对居民羊肉消费频率均有显著影响，拒绝原假设；婚姻状况、家庭人口总数对居民羊肉消费频率没有显著影响。

表8-8　卡方检验结果（羊肉）

个人家庭特征	卡方值	P 值	显著性
居住位置	55.574	＜0.001	显著
性别	29.587	＜0.001	显著
年龄段	87.576	＜0.001	显著
健康状况	46.421	＜0.001	显著
婚姻状况	1.859	0.762	不显著
家庭人口总数	16.345	0.176	不显著

（2）显著因素与牛肉消费频率的交叉分析

江西省城镇居民牛肉消费频率高于农村居民。从表8-9可以看出，41.3％的城镇居民牛肉消费频率为每周食用1次及以上，农村居民消费频率为每周食用 1 次及以上的有 35.8％；49.9％的城镇居民牛肉消费频率为每月食用 1～3 次，44.3％的农村居民消费频率为每月食用 1～3 次。说明相比农村居民，城镇居民对牛肉保持更高消费频率的比例更高，这可能是因为城镇居民对于牛肉的选择渠道、获取方式更加多样，而农村对牛肉的选择更多集中在集市和酒席。

表 8－9　居住位置与牛肉消费频率的交叉分析

	城镇（％）	农村（％）
每周食用 1 次及以上	41.3	35.8
每月食用 1～3 次	49.9	44.3
每季度食用 1～3 次	6.9	10.2
每年食用 1～3 次	1.9	9.8

从表 8－10 可以看出，50％的非常不健康人群和 34.5％的不太健康人群牛肉消费频率为每周食用 1 次及以上，而对于牛肉消费频率为每周食用 1 次及以上，非常健康人群只有 38.3％的比例，比较健康人群的比例为 45.1％，说明健康状况较差以及较好层次的居民，更高牛肉消费频率的人群比例更大，一方面由于健康状况较差，居民可通过牛肉这类优质蛋白食物补充营养；另一方面居民可依靠较高频率的牛肉摄入而维持一个较好的身体状态，两者都体现出了牛肉在营养膳食当中的必要性。

表 8－10　健康状况与牛肉消费频率的交叉分析

	非常不健康（％）	不太健康（％）	良好（％）	比较健康（％）	非常健康（％）
每周食用 1 次及以上	50	34.5	27.3	45.1	38.3
每月食用 1～3 次	25	44.8	51.2	45.1	50.5
每季度食用 1～3 次	0	13.8	12.4	6.2	8.0
每年食用 1～3 次	25	6.9	9.1	3.6	3.2

从表 8－11 可以看出，江西省 50％的居民年龄在 25 岁及以下的牛肉消费频率为每周食用 1 次及以上，51.2％的居民年龄在 36～45 岁的牛肉消费频率为每月食用 1～3 次，说明江西省中青年居民具有更高的牛肉消费频率。

表 8 - 11　年龄段与牛肉消费频率的交叉分析

	25 岁及以下（%）	26～35 岁（%）	36～45 岁（%）	46～55 岁（%）	56 岁及以上（%）
每周食用 1 次及以上	50	34.5	27.3	45.1	38.3
每月食用 1～3 次	25	44.8	51.2	45.1	50.5
每季度食用 1～3 次	0	13.8	12.4	6.2	8.0
每年食用 1～3 次	25	6.9	9.1	3.6	3.2

（3）显著因素与羊肉消费频率的交叉分析

江西省城镇居民羊肉消费频率高于农村居民。从表 8 - 12 可以看出，38.1% 的城镇居民羊肉的消费频率为每月食用 1～3 次，而农村居民在每季度食用 1～3 次、每年食用 1～3 次、从不吃三个维度分布较均匀，比例为 20%～30%，每周食用 1 次及以上人群仅为 7.7%。可见城乡居民关于羊肉消费频率呈现出"城高乡低"的态势。

表 8 - 12　居住位置与羊肉消费频率的交叉分析

	城镇（%）	农村（%）
每周食用 1 次及以上	11.2	7.7
每月食用 1～3 次	38.1	19.5
每季度食用 1～3 次	22.9	20.7
每年食用 1～3 次	21.6	28.9
从不吃羊肉	6.1	23.2

男性食用羊肉频率高于女性。从表 8 - 13 可以看出，有 43.6% 男性居民的羊肉消费频率为每月食用 1～3 次，显著高于女性，在每年食用 1～3 次、从不吃两个维度上，男性要显著低于女性。由此可以判断男性对羊肉的偏好程度高于女性。

表 8 - 13　性别与羊肉消费频率的交叉分析

	男（%）	女（%）
每周食用 1 次及以上	9.6	9.9
每月食用 1～3 次	43.6	23.8
每季度食用 1～3 次	20.6	22.8
每年食用 1～3 次	17.0	28.5
从不吃羊肉	9.2	14.9

从表 8-14 可以看出，江西省有 37.1% 居民的身体状况为比较健康的和 30.9% 居民的身体状况为非常健康的羊肉消费频率为每月食用 1～3 次，说明身体状况属健康层次的人群在每月食用频率中占比最高。

表 8-14　健康状况与羊肉消费频率的交叉分析

	非常不健康（%）	不太健康（%）	良好（%）	比较健康（%）	非常健康（%）
每周食用 1 次及以上	12.5	3.45	4.1	9.1	15.4
每月食用 1～3 次	12.5	13.79	21.5	37.1	30.9
每季度食用 1～3 次	37.5	31.03	18.2	21.8	22.9
每年食用 1～3 次	37.5	37.93	38.8	21.1	17.6
从不吃羊肉	0	13.79	17.4	10.9	13.3

从表 8-15 可以看出，25 岁及以下人群每月食用频率 1～3 次的比例为 30.6%，26～35 岁人群则为 44.6%，说明羊肉在 35 岁及以下年龄段人群当中更受欢迎。

表 8-15　年龄段与羊肉消费频率的交叉分析

	25 岁及以下（%）	26～35 岁（%）	36～45 岁（%）	46～55 岁（%）	56 岁及以上（%）
每周食用 1 次及以上	9.2	13.7	9.4	4.8	6.3
每月食用 1～3 次	30.6	44.6	24.8	18.4	10.4
每季度食用 1～3 次	23.5	20.6	23.1	27.2	10.4
每年食用 1～3 次	26.5	14.6	31.6	28	41.7
从不吃羊肉	10.2	6.4	11.1	21.6	31.25

（四）牛羊肉消费种类

江西省居民更偏好新鲜牛羊肉。在牛羊肉种类的选择上，77.2% 的居民选择刚宰杀的新鲜牛肉（表 8-16），64.7% 的居民选择刚宰杀的新鲜羊肉（表 8-17），说明居民对于牛羊肉的新鲜与否十分重视，冷鲜、熟食肉的消费说明居民对于味道、便利也有一定的要求，对冷冻肉的不青睐表明了居民对目前市场冷冻肉的品质持保留意见。

表 8 - 16　牛肉消费种类

	频率	百分比（%）
刚宰杀的新鲜牛肉	416	77.2
冷鲜牛肉	80	14.8
冷冻牛肉	5	0.9
熟食牛肉	36	6.7
零食类牛肉（牛肉干等）	2	0.4

表 8 - 17　羊肉消费种类

	频率	百分比（%）
刚宰杀的新鲜羊肉	163	64.7
冷鲜羊肉	52	20.6
冷冻羊肉	12	4.8
熟食羊肉	23	9.1
零食类羊肉	2	0.8

（五）牛羊肉购买渠道

牛羊肉销售渠道呈现出以农贸市场为主、多渠道并存的格局。48.41%的居民会选择通过农贸市场/摊贩购买牛羊肉；只有 31 人会选择网购，占比仅 3.00%；选择小型超市、肉品专卖店、大型综合超市的人群占比分别为 13.53%、15.17%、19.13%（表 8 - 18）。

表 8 - 18　牛羊肉购买渠道

	频率	百分比（%）
农贸市场/摊贩	501	48.41
邻近、方便的小型超市	140	13.53
肉品专卖店	157	15.17
大型综合超市	198	19.13
网购	31	3.00
其他	8	0.80

（六）购买及挑选牛羊肉产品的考虑因素

通过调查对象对购买牛羊肉时会考虑到的因素的打分（从 1 到 5，数值越高表明考虑程度越高）发现，居民在购买牛羊肉时对于肉质的考虑较多，如肉类的颜色、气味等显性特征，同时也十分在意肉类的烹饪、获取是否便利等，而对肉类的品牌关注较少，这说明市场上品牌牛羊肉还未完全走入大众视野（表8-19）。

表8-19　购买及挑选牛羊肉产品的考虑因素

	1	2	3	4	5
颜色	2.7	2.4	12.7	42	40.1
气味	2.3	3.2	9.3	27.2	58.0
嫩度	3.1	2.1	11.6	32.7	50.6
价格	2.9	6.1	26.7	35.3	29.0
品牌	9.8	17.4	34.9	25.4	12.4
肉的渗水情况	3.2	3.9	13.5	30.1	49.3
烹饪方便程度	5.3	10.5	25.6	36.9	21.7
购买方便程度	2.6	8.7	24.3	37.5	26.9

（七）牛羊肉产品消费比重变化及原因

48.6%的调查对象表示与之前相比，对牛肉的消费增加了，表示消费减少的比例为11.6%；而对于羊肉，近60%的调查对象表示没什么变化，消费增加的人群仅占16.6%。究其原因，不论是牛肉还是羊肉，价格变动、新冠疫情均是居民消费比重变化的重要影响因素；家中小孩身体发育的需要也是居民牛羊肉消费增加的重要原因之一（表8-20）。

表8-20　2021年与以前相比，您家牛羊肉的消费比重变化

	明显减少（%）	稍有减少（%）	不变化（%）	稍有增加（%）	明显增加（%）
牛肉	1.9	9.7	39.8	42.8	5.8
羊肉	6.0	17.6	59.9	15.0	1.6

（八）不同区域生鲜牛羊肉产品价格及价格感知

将江西省分为赣北、赣中、赣南三部分，其牛羊肉价格如表8-21所示，就整体而言，江西省牛肉价格为48.1元/斤*，羊肉价格为44.9

---

* 1斤＝500克。

元/斤，赣南地区牛羊肉价格稍高于赣北和赣中地区。对于牛肉价格，15%的居民表示不合理，41%的居民表示价格偏高，勉强可以接受，44%的居民认为价格合理可以接受；对于羊肉，近一半居民表示价格偏高，勉强可以接受，32.7%的居民认为价格合理和18.7%的居民认为价格不合理（表8-22）。

表 8-21　2021 年江西省生鲜牛羊肉的价格

单位：元/斤

	赣北（%）	赣中（%）	赣南（%）	江西省（%）
牛肉	47.9	47.8	49.4	48.1
羊肉	44.9	42.9	47.1	44.9

表 8-22　牛羊肉产品价格感知

	很不合理（%）	不太合理（%）	一般（%）	比较合理（%）	非常合理（%）
牛肉	2.3	12.7	41.1	40.9	3.1
羊肉	2.6	16.1	48.6	30.6	2.1

（九）认证牛羊肉产品消费行为与差异性分析

1. 认证牛羊肉产品消费行为

目前，市场上售卖的肉可分为认证肉和非认证普通肉两大类。大部分农贸市场以及小摊小贩售卖的是非认证普通肉，认证肉又可分为 QS 认证、无公害认证、绿色认证、有机认证等，大都在大中型超市、专卖店、线上平台进行交易。调查数据显示，425 位调查对象表示购买食用过认证牛羊肉，占比 68.4%，其中 380 人表示可以接受认证肉的价格高于非认证肉，占消费人群的 89.4%（表8-23）。

表 8-23　是否购买食用过认证牛肉或羊肉产品

	频率	百分比（%）
是	425	68.4
否	196	31.6

2. 认证牛羊肉产品消费行为的差异性分析

消费认证牛羊肉与否可能受到受教育程度和家庭人均月收入的影响。因此，通过卡方检验和交叉列联表分析验证是否存在显著差异。

原假设：受教育程度、家庭人均月收入对认证牛羊肉消费行为不存在显著影响。

由表 8-24 可知，受教育程度和家庭人均月收入在 1% 的显著水平下通过卡方检验，拒绝原假设，说明以上因素对认证牛羊肉消费行为均存在显著影响。将以上因素分别与认证牛羊肉消费行为做交叉列联表分析。

表 8-24　卡方检验结果

基本信息	卡方值	P 值	显著性
受教育程度	58.185	<0.001	显著
家庭人均月收入	26.294	<0.001	显著

由表 8-25 可知，受教育程度更高的调查对象，会产生更大比例的认证牛羊肉消费行为，其中大专或本科学历的居民消费比例最大，有 79.7% 的居民表示购买食用过认证牛羊肉。

表 8-25　受教育程度与认证牛羊肉消费行为的交叉分析

受教育程度	是否购买食用过认证牛羊肉	
	是	否
小学及以下	26 (40.0%)	39 (60.0%)
初中	45 (50.6%)	44 (49.4%)
高中	37 (64.9%)	20 (35.1%)
大专或本科	274 (79.7%)	70 (20.3%)
研究生及以上	43 (65.2%)	23 (34.8%)

由表 8-26 可知，家庭人均月收入在 1 000 元以上的人群，有 60% 以上的居民购买食用过认证牛羊肉，当人均月收入达到 3 000 元以上时，该比例达到 75% 以上，可见收入水平越高，对于认证牛羊肉的认可程度越高。

表 8 - 26　家庭人均月收入与认证牛羊肉消费行为的交叉分析

家庭人均月收入	是否购买食用过认证牛羊肉	
	是	否
1 000 元及以下	16 (50.0%)	16 (50.0%)
1 000~3 000 元（含）	168 (60.4%)	110 (39.6%)
3 000~5 000 元（含）	138 (75.4%)	45 (24.6%)
5 000~7 000 元（含）	61 (82.4%)	13 (17.6%)
7 000 元以上	42 (77.8%)	12 (22.2%)

（十）牛羊肉产品质量安全问题影响

1. 是否经历过牛羊肉质量安全问题

调查对象中有 177 人经历过牛羊肉质量安全问题，占比 28.5%，质量安全问题的存在印证了认证肉存在的必要性，消费市场需要通过认证、核查手段筛查出不合格的牛羊肉以免消费者遭遇质量安全问题（表 8 - 27）。

表 8 - 27　是否遭遇质量安全问题

	频率	百分比（%）
是	177	28.5
否	444	71.5

2. 质量安全问题类型

经历质量安全问题的调查对象中有 134 个人经历过牛羊肉变质、腐烂等问题，占比 42.5%，对于过期、违规使用添加剂、农药兽药残留以及其他问题的比例分别为 27.3%、19.7%、8.3%、2.2%。

3. 牛羊肉质量安全问题影响

经调查，经历过牛羊肉质量安全问题的调查对象在未来的消费中会通过购买替代品（如猪、禽肉）、消费认证肉、关注媒体发布信息、选择大型商场或肉类专卖店作为购买渠道等方式来避免质量安全问题的发生，以上方式的采纳也说明了居民对于认证信息、官方信息的认可。

二、牛羊肉产品消费趋势

（一）牛羊肉产品总体消费趋势

江西省居民牛肉消费持续缓慢增长，羊肉消费动力不足，奶制品消费比重较高。国家统计局数据显示，近年来江西省居民的消费能力不断增强，人均消费支出从 2015 年的 12 403.4 元增长至 2021 年的 20 289.9 元，年均增速 8.55%。消费能力的增强带来了居民的饮食消费结构与需求的变化：2015—2021 年间，居民人均肉类消费量从 25.2 千克增长至 37.7 千克，同比增长 49.60%，尤其在 2020—2021 年增长最多。牛肉消费量从 1.6 千克增长至 3.0 千克，占肉类消费比重从 6.35% 上升至 7.96%。人均羊肉消费量近年来一直处于较低水平，在 0.3 千克消费线徘徊；相比牛羊肉，居民关于奶类产品的人均消费量虽然在 2016 年、2018 年有下降情况，但总体来看消费量更高，保持在 11 千克左右，2021 年达到了 12.4 千克。由此可见，奶类产品一直是居民饮食当中的重要组成部分，牛羊肉产品在居民饮食当中的占比提升主要体现在牛肉方面，其所占肉类消费比重不断提升，而羊肉的提升动力不足（图 8-1）。

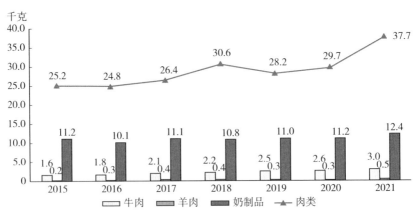

图 8-1　2015—2021 年江西省居民人均肉类、奶制品消费量

资料来源：国家统计局、江西省统计局。

（二）牛羊肉产品消费量变化趋势

1. 牛肉消费量变化趋势

江西省城乡居民牛肉消费呈现"城高乡低、乡快城慢"的发展态势。

从图8-2中可以看出近年来无论城镇居民还是农村居民，其人均牛肉消费量都在持续增加，但城乡差异明显。一方面，城镇居民人均牛肉消费量在2015年已达到2.6千克，并且在2021年提高至3.8千克；而农村居民人均牛肉消费量在2021年为2.1千克，与城镇居民消费量差距较大。另一方面，城镇居民消费量年均增速6.53%，而农村居民年均增速为20.09%，是城镇居民的3倍以上。从人均牛肉消费的数量和速度层面可以发现，江西省城乡居民对于牛肉的消费均处于增长态势，城镇居民牛肉消费可选择的种类更为丰富、获取途径更多样化、消费方式更多元等，消费数量上远高于农村居民。因城镇居民对于牛肉的可获得性更强、饮食比重更重，牛肉对于城镇居民的饮食更为"普通"，其增长态势更为平缓，处于平稳增长阶段；牛肉对于农村居民而言，更像是消费能力提高所带来的高质量肉类消费，因此更"奢侈"，随着近年来农村居民收入水平的迅速提高，对于牛肉的消费增长较快，处于快速增长阶段。

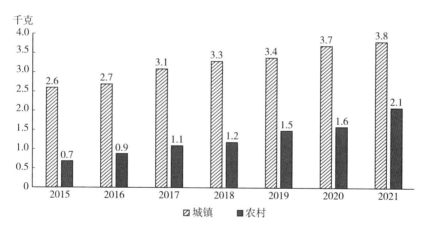

图8-2 2015—2021年江西省城乡居民人均牛肉消费量

资料来源：国家统计局、江西省统计局。

2. 羊肉消费量变化趋势

羊肉消费方面，无论城镇还是农村，居民的人均消费量并没有太大提升，城镇居民人均羊肉消费量在0.5千克左右波动，2021年达到了0.7千克，而农村居民则稳定在0.2千克左右。随着生活水平、消费能力的提高，居民对于肉类的消费量越来越大，而对羊肉的消费并无明显变化，这也使得羊肉在肉类消费当中所占比重并无明显增加，2021年城镇居民羊肉占肉类消费比重为1.70%，相比2015年仅增加了0.41%，农村居民2021年则为0.88%，相比2015年增加了0.35%（图8-3）。

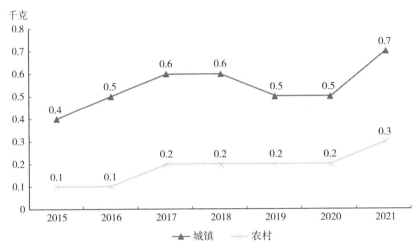

图8-3　2015—2021年江西省城乡居民人均羊肉消费量

资料来源：国家统计局、江西省统计局。

3. 奶制品消费量变化趋势

城镇居民奶制品消费量相对稳定，农村居民奶制品消费量逐步增长。江西省城镇居民2015年时人均消费量最高，为17.3千克，在2016—2021年间人均奶制品消费量稳定在15.4千克左右，对于农村居民，其人均奶制品消费量从2015年的5.8千克增长至2021年的8.8千克，同比增长51.72%，年均增速为7.20%。城乡比较而言，城镇居民对于奶制品的消费量高于农村，但近几年并无明显增长；而农村居民的奶制品消费水平较低，近年来增长态势明显，这说明农村居民对于奶制品的需求正在不断增加，奶制品在农村居民的饮食消费结构当中显得愈发重要（图8-4）。

从牛肉、羊肉、奶制品3种产品消费量和消费增长速度的比较当中可以发现，城乡之间存在着数量和增长速度方面的差异。城镇居民比农村居民拥有更好的消费环境、更强的消费能力以及更高层次的饮食需求结构，造就了城镇居民比农村居民更早开始追求多元化膳食的饮食消费目标，牛羊肉、奶制品的消费量都高于农村居民，牛肉产品需求稳步提升，羊肉、

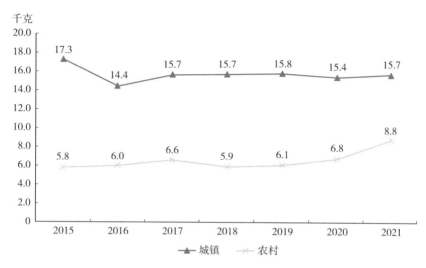

图 8 - 4　2015—2021 年江西省城乡居民人均奶制品消费量

资料来源：国家统计局、江西省统计局。

奶制品需求变化不大，其中奶制品需求处于较高水平，而羊肉需求本身变化并不大。农村居民受经济能力等因素的影响，初始消费量较低，多元化饮食习惯改变较晚，但是随着农村居民经济能力提升、消费渠道增多，农村居民的消费潜力逐渐被释放，就分类比较而言，农村居民对牛肉的消费需求增长最快，奶制品次之，羊肉消费需求量最小。

（三）牛羊肉产品消费比重变化趋势

以《江西省消费者牛羊肉产品消费态度与需求》问卷调研为基础，本书获取了 621 位消费者及其家庭 2021 年关于牛羊肉产品消费比重变化的信息。关于"2021 年与之前相比，您家牛肉/羊肉产品的消费比重是否有变"的题项数据显示，302 位调查对象表示 2021 年自家对于牛肉产品的消费更多了，存在增加消费的情况，占调查对象的 48.63％，247 位调查对象表示没有变化，只有 72 位调查对象表示牛肉消费有所减少，占比 11.59％。对于羊肉消费，372 位调查对象表示 2021 年并无消费比重变化，占比 59.90％，103 位调查对象表示羊肉消费有所增加，146 位调查对象表示羊肉消费不升反降（图 8 - 5）。2021 年的江西省居民牛羊肉产品消费变化调研数据展示情况与统计数据所展现的消费趋势契合，都体现出当前居民对于牛肉的消费需求较高且处于增长趋势，而对羊肉的需求相对稳定。

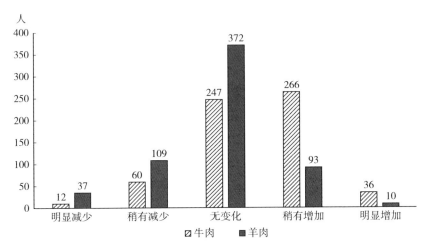

图 8-5　2021 年江西省居民牛羊肉产品消费变化

调查当中 405 位消费者表示自家的牛肉或羊肉消费在 2021 年存在增加情况，他们将增加的原因归于"家中小孩的身体健康发展需要""市场价格的下降""市场产品种类增多""因动物疫情导致猪、禽肉价格上涨"。而"疫情影响生鲜肉的购买""家庭收入的减少""产品种类减少"，是居民牛肉或羊肉消费减少的重要原因。

江西省牛肉产品消费增长趋势明显，而羊肉的消费有待进一步推动，两者都属于当前江西省居民膳食多样化、营养摄入增加的重要选择，因此要根据江西省实际牛羊肉消费发展情况，提出针对性措施，以保持牛肉消费良好的发展态势、推动羊肉深入走进大众视野，成为消费者的日常选择。

三、牛羊肉产品消费水平影响因素

对江西省居民牛羊肉消费水平进行调查，了解当前居民关于牛羊肉产品的消费态度及行为现状，找到影响其消费水平的显著因素，对于稳定牛羊肉消费市场环境、促进居民增加牛羊肉消费、推动居民膳食优化十分必要。因此，本章运用《江西省消费者牛羊肉产品消费态度与需求》调研所获取的 621 份消费者问卷数据，对江西省牛羊肉产品消费水平及其影响因素展开分析。

对于居民牛羊肉消费水平，主要可以通过消费数量、消费支出以及产品消费的频繁程度来进行判断，因为城乡、年龄等因素而导致消费者在牛羊肉产品的消费上呈现出食用次数、购买需求满足方面的差异，使得消费者在购买食用频率上呈现出不同层次，因此，本书采用消费频率来表征消费水平。消费频率的差异能够体现出居民牛羊肉购买食用频繁程度的高低，居民的牛羊肉消费能力的高低会通过牛羊肉的食用多少与购买食用频率展现，故本章将消费频率作为因变量进行实证分析，揭示居民牛羊肉产品消费水平的影响因素。

（一）相关文献分析

学界关于肉类消费的研究十分丰富，各种肉类均有涉及。学者们主要探讨了个人与家庭特征、产品特性、市场环境等因素对居民肉类消费的影响。如：消费者的学历层次、家庭人员构成、收入水平等特征会对其禽肉消费比重产生影响（麦尔旦·吐尔孙等，2014；翁贞林等，2021）。个体特征、经济特征不同的消费者表征出截然不同的消费态度与产品认知水平，现代市场的多样多元发展也越来越凸显这一差异，人们对于食品的要求变得更多、更严格，需求的变化使得生产企业、政府愈来愈重视食品的认证信息、产品安全信息的公开，生产一端希望通过更多的信息披露来适应消费市场的变化、促进消费者的购买（韩青等，2008；王志刚，2003；杨志海等，2018）。有学者在对猪肉消费行为的研究当中发现，当市场舆论产生波动、虚假信息过多时，容易造成消费恐慌，在2018年以来的非洲猪瘟疫情影响下，这种恐慌更容易导致消费行为的抑制以及替代消费的产生，因此，消费市场应建立有效秩序，以此稳定市场舆论，提升消费者的产品信任，使消费者对产品的质量安全"打高分"，进而增加消费（张敏等，2021；朱佳等，2019；汪爱娥等，2016）。在针对牛肉的研究当中，有学者提出牛肉本身的高营养对于消费者就具有更强吸引力，因此消费者对于牛肉的质量要求、产品丰富需求高于其他肉类，除了消费者自身特征的影响之外，对于牛肉的消费还可能呈现出档次上的差异，如高档次的牛肉受众人群往往经历过质量安全问题、对牛肉安全关注更多等（李丰，2011）。消费者在食用更新鲜、更美味的牛肉之后，会觉得这种牛肉是更值得信任、更值得购买食用的，产生的良好体验会促进高品质牛肉的消费，从而体现出更强烈的溢价支付意愿（彭燕等，2019）。

（二）变量设定

借鉴已有研究，本章主要考察消费者个体和家庭特征、对牛羊肉产品的信息认知、对市场环境的好感度、牛羊肉的消费占比、动物疫情、新冠疫情等因素对牛羊产品消费水平的影响。变量定义与赋值如表 8-28 所示。

表 8-28　变量定义

变量类别	变量名称	定义及赋值
被解释变量	牛/羊肉消费频率 Y	您家平常牛/羊肉的消费频率？1＝每周食用 1 次及以上；2＝每月食用 1~3 次；3＝每季度食用 1~3 次；4＝每年食用 1~3 次；5＝从不吃牛/羊肉
解释变量	变量名称、定义及赋值	
家庭人口分布	青少年数量	16 周岁及以下的人口数量
	老年人数量	60 周岁及以上的人口数量
受教育程度	1＝小学及以下；2＝初中；3＝高中；4＝大专或本科；5＝研究生及以上	
家庭人均月收入	1＝1 000 元及以下；2＝1 000~3 000 元（含）；3＝3 000~5 000 元（含）；4＝5 000~7 000 元（含）；5＝7 000 元以上	
肉类膳食占比	牛/羊肉消费占肉类消费百分比	1＝20% 及以下；2＝20%~40%（含）；3＝40%~60%（含）；4＝60%~80%（含）；5＝80%以上
肉类价格	2021 年，您所居住地区生鲜牛/羊肉的价格	
品牌关注	您家购买及挑选牛羊肉的生鲜肉类时，对品牌的考虑程度怎样？	赋值，考虑程度从 1 到 5 递增
自我满足感	牛羊肉的购买食用是否会让自己感到快乐、舒适，以至于会再次购买	1＝从不关注；2＝很少关注；3＝偶尔查看；4＝关注；5＝非常关注
便利关注	对烹饪/购买便利程度的考虑程度	赋值，考虑程度从 1 到 5 递增
牛羊肉认可度	由于反复的新冠疫情，您经常会囤积一些牛羊肉产品（尤其是生鲜肉）吗？	1＝非常不认同；2＝不太认同；3＝不确定；4＝认同；5＝非常认同
	您认为定期食用一些牛羊肉产品（尤其是生鲜肉）能使您变得更健康吗？	

（续）

变量类别	变量名称		定义及赋值
疫情了解	动物疫情	对重大动物疫情（如非洲猪瘟等）的变化很了解	1＝非常不认同；2＝不太认同；3＝不确定；4＝认同；5＝非常认同
	新冠疫情	对新冠疫情及防控措施很了解	
消费环境判断	产品丰富	现在市场上牛羊肉可挑选种类很丰富	1＝非常不认同；2＝不太认同；3＝不确定；4＝认同；5＝非常认同
	市场完善	现在牛羊肉产品监管很严格、程序很清楚	
参照群体	身边人群	亲戚家人的意见	赋值，影响程度从1到5递增
		邻居朋友的购买示范	
	官方信息	政府的宣传和号召	
		媒体的相关信息	
		企业的宣传和推荐	

（三）描述性统计

1. 调查样本基本符合当前中国家庭情况

从个体和家庭特征统计信息来看，调查对象家庭成员构成当中的青少年、老年人数量均在1人左右，两项数据最高为4人，最低为0人，包含"两口之家""上有老，下有小"等类型的家庭，基本符合目前中国家庭的成员构成，说明本次调查符合生活实际，其变量、分析结果可用于对居民牛羊肉消费的情况判断。同时调查对象当中受教育程度平均值在"高中"与"大专或本科"之间，家庭人均月收入水平趋近"3 000～5 000元（含）"，属于中档收入。

2. 牛羊肉消费频率呈现"牛高羊低"差异

消费者对于牛肉接受程度较高，消费频率平均值接近每月食用层次，而且调查对象当中没有"从不食用牛肉"的人群；羊肉消费频率平均值在每季度食用层次，整体频率低于牛肉，说明牛羊肉在消费者的肉类购买当中的地位存在一定差别，目前消费者对于羊肉的接受度还比较低。

3. 重视牛羊肉消费满足感，品牌效应还未突出

调查对象对于牛羊肉购买食用的便利程度以及所带来的身心愉悦、营养健康是比较重视的，而对于牛羊肉的品牌归属的关注并不多，说明当前牛羊肉消费更吸引消费者的还是其不同于其他肉类的营养价值、食用感受，消费产品层面的品牌效应还未产生推动消费的作用。

4. 消费易受身边人群影响，环境评价整体较高

在参照群体方面，消费者更容易受到身边人群如亲戚朋友、邻里街坊的影响，这可能是因为沟通的便利、直接使得消费者对于身边关于牛羊肉的信息更为敏感，因此影响强于官方信息。消费者目前对于牛羊肉消费市场的评价总体处于较高层次，动物疫情、新冠疫情的影响下，消费者对于疫情的变化更为关注，这也给市场产品的丰富程度和市场监管带来更为严峻的挑战（表8-29）。

表 8-29　描述性统计

变量名称	最小值	最大值	平均值	标准差
牛肉消费频率	1	4	1.790	0.794
羊肉消费频率	1	5	3.000	1.210
青少年数量	0	4	0.990	0.829
老年人数量	0	4	0.690	0.872
受教育程度	1	5	3.410	1.171
家庭人均月收入	1	5	2.740	1.028
牛肉价格	20	86	48.107	10.153
羊肉价格	20	100	47.784	13.284
品牌关注	1	5	3.130	1.141
自我满足感	1	5	3.560	1.125
便利关注	1	5	3.684	0.929
牛羊肉认可度	1	5	3.660	0.864
动物疫情	1	5	3.350	0.957
新冠疫情	1	5	3.630	0.918
产品丰富	1	5	3.770	0.966
市场完善	1	5	3.490	0.919
身边人群	1	5	3.771	0.867
官方信息	1	5	3.409	0.887

（四）模型设定

被解释变量居民牛/羊肉消费频率（Y）属于有序多分类变量，因此可以采用有序多分类 Logistic 回归模型，该模型会将被解释变量拆分为多个二分类变量，并拟合多个二分类 Logistic 回归，基于累积概率构建回归模型。以 i 代表被解释变量的第 i 种分类，可将模型公式表示为：

$$\text{Logist}[P(Y \leqslant i|X)] = \ln\left[\frac{P(Y \leqslant i|X)}{1-P(Y \leqslant i|X)}\right] = \beta_{0i} + \beta_1 X_1 + \beta_2 X_2 + \cdots + \beta_m X_m$$

其中 Y 为解释变量 X_1，X_2，X_3，$\cdots$，X_n 的线性组合，P 为 Y 取第 i 种分类时的概率，β_{0i} 为截距项（即阈值估算），β_i 为解释变量回归系数。当 Y 取 1 时，概率为：

$$P_1 = P(Y \leqslant 1|X) = \frac{1}{1 + \exp\left[-\left(\beta_{01} + \sum_{i=1}^{m} \beta_i X_i\right)\right]}$$

Y 取 i 时，概率为：

$$P_i = P(Y \leqslant 1|X) - P[Y \leqslant (i-1)|X]$$

结合以上两个公式可得：

$$P_i = \frac{1}{1 + \exp\left[-\left(\beta_{01} + \sum_{i=1}^{m} \beta_i X_i\right)\right]} - \frac{1}{1 + \exp\left[-\left(\beta_{0(i-1)} + \sum_{i=1}^{m} \beta_i X_i\right)\right]}$$

（五）模型解释

在进行模型回归前，要确定解释变量之间不存在多重共线性，共线性诊断如表 8-30 所示，容差均远大于 0.1，VIF 值远小于 10，符合要求，说明解释变量之间不存在多重共线问题。

表 8-30　共线性诊断

变量名称	牛肉模型共线性统计		羊肉模型共线性统计	
	容差	VIF	容差	VIF
青少年数量	0.953	1.049	0.949	1.053
老年人数量	0.917	1.091	0.905	1.105
受教育程度	0.726	1.378	0.740	1.351
家庭人均月收入	0.748	1.338	0.747	1.339
牛肉膳食占比	0.931	1.074		

（续）

变量名称	牛肉模型共线性统计		羊肉模型共线性统计	
	容差	VIF	容差	VIF
羊肉膳食占比			0.962	1.039
牛肉价格	0.927	1.079		
羊肉价格			0.951	1.052
品牌关注	0.661	1.512	0.657	1.522
自我满足感	0.760	1.316	0.762	1.313
便利关注	0.778	1.286	0.776	1.289
牛羊肉认可度	0.701	1.427	0.719	1.390
动物疫情	0.707	1.415	0.706	1.416
新冠疫情	0.708	1.413	0.709	1.411
产品丰富	0.728	1.374	0.728	1.373
市场完善	0.692	1.446	0.697	1.434
身边人群	0.695	1.438	0.696	1.436
官方信息	0.613	1.632	0.613	1.632

有序多分类 Logistic 回归需满足比例优势假设，即在拆分的多个二分类 Logistic 回归中，解释变量对应的模型系数均相等，也就是假定解释变量在多个模型中对累积概率的优势比影响相同，不同类别的累积概率的差别通过常数项体现。如表 8 - 31、表 8 - 32 所示，结果显著性为 0.644 和 0.070，均大于 0.05，通过平行线检验，满足比例优势假设，回归结果有效。

表 8 - 31　牛肉模型平行线检验

模型	−2 对数似然	卡方	DF	显著性
原假设	1 201.881			
常规	1 173.379	28.502	32	0.644

表 8 - 32　羊肉模型平行线检验

模型	−2 对数似然	卡方	DF	显著性
原假设	1 685.973			
常规	1 622.788	63.185	48	0.070

如表 8-33 所示，Y 的取值为 1 到 5，消费频率逐渐降低，以牛肉消费频率为被解释变量的模型当中，以 $Y=4$（每年食用 1～3 次）作为参照组；以羊肉消费频率为被解释变量的模型当中，以 $Y=5$（从不吃羊肉）作为参照组。根据参数估计结果可得：

老年人数量、受教育程度、家庭人均月收入、牛肉膳食占比、牛肉价格、自我满足感、牛羊肉认可度、动物疫情、产品丰富等因素在不同统计水平上对居民牛肉消费频率产生显著影响。其他条件不变时，老年人数量每增加 1 个单位，牛肉消费频率降低一级的机会比例是原有水平的 1.234 倍；其他条件不变时，受教育程度、家庭人均月收入、牛肉膳食占比、牛肉价格、自我满足感、牛羊肉认可度、动物疫情、产品丰富每提升 1 个单位，使得牛肉消费频率降低一级的机会比例依次为原有水平的 0.784、0.854、0.46、0.984、0.873、0.787、0.832、0.700 倍。

受教育程度、家庭人均月收入、羊肉膳食占比、羊肉价格、便利关注、牛羊肉认可度等因素在不同统计水平上对居民羊肉消费频率产生显著影响。相比参照组，其他条件不变时，以上因素每提升 1 个单位，使得羊肉消费频率降低一级的机会比例依次为原有水平的 0.612、0.749、0.355、1.014、1.198、0.829 倍。

表 8-33　参数估计

		牛肉消费频率模型			羊肉消费频率模型		
		估算	DF	OR	估算	DF	OR
阈值	$Y=1$	-6.196^{***}	1		-8.035^{***}	1	
	$Y=2$	-3.468^{***}	1		-5.860^{***}	1	
	$Y=3$	-2.283^{***}	1		-4.706^{***}	1	
	$Y=4$				-2.944^{***}	1	
位置	青少年数量	-0.129	1	0.879	-0.085	1	0.918
	老年人数量	0.210^{**}	1	1.234	-0.054	1	0.947
	受教育程度	-0.243^{***}	1	0.784	-0.490^{***}	1	0.612
	家庭人均月收入	-0.158^{*}	1	0.854	-0.289^{***}	1	0.749
	牛肉膳食占比	-0.776^{***}	1	0.460			

（续）

		牛肉消费频率模型			羊肉消费频率模型		
		估算	DF	OR	估算	DF	OR
	羊肉膳食占比				−1.035***	1	0.355
	牛肉价格	−0.016**	1	0.984			
	羊肉价格				0.014**	1	1.014
	品牌关注	0.136	1	1.146	−0.122	1	0.885
	自我满足感	−0.136*	1	0.873	0.030	1	1.031
	便利关注	0.105	1	1.110	0.180**	1	1.198
位置	牛羊肉认可度	−0.240**	1	0.787	−0.187*	1	0.829
	动物疫情	−0.183*	1	0.832	−0.019	1	0.981
	新冠疫情	0.053	1	1.055	−0.034	1	0.966
	产品丰富	−0.356***	1	0.700	−0.032	1	0.968
	市场完善	0.131	1	1.140	−0.421	1	0.656
	身边人群	0.006	1	1.006	0.023	1	1.023
	官方信息	−0.115	1	0.891	−0.049	1	0.952

注：*、**、***分别表示在10%、5%、1%的统计水平上显著。

（六）结果分析

当 OR 值小于 1 时，解释变量的提升将会促进肉类消费向高水平转变，即呈现正向影响，当 OR 值大于 1 时，解释变量的提升则会导致肉类消费向低水平转变，即呈现负向影响。结合上述分析结果，可总结为：

1. 牛肉消费水平

受教育程度、家庭人均月收入、自我满足感、居民牛羊肉认可度、居民对市场上产品丰富的认可程度的提升，有助于提升居民的牛肉消费水平，主要通过提高居民对牛肉的认知水平、好感进而提升消费水平。家庭人口中老年人数量越多，越会使居民的牛肉消费频率向更低层次转变，这可能是因为老年人对于牛肉的认知更多处于"贵、奢侈"的水平，以一种不舍得的态度对待牛肉消费，从而导致消费水平降低。牛肉价格的提高，能够提升消费者的牛肉消费，说明牛肉已然成为居民膳食消费中重要的一部分，在消费者心中或许牛肉价格越高，意味着质量越好、越安全，越值得购买食用，可见消费者对牛肉价格的变动产生了一定的"抗性"，并且认同牛肉"营养高所以高价"。

2. 羊肉消费水平

受教育程度、家庭人均月收入、居民牛羊肉认可度的提升，有助于提高居民的羊肉消费水平。羊肉价格、对便利程度关注度的提升，会使得羊肉消费水平更易转变为更低层次，一方面说明价格是影响羊肉走入大众人群的重要影响因素之一；另一方面说明羊肉的烹饪是否便利、购买是否便利对于居民消费羊肉是很重要的关注内容，这与消费者对羊肉的食用烹饪担心"做不好、羊肉膻"相对应。

3. 促进消费水平提升——消费意识转变为重，外部环境改善同步进行

个人家庭特征中学历层次、家庭人均月收入等因素因对家庭的购买认知、购买能力的提升有推进作用而对居民牛羊肉消费水平的改变产生着重要影响。牛羊肉膳食占比的提高也易使居民对应的肉类消费水平得到提升，营养架构意识的转变仍然是提高居民牛羊肉消费的重要因素，而非一味强调加强居民购买量。价格的波动控制、牛羊肉的有益宣传、对居民在意的消费便利层面的消费环境改善是当今牛羊肉市场调整的重要方向，外部环境的整体改善对于居民消费内生动力的激发有着不可替代的作用。

（七）建议与启示

1. 政府层面

（1）加强舆论管控，严格进行信息审查

网络媒体的兴起加快了信息传播速度、降低了信息传播成本，因此政府更要严格审查信息质量与可信度，确保消费者了解到的是真实可靠的信息，要加强舆论管控，充分发挥新闻媒体对于重大动物及新冠疫情、牛羊肉营养膳食知识等重要信息的传播效应，及时公开市场变动信息，强化对消费者的正面引导，消除因信息不对称、不完整、不真实而带来的消费恐慌。

（2）加强市场监督，强化巩固认证肉效应

加强市场监督，严惩生产、销售劣质产品的牛羊肉企业和商家，避免劣质肉进入市场导致消费者遭遇质量安全问题、牛羊肉认可度下滑等情况。基于目前消费者对认证牛羊肉的积极消费态度，政府应加大对认证肉的宣传力度，吸引有实力、重规范的牛羊肉企业入驻江西省，优化牛羊肉市场环境，进一步巩固认证牛羊肉在消费者心中的优质形象，并衍生出品牌肉、特色肉等优质牛羊肉产品。

2. 消费者层面

（1）打破固有认知，形成多元化膳食结构

江西省居民应主动打破固有认知，加强对牛羊肉营养价值的了解，以尝试打破现有膳食习惯，进而形成崭新多元化的膳食结构。

（2）增强牛羊肉食用信心，做"市场监督员"

冷链技术的创新运用极大程度地增强了牛羊肉消费的安全性和可获得性，作为消费者应客观看待技术发展，增强对冷鲜冷冻肉的消费信心，可以通过关注官方信息、检举常态化来保障自身消费，同时对牛羊肉市场起到监督作用。

3. 企业层面

（1）把握源头、规范操作，外界监督与自我监督相融合

企业应严格挑选肉牛肉羊，严守原材料进货渠道，从生产源头确保牛羊肉质量。在宰割、加工等过程中，形成规范操作，设立抽检、定检等检查模式，定期制作牛羊肉生产相关报告报表，供政府、公众了解。

（2）加强管理、建立体系，提升消费者牛羊肉认可度

企业还应加强对牛羊肉食品流通、销售的管理，积极参与肉类食品安全认证体系，同时建立产品可追溯体系，明确牛羊肉产品质量责任，提高产出牛羊肉的质量。根据牛羊肉特点开发多样化产品以丰富市场，提升消费者牛羊肉认可程度。

四、牛羊肉产品消费结构影响因素

牛羊肉产品具有蛋白质含量高、脂肪和胆固醇低、富含多种氨基酸的营养优势，对于改善营养摄入、提高居民健康素质具有重要作用。近年来，随着我国城镇化进程的快速推进，居民可支配收入的不断增加，牛羊肉逐渐成为居民餐桌上的"新宠"。同时，牛羊是食草动物，属于"节粮型"饲养动物，一定程度上还可以节约耕地资源，保障国家粮食安全。因此，揭示影响江西省牛羊肉产品消费结构的多种因素，对于优化居民肉类消费结构和为江西省草食性畜牧业提质增量提供理论依据等具有重要的现

实意义。

消费结构是指各类消费支出在总消费支出中所占的比重，它是衡量市场经济的一个重要因素，能够有效反映出一个国家的经济发展水平和社会发展状况。因此，牛羊肉产品消费结构的分析将采用牛羊肉消费支出占肉类消费支出的比重这一变量作为因变量进行实证分析，运用《江西省消费者牛羊肉产品消费态度与需求》调研所获取的 621 份消费者问卷数据，对江西省牛羊肉产品消费结构展开分析，揭示影响江西省居民牛羊肉产品消费结构的因素。

（一）相关文献分析

国内外学者对肉类消费影响因素密切关注，影响肉类消费结构的因素包含个体特征、市场因素、产品特性等。个体层面，当前研究普遍认同性别、年龄、收入、受教育程度、家庭规模均是影响居民肉类消费的重要因素（陈思逸等，2022）；诸多学者指出，户主年龄处于中等的家庭，其家庭人均猪肉消费量往往大于年轻和年长的家庭消费量（陈琼，2010）；同时家庭规模影响对食品的认知和消费水平，进而对消费行为影响显著（张莉侠等，2009）。市场因素层面，国内学者重点关注产品特性，包括产品的价格、品牌、质量、购买环境等。肉类产品的价格和质量是影响消费结构的重要因素，有学者主张控制肉类价格和建立肉类的质量安全追溯系统（单宇鑫，2021）；也有学者表示，随着人们收入和生活水平的提高，对食品价格的敏感度不再是食品消费最重要的影响因素，肉类产品品牌属性，可以在消费者即将发生购买行为时，为消费者提供最为直观和有效的外部质量搜寻线索，帮助消费者做出购买决策（王楚婷，2020）。同时，人员促销能够更为简洁地将产品的信息和价值传递给消费者，正确的促销方式能创造消费者的购买需求（肖剑等，2020）。此外，肉类产品的购买环境也会显著影响肉类消费行为，如果购买条件改善，农村居民肉类消费市场潜力将大于城市（陈琼，2010）；2020 年，新冠疫情大流行不仅给全球卫生系统带来巨大威胁，也滋生出众多食品安全谣言，消费者对肉类食品的风险感知增加，消费者购买意愿随之下降，政府部门和新闻媒体机构发布的权威信息有利于引导居民肉类消费，增强消费信心（于晓华等，2022）。

（二）变量选择与赋值

本章参考国内外学者考察消费者对肉类购买行为的影响因素，假定年龄、家庭人口数、产品价格、品牌、质量、购买环境、新冠疫情等因素与消费者的牛羊肉消费支出相关。具体变量说明如表 8-34 所示。

表 8-34　变量定义

变量类别	变量名称	定义及赋值
被解释变量	牛/羊肉消费占肉类消费百分比等级 Y	1＝20%及以下；2＝20%～40%（含）；3＝40%～60%（含）；4＝60%～80%（含）；5＝80%以上
解释变量	变量名称、定义及赋值	
年龄	定义及赋值	
家庭人口总数	定义及赋值	
价格关注	您家购买及挑选牛羊肉等生鲜肉类时，对价格的考虑程度怎样	赋值，考虑程度从 1 到 5 递增
品牌关注	您家购买及挑选牛羊肉等生鲜肉类时，对品牌的考虑程度怎样	
促销	销售人员（商家）对您的推荐、推销	1＝从不关注；2＝很少关注；3＝偶尔查看；4＝关注；5＝非常关注
疫情影响	由于反复的新冠疫情，您经常会囤积一些牛羊肉产品（尤其是生鲜肉）吗	1＝非常不认同；2＝不太认同；3＝不确定；4＝认同；5＝非常认同
购买环境	目前牛羊肉产品（尤其生鲜肉）购买环境的卫生条件很好	1＝非常不认同；2＝不太认同；3＝不确定；4＝认同；5＝非常认同
产品质量	近期牛羊肉产品（尤其生鲜肉）的质量很好	
政府宣传	政府的宣传和号召	赋值，影响程度从 1 到 5 递增
媒体信息	媒体的相关信息	
企业宣传	企业的宣传和推荐	

（三）描述性统计

1. 影响指标特征

对解释变量进行描述性分析，结果如表 8-35 所示。在个体特征方面，依据年龄平均值可以看出，调查样本中的居民年龄一般在 30～40 岁之间，属于青壮年时期，且离散程度较大，各年龄层样本均匀分布；依据平均值看出样本家庭人口数多为 4～5 人；居民在进行牛羊肉产品消费决策时比较重视牛羊肉产品的价格、质量和购买环境，但是对牛羊肉产品的品牌属性关注较低，说明当前居民对品牌特性认知不充分，牛羊肉消费更吸引消费者的还是其不同于其他肉类的营养价值、独特的口感，消费产品层面的品牌效应还未产生推动消费的作用；除了牛羊肉产品价格、质量、购买环境，产品影响组合中的促销也是消费者考虑的重要因素；由于反复的新冠疫情，居民经常会囤积一些牛羊肉产品（尤其是生鲜肉），为避免疫情等原因导致的市场上生鲜肉流通交易受阻和价格波动上涨；政府宣传和媒体信息对居民购买消费牛羊肉产品具有一定的影响，可能是由于政府部门和官方媒体发布的信息比较权威和真实，能够有效引导居民选购到"物美价廉"的正规食品，因此强于企业的宣传。

2. 牛羊肉产品消费结构特征

如表 8-35 所示，调查样本中，我们根据平均值可以发现，牛肉消费占肉类消费百分比等级明显高于羊肉消费占肉类消费百分比等级，说明牛羊肉在消费者的肉类购买意愿当中的地位存在一定差别，目前消费者对于羊肉的接受度还比较低。

表 8-35　描述性统计

变量名称	最小值	最大值	平均值	标准差
牛肉消费占肉类消费百分比等级	1	4	1.79	0.744
羊肉消费占肉类消费百分比等级	1	5	1.23	0.476
年龄	1	5	2.67	1.186
家庭人口总数	1	4	2.38	0.685
价格关注	1	5	3.81	1.015
品牌关注	1	5	3.13	1.141
促销	1	5	3.684	1.003
疫情影响	1	5	3.36	1.138
购买环境	1	5	3.71	0.744
产品质量	1	5	3.67	0.789

（续）

变量名称	最小值	最大值	平均值	标准差
政府宣传	1	5	3.53	1.088
媒体信息	1	5	3.54	1.002
企业宣传	1	5	3.16	1.082

（四）实证结果与分析

本章对牛羊肉产品消费结构的影响因素分析依然采用多元有序 Logisitic 模型，在进行模型回归前，要确定解释变量之间不存在多重共线性，共线性诊断如表 8-36 所示，容差均远大于 0.1，VIF 值远小于 10，符合要求，说明解释变量之间不存在多重共线问题，可以进行回归分析。

表 8-36　共线性诊断

变量名称	模型共线性统计	
	容差	VIF
价格关注	0.946	1.057
品牌关注	0.736	1.358
促销	0.827	1.209
政府宣传	0.618	1.617
媒体信息	0.541	1.847
企业宣传	0.534	1.873
购买环境	0.662	1.510
产品质量	0.701	1.428
疫情影响	0.873	1.145
年龄	0.962	1.040
家庭人口总数	0.982	1.018

牛/羊肉产品消费结构影响因素的回归结果，如表 8-37 所示，①产品价格、消费者年龄负向显著影响牛羊肉产品消费占比，牛羊肉产品的品牌关注度正向影响牛羊肉消费占比。价格是居民购买牛羊肉产品最主要的影响因素，我国居民牛羊肉需求对价格变动的反应最敏感（卢艳平等，2020）。牛羊肉产品的高价格会制约居民的消费水平，牛羊肉产品价格上涨使得牛羊肉消费水平下降和其他替代品消费的增加；牛羊肉产品的消费结构也不只是局限于价

格单方面影响，同时品牌肉也得到了居民更多的关注，对居民牛羊肉产品消费结构产生显著正向影响。近年来，随着农业供给侧改革的不断推进和消费者安全意识的提高、农产品质量安全监管的进一步完善，消费者开始注重购买具有地理品牌标志的农产品；消费者年龄也影响着牛羊肉产品的消费结构，据相关调查显示，中青年消费者更愿意购买牛羊肉产品，随着年龄增加，红肉（畜肉）消费量减少而白肉（禽肉和水产品）消费量增加（邓婷鹤，2017）。②促销和企业宣传负向影响牛肉消费占比，新冠疫情正向影响牛肉消费占比。说明消费者对牛肉产品销售人员的满意度较差，牛肉生产企业并未做到差异化营销宣传，一味打价格战，忽视了消费者对于牛肉产品的实际需求，进而影响到牛肉消费占比，这就要求牛肉生产企业要细分市场人群，根据顾客对于牛肉产品的实际需求，制定差异化影响策略和提高销售人员服务质量；同时，由于反复的新冠疫情，加上消费者对牛肉营养价值的认可度非常高，担心疫情会使牛肉购买渠道受阻和出行受限，消费者会囤积一些牛肉产品（尤其是生鲜肉）。③羊肉的购买环境、政府宣传正向影响羊肉消费占比。然而，媒体信息负向影响羊肉消费占比。这是由于羊肉产品的质量安全问题受到消费者的重视，安全卫生的优质羊肉明显具有较高的消费者忠诚度，但大多数消费者不知道优质羊肉的鉴别方法，更多是凭借经验或传言，鲜有科学依据，政府部门和相关媒介对羊肉营养价值和优质羊肉鉴别方法的宣传，使消费者更加正确、科学了解羊肉的知识，提高羊肉消费占比；媒体信息负向影响羊肉消费占比，在危机事件中，尤其是食品安全危机事件中，媒体有很强的话语权和影响力，媒体将收集到的风险信息传播给居民，该传播过程中媒体发挥了"放大器"的功能，再加上居民对羊肉产品的认知不够，很容易引起社会恐慌和消费信心下降（罗菲，2021）。

表 8 - 37　回归结果

变量	(1) 牛肉消费占比	(2) 羊肉消费占比
价格	−0.188** (0.076 8)	−0.362*** (0.105)
品牌	0.203*** (0.077 9)	0.280** (0.110)

（续）

变量	(1)	(2)
	牛肉消费占比	羊肉消费占比
促销	−0.194**	−0.008 23
	(0.084 6)	(0.117)
政府宣传	0.016 9	0.315**
	(0.090 6)	(0.127)
媒体信息	0.157	−0.385***
	(0.104)	(0.145)
企业宣传	−0.197**	−0.110
	(0.098 9)	(0.133)
购买环境	0.071 5	0.373**
	(0.126)	(0.177)
产品质量	0.287**	0.171
	(0.117)	(0.155)
疫情影响	0.285***	0.108
	(0.074 1)	(0.100)
年龄	−0.167**	−0.314***
	(0.066 7)	(0.096 1)
家庭规模	−0.039 9	0.034 4
	(0.113)	(0.155)
/cut1	0.567	2.051**
	(0.623)	(0.884)
/cut2	2.687***	4.850***
	(0.632)	(0.933)
/cut3	6.034***	7.280***
	(0.769)	(1.333)
样本量	621	621

注：*、**、***分别表示在10%、5%、1%的统计水平上显著。

（五）政策建议

随着社会进程的不断推进、居民生活水平的不断提升，居民的肉类消费结构也在不断优化。为了更好地提高江西省居民牛羊肉消费水平、促进牛羊肉消费结构的转型升级，结合江西省居民牛羊肉消费现状、特征和各影响因素，提出以下三点政策建议：

1. 稳定牛羊肉产品价格，优化牛羊肉消费结构

从回归分析结果可以看出，牛羊肉产品价格是影响消费结构的一个重要影响因素，因此稳定牛羊肉产品价格尤为重要。稳定牛羊肉产品价格具体可以从以下四个方面着手：第一方面，优化畜牧业生产结构，政府应对牛羊肉养殖企业和散养户积极引导，支持扩大食草型牛羊的养殖规模，为其提供相应的技术指导及养殖知识培训，并且出台相关资金补贴政策，增加牛羊肉的出栏量，确保牛羊肉产品的长期供求。第二方面，牛羊肉产品在供不应求时，应适时适量对中央储备的冻肉进行市场投放，避免牛羊肉产品供不应求带来的价格上涨，同时，有关部门也应该加大监管力度，对于趁机哄抬价格的行为进行严厉打击，保障市场牛羊肉产品价格处于稳定的状态。第三方面，政府部门应对肉类消费市场进行正确引导，确保牛羊肉产品市场信息化、流通化，从而减少供求分配不均衡而产生的牛羊肉产品价格上涨问题。正确引导居民对牛羊肉产品价格的认知，防止居民害怕价格进一步上涨而产生囤肉行为。第四方面，应减少牛羊肉产品的流通环节，降低流通成本，稳定牛羊肉产品价格。

2. 积极宣传牛羊肉产品营养知识，引导科学消费

牛羊肉及产品是我们日常生活中不可或缺的食物，不仅因为它们味道可口，更主要的是其富含多种营养物质，具有温补食疗的作用，对人体大有益处。但受价格和消费习惯的影响，以猪肉为主的消费结构短期内难以发生变化，目前江西省居民购买牛羊肉产品的频率还较低。从营养学角度，牛羊肉具有蛋白质含量高、脂肪低、热能低和胆固醇低的营养优势，政府应加大宣传号召，引导人们增加对牛羊肉产品的消费，既能保障居民优质蛋白质的摄入，也能有效减少脂肪的摄入量，对改善居民营养健康具有重要意义。在此基础上，借助各种媒体积极宣传更加健康、科学的饮食消费观念，引导居民提高牛羊肉消费量，促进居民肉类消费结构的合理调整优化。

3. 加强牛羊肉产品质量监管，提高牛羊肉产品质量

根据上述回归结果可以看出，当前，越来越多的居民开始重视牛羊肉产品的质量安全问题，要想促进居民牛羊肉消费的转型和升级，牛羊肉产品质量安全必须得到保障。鉴于此，有关部门可以采取以下措施：首先，政府要健全牛羊肉产品质量安全监督和管理机制，科学防范疫情风险，同时积极营造卫生、健康、和谐的牛羊肉产品的消费环境，提高居民牛羊肉产品消费信心。其次，品牌商标作为信号传递工具，能够较大程度弥补食品信息不对称，实现生产者与消费者共赢，因此，牛羊肉生产企业应积极致力于品牌建设，强化牛羊肉产品安全价值感知。最后，要推动肉类消费市场的建设，完善生产、运输基础设施，降低牛羊肉产品在生产运输中发生质量安全问题的概率。

第九章　江西省牛羊产业
发展的典型案例

　　江西省各县市区根据当地实际情况，发挥聪明才智，充分利用当地资源、着力培育龙头企业、坚持生态循环利用、完善良种繁育推广等。经过多年的摸索，各县市区总结出了一套适合自身的发展模式，如渝水的种养循环农业模式、莲花县的"六统一"农企合作模式、樟树市的"引进良种＋山羊圈养"经营模式、浮梁县的"本地黄牛＋生态放养"经营模式、乐平市的"公司＋新型经营主体＋农户"经营模式等。本章从政府与企业两个方面分别阐述牛羊产业经典案例的基本情况、发展特色和经验总结。

一、政府案例

（一）渝水区：种养循环，龙头引领

　　渝水区委、区政府高度重视肉牛产业发展，成立了"渝水区肉牛产业发展领导小组"，制定了渝水区肉牛产业发展五年规划（2020—2025），积极贯彻落实《新余市促进牛羊及水产业发展三十条措施》，将肉牛产业发展与促进乡村振兴工作有效衔接，持续加大政策扶持力度，创新养殖模式，充分发挥龙头引领作用，采用"公司＋农户"的肉牛养殖模式：企业统一提供母牛、统一提供饲料、统一提供防疫、统一回购牛犊、统一为农户贷款提供担保。渝水区龙头企业洪泰公司，2020年单场牛存栏比2019年同比增长10.8%，实现存栏量年年大幅度增长；同时，肉牛产业发展也带动了农户增收。目前该产业已吸纳资金5 000余万元，带动1 000多户农户增收。2021年，洪泰公司共吸纳渝水区珠珊镇各级投资365万元，为珠珊镇14个村委带来年均增收3万元，带动285户、共693人实现年均增收600元。全镇87位脱贫户通过小额信贷，共贷款329万元，将购买来的肉牛在洪泰公司托养，实现人均收益3 780元。2022年，洪泰公司

新建 5 个肉牛大棚养殖点，将投入的 720 万元物化成固定资产，可为镇、村级经济增收 72 万元。该公司的发展特色主要体现在以下两方面。

一是"公司＋农户"模式。通过资产收益、土地流转、务工就业、托管带动等方式，与脱贫户分享"一利三金"，即资产收益有红利，基地就业有薪金，肉牛养殖有奖金，土地入股有股金。

二是"牲畜-有机肥-牧草"种养循环农业模式。渝水区肉牛产业和传统的养殖企业不同，洪泰公司除了肉牛养殖，还集牧草种植、饲草加工、有机肥生产、牛肉深加工及销售于一体。种养结合的生态发展模式可达到种草养牛、牛粪还田、肥田种草的种养良性循环目标，实现肉牛养殖产业的可持续发展。

基于以上两种发展特色，渝水区进一步加快对饲草资源的开发利用。多地充分利用当地资源发展牧草种植，渝水区政府对种植饲草予以奖补。全省饲草种植面积由 2018 年的 43.5 万亩增长到 2020 年的 48.6 万亩。

同时渝水区认真贯彻落实相关文件精神，配套出台了系列政策措施促进产业发展。政府持续加大财政支持力度，省级统筹安排 5 000 万元实施牛羊产业建设项目，其中 3 500 万元遴选 6 个县实施肉牛（肉羊）整县推进项目，1 500 万元用于非大县规模养殖场建设，撬动了社会投入，市县两级财政拨款 1.4 亿元、企业自筹资金超 1 亿元。

总而言之，渝水区肉牛养殖产业重视品牌建设，以部省共建农业绿色有机试点省为契机，发展绿色有机牛羊产品，培育知名品牌，积极开拓市场。同时引导龙头企业、家庭农场、专业合作社等新型经营主体，完善与养殖户的利益联结机制，鼓励通过"公司＋农户"等模式，带动中小养殖户融入现代畜牧业发展。

（二）莲花县：农企合作，整县推进

莲花县加强政策支持，成立产业基金，建立肉牛养殖金融贷款风险补偿机制，推行肉牛政策性保险，依托胜龙牛业龙头企业与农户缔结同盟，以整村、整乡带动整县肉牛产业发展。胜龙公司按"六统一"（统一牛犊采购、饲喂精料、饲养方法、防疫监管、技术服务、保价收购）的农企合作模式，与全县 21 个村签订了养殖合作协议，与肉牛养殖场（户）实行资源共享、分户饲养、统一销售的经营模式。同时，莲花县建设了一批村集体肉牛养殖基地，建成的牛舍资产确权到村集体，可租赁给他人养殖或入股参与饲养，壮大发展村集体经济。该地区发展特色主要体现在以下两方面。

一是依托江西胜龙牛业有限公司等重点肉牛养殖龙头企业的辐射带动能力，带动以良坊镇为重点的周边其他养殖基础较好和秸秆、饲草资源丰富的乡镇，重点发展肉牛产业，建成全县肉牛产业重点乡镇。

二是积极引导散养农户向适度规模户转变，支持现有肉牛羊养殖场（户）扩大生产规模，鼓励社会、工商资本和返乡创业人员发展肉牛羊养殖，培育发展一批生态养殖小区和家庭农场。

2022 年以来，全县已发展 10 头以上肉牛养殖户 1 200 户，100 头以上肉牛养殖场 60 家，存栏量达到 3 万头以上，可为村集体经济增加年收入 220 万元，带动 1 100 名村民就业、1 200 户脱贫户收益分红。

该地区成功的经验在于抓住了两个关键：一是发展壮大龙头企业。通过培育和发展龙头企业，充分发挥龙头引领作用，带动养殖场户扩群增量，莲花县"胜龙牛业"已发展成为华南地区生鲜牛肉专卖第一品牌。二是大力种植优质牧草和饲用玉米。全面推广"粮-经-饲"三元种植模式，引导肉牛羊养殖场（户）流转土地种植饲料玉米、高丹草、黑麦草和苜蓿等优质牧草，鼓励养殖业主与农户签订优质牧草种植订单，降低养殖成本，增加土地收益。到 2020 年，人工种植优质牧草累计面积 1 万亩，饲用玉米种植面积 2 万亩。并且大力推广秸秆青贮氨化等先进实用技术，提高农作物副产品利用率，到 2020 年，秸秆等饲草利用率已达 85％以上。

总而言之，莲花县着力培育龙头企业，加大招商引资力度，通过政策扶持，招引 1～2 家资金实力雄厚、带动力强的肉牛羊生产和加工龙头企业。支持县内现有肉牛羊养殖企业通过并购重组、股份制合作等形式、拓展精深加工业务、延伸产业链条、提高产品附加值以提升企业竞争力。

（三）高安市：培育龙头，产学融合

高安市依托良好的产业基础和自然资源，将肉牛产业作为农业主导产业来抓。完善良种繁育推广体系，建设了全省唯一一家国家级肉牛核心良种场——锦江黄牛保种场，发展了一批部级标准化示范场和龙头企业，打

造了几个肉牛交易市场，辐射带动了周边肉牛养殖规模化发展。同时大力培育裕丰等本地龙头企业，引进先进肉牛养殖加工企业，将高安打造成为中国的"和牛"生产基地；搭建开放创新平台，助力产业升级，与科研院校与企业深入合作，承担了国家和省、市自然科学基金、科技支撑计划、星火计划等多个科研项目。该地区的发展特色主要体现在两个层面。

一是转变传统思维，牢固树立"创新、协调、绿色、开放、共享"发展理念。目前高安市畜牧业正处于加快转型的关键时期，绿色发展是落实新发展理念的客观要求，是畜牧业现代化的必由之路。在发展理念上，形成了绿色发展思维方式，改变了以往重生产轻环境、重数量轻质量的倾向。在发展方式上，由粗放高耗型向节约高效型转变，实现了可持续发展。在发展机制上，建立了植物生产、动物转化、微生物还原的循环生态系统，构建了种养循环发展的新格局。在发展路径上，不断优化生产结构和区域布局，提高了生产效率。在发展目标上，统筹兼顾保供给与保生态的双重目标，促进了畜牧业生产与环境保护同步推进、协调发展。

二是依托资源优势，多环节提升效益。首先种养结合，推动种养业双赢。裕丰农牧有限公司以种植业和养殖业相结合为基础，开发天然草场7 000 余亩，人工高产草场 1 500 余亩，可以实现饲草饲料就近饲喂，牛的粪便也可就近还田，降低了种养业分离导致的过高交易成本。其次养加结合，提升产品附加值。公司从养殖起步，逐渐向加工迈进，2015 年已经建成了江西省最先进的肉牛屠宰加工厂，年屠宰肉牛 3 万头，主要生产保鲜牛肉、调理牛排等高附加值产品，同时还开发利用当地黄牛品种资源——锦江黄牛生产高档雪花牛肉，获得了较高收益。最后生态循环，资源化综合利用。公司始终坚持牛场废弃物综合利用，建设了沼气池，利用沼渣、沼液种植牧草，最近又引进国际上先进的固液分离工艺和生物发酵有机肥工艺，为赣橙、沙田橘、高安白茶等高品位果品生产专用有机肥，有机肥产品还未面世已被预订一空。

经过多年深耕，高安市肉牛产业规模化建设成效显著。据统计，2021 年全市肉牛存栏 11.26 万头，同比增长 4.27%；其中母牛存栏 6 万头，同比增长 5.89%；肉牛出栏 6.5 万头，同比增长 16.92%；存栏 50 头以上规模牛场 246 家，同比增长 7.6%。养牛专业户有 600 多户，其中能繁母牛存栏 20 头以上养殖户 346 户。

总而言之，高安市着力加大宣传力度，让绿色畜牧业发展理念深入人心。主要通过三个方面，一是加大媒体宣传。通过在宜昌三峡电视台滚动播放相关粪污防治典型或录制专题宣传片，积极推广生态环保养殖法，从源头上实现污染零排放。二是办好绿色畜牧业发展试点。每个县市区办好 2～3 家畜牧业绿色发展模式样板，充分发挥典型示范带动作用。三是搞好技术培训。通过技术讲座、实地参观考察学习等形式，加强对养殖户的技术培训指导和宣传普及，提高养殖户发展绿色健康养殖的意识，努力营造政府、部门、社会多方关注和参与的良好氛围。

(四) 樟树市：生态循环，产业融合

有着"药都"之称的樟树市为加快推进全市牛羊产业高质量发展，以"坚持生态循环利用、优化产业结构调整"为主线任务，充分利用现有资源走种养结合、农牧结合、生产发展与生态共赢的牛羊养殖发展道路，形成以种定养、以养促种、草畜平衡的绿色良性循环发展。

当地肉羊养殖产业最具代表性的"樟树市春晖羊业有限公司"于 2014 年创办于昌傅镇原柑橘试验站，主要经营种羊养殖销售、饲料生产研发、肥料生产等业务，其种羊主要销往周边江苏、浙江、安徽、福建等地，年产值达 2 000 余万元。现存栏母羊 5 800 余头，年出栏肉羊 20 000 余头，获得肉羊标准化示范场称号，为江西省一级种羊场。

从坚持生态循环利用层面看，春晖公司主要采取以下三项措施：一是根据本地自然条件和环境承载能力，发展规模养殖，把保护环境放在优先考虑的位置，按标准化规模牛羊养殖场进行人工圈养。2016 年该公司与南昌大学、江西农业大学等高校合作的"南方山羊绿色圈养技术"重大科技项目，通过技术改进实现山羊大规模圈养，极大推动了南方山羊养殖产业快速发展；二是推行种草养畜，草畜配备。巧妙利用荒山草坡、旱地和休闲农田开展人工牧草开发与种植，按 1 亩牧草养 3 头牛或 15 头羊的比例配置人工种草，实现以种定养、以养促种、种养结合、草畜平衡；三是积极推广"羊粪＋中药材种植""羊粪＋绿色果蔬菜"等循环农业，打造绿色种养生态循环模式。例如政府提供水稻收割机和花生采摘机给种植户收割水稻、采摘花生，农户则将水稻秸秆等无偿提供给养羊户，实现农作

物秸秆饲料化利用，互惠互利；养羊户与中药材、蔬菜等种植户签订羊粪利用协议，实现农牧结合、循环利用，将资源优势转化为产业优势，实现产业结构升级。

从加快产业结构调整方面看，2016 年樟树市开展生猪养殖污染整治行动，因环保问题导致数以百计养猪场被关停禁养而闲置，造成资源极大浪费。为盘活闲置的养猪场发展绿色产业，2022 年初昌傅镇党委、镇政府与该公司合作羊场改建工程，并签订合作养殖合同，由该公司负责养羊场改造，建设棚舍、护栏等基础设施，目的是将其打造成标准化湖羊养殖基地。该基地采取"龙头企业＋合作社"的运作模式，由公司提供养殖技术、销售渠道等支持，合作社负责将羊羔育肥，利润按比例分成。该羊场目前最多可养殖湖羊 1 200 头，一年出栏两批，年产值可达 40 余万元，村集体经济年收入可增加 10 万元以上，让 44 户脱贫户直接受益，迄今为止已带动 80 多家养殖户引种养殖，吸纳全镇 318 户脱贫户入股，每年可分红近 20 万元。

总而言之，樟树市肉羊产业发展最大的特点是能够因地制宜，串起生态养殖循环产业链，走出了一条独特的"养羊-羊粪-中药材和牧草肥料-药渣和牧草-养羊"的闭环式可持续发展道路，在提高经济效益的同时还能兼顾起生态效益及社会效益，这是其他地区牛羊产业高质量发展可以学习的经验。为进一步推动肉羊产业发展，当地政府后续将准备继续扩大合作养殖规模，利用起更多闲置猪场、吸纳脱贫户等人群通过入股、务工等方式增收，巩固拓展脱贫攻坚成果。此外该市还出台多项物质激励政策，例如凡是新建标准化龙头养羊企业最高奖补 500 万元、对闲置猪（牛）场改建成 100 头以上的羊场按 150 元/平方米一次性奖补、对羊场给予信贷支持等，除了政府助力，龙头企业相关负责人也愿意毫无保留地向青年农场主、农业经纪人、草地畜牧业等相关从业者传授养羊技术，这对后续进一步扩大化、标准化、规模化养殖有所裨益。

（五）乐平市：龙头引领，三产融合

乐平市按照"政府主导、企业主体、农民参与、合作共赢"的原则，在各乡镇建立湖羊养殖小区，建设主体为乡镇政府，租金收益归村集体，运用乡村振兴发展基金建设养羊小区，采取"公司＋新型经营主体（合作社、家庭农场）＋农户（脱贫户）"的经营模式，促进一二三产业融合发展。

乐平市最具代表性的湖羊产业龙头企业是建立于 2012 年 8 月的"三王牧业有限公司"，这是一家集饲料生产、农作物种植、湖羊养殖、湖羊屠宰及附属产品加工等为一体的一二三产业融合发展的现代化企业，也是江西省农业产业化省级龙头企业。目前是江西省较大的湖羊养殖基地，主要采用集约化养羊、全舍饲高床漏粪地板工艺养羊等方式，并充分利用农作物秸秆实现资源的综合利用。

从产业价值链延伸层面看，当地湖羊养殖小区形成了从种植-销售-餐桌的完整利益链。运用农产品网络销售平台销售、抓住并参与互联网新零售等方式建立稳定的销售渠道，巩固农产品大市场对接、农超对接。三王牧业生产的新鲜羊肉主要通过线下实体店推广和销售，向酒店、农家乐、夜市烧烤店等供应；同时在南昌市、乐平市拥有多家以羊肉为主打菜的餐饮店，产品直接从基地到餐桌，而加工产品则主要通过淘宝店、微店等线上平台推广销售。因此该公司也建立起一条特有的饲料生产—种羊繁育—肉羊养殖—屠宰加工—综合利用—羊肉产品生产销售—餐饮连锁肉羊全产业链，这条路径则恰好实现了三产融合，提供产、供、销全过程服务。

从生态循环发展层面上看，该公司将湖羊养殖与农作物种植有机结合，在基地种植玉米、大豆、水稻等农作物，并将农作物的秸秆加工成羊饲料。冬闲季节公司免费提供土地和种子让农民种植黑麦草，待成熟后由公司向农民收购，此举一方面可将黑麦草作为很好的羊饲料；另一方面由于黑麦草根系发达，其根系可发酵成肥料促进农作物生长，同时羊的尿液、粪便经发酵处理后可以肥田。这种方式让养殖业和种植业有机结合、相辅相成，节约了许多饲料成本及种植肥料成本，改善了土壤环境，形成独特的绿色、节约、环保生态循环种养模式。

从渠道联合致富层面来看，该公司积极与当地政府合作推出"种羊代养"模式，切实帮助当地贫困户发展特色产业，解决了贫困户收入问题。一方面鼓励当地贫困户到公司就业，此举既有助于增收，又解决了企业用工难问题；另一方面对没有劳动能力的低收入农户，公司通过代养种羊，按照"金融＋企业＋农户"的模式，由公司出面为低收入农户向银行担保贷款 5 万元,贷款资金作为农户购买种羊、饲料等费用,公司免费提供技术支持,待羊出栏时再由公司统一收购,低收入农户每年可获得 3 600 元保底分红;这种模式既解决了低收入农户技术不足、资金缺乏的困难,又降低了养殖风险,深受低收入农户的欢迎。现该公司年销售种羊和肉羊 5 万只,带动 10 家合作社和 2 008 户农户增收,累计增收 3 200 万元,平均每户增收 1.59 万元。公司现养殖和种植累计产值达 7 193.94 万元,年销售各类种羊和肉羊 30 000 只,为乐平市政府实现在 3~5 年内建设存栏达到 30 万~50 万只的"肉羊生产重点县"目标奠定了坚实的基础。

总而言之,三王公司凭借自身的产业与产品优势牢牢抓住了农业产业结构调整和羊业发展的良好机遇,采取"公司+新型经营主体(合作社、家庭农场)+农户(低收入农户)"的经营模式,从而带动了区域共同富裕。未来公司将继续全力建设生态型、集约型、设施型和环保型草食性畜牧企业,坚持走可持续发展、资源循环利用、农牧结合经营的规模化、现代化肉羊生产发展模式,加快产业化经营的步伐,努力在近几年打造成赣东北地区种羊育场和优质繁育基地。

二、企业案例

(一)绿林湾农牧有限公司:引进技术,强化合作

赣县绿林湾农牧有限公司成立于 2012 年,该公司初始的山羊养殖规模小于 200 只,近年来公司发展迅速,目前已拥有羊舍 13 栋,存栏湖羊 3 000 只,其中母羊 2 500 余只,年出栏羊羔可达 8 000 只,预计 2020 年基地销售肉羊可达 10 000 只以上。该公司的发展特色主要有:

第一,持续推进农业产业化。自 2012 年以来,该基地在政府引导下通过流转土地、租赁羊舍等方式解决了场地问题,通过申请产业贴息贷款解决了资金问题,实现了养殖规模持续扩大。基地与江西省农科院建立了合作关系,致力于研究羊的营养和繁殖,且与江西省农科院联手创建了江西省种羊场和省农科院科研示范基地。通过推动湖羊养殖的规模化、生产技术的科学化,加快产业升级和现代化发展,有效促进了产业兴旺和乡村振兴。

第二,持续带动低收入农户增收。该基地积极践行社会责任,采取吸

纳低收入农户就业和技术培训等方式，提高了低收入农户致富技能和直接经济收入。基地以务工学习和直接授课等形式为当地群众进行养殖技术培训，已累计培训 260 多人次。目前，有 5 名低收入农户在基地长期务工，月均工资 2 400 元，年均增收 2.8 万元以上。

第三，持续壮大村集体经济。该基地已与 3 个村建立完善了利益联结机制，实现了互惠互利合作、多方共赢发展，以产业发展壮大了村级集体经济。亦即，由村集体投资在基地新建羊舍、储藏库等设施并返租给基地，村级集体享有新建设施所有权，而基地负责羊场运营，并保证村集体每年 8%～10% 的投资回报。目前，三溪乡里龙村、土龙村、三溪村、古茂村、山头村和寨九坳村分别投资新建了羊舍，每年可稳定为该村带来村集体经济收入。

第四，持续共创共赢生态圈。为满足市场需求，发展壮大南方畜牧业，该基地结合多年来的生产经验，决定继续扩大生产规模。在现有三溪乡下浓村羊场的基础上，以多方合作共享的模式拟新筹建 4 个中型羊场（56 个羊舍），从而实现存栏母羊数量达到 15 000 只，种羊数量达到 30 000 只，年出栏肉羊数量达到 30 000 只，年产值达到 1.2 亿元以上。农业产业的发展离不开政府的支持，接下来基地将进一步完善自身运营管理，主动践行社会责任，完善"公司＋农户＋集体"合作模式，创造产业发展共赢的生态圈。

绿林湾农牧有限公司从一家养殖规模小于 200 只山羊的小企业发展成了羊存栏量 4 000 余只，出栏量 10 000 只的大型湖羊养殖企业，主要的经验启示有：

第一，养殖企业在发展过程中要结合自身实际，探索出一条最适合自己的道路，找到适合自己的道路后企业发展才会进入良性循环。

第二，养殖企业在发展过程中既要坚持苦练内功又要对外合作，更要将两者结合起来，利用企业技术、资金和管理经验为自身发展提供支撑。

第三，养殖企业在自身发展的同时要担负起社会责任，带动周边群众共同致富，促进当地经济良性发展。

目前，绿林湾这种技术引进、对外合作与带动群众相结合的高质量发展模式不仅已经在赣县三溪乡取得了成功，而且正在复制到公司的海南基地，预期将产生更大的效益。

（二）浩然农牧业发展有限公司：特色发展，生态养殖

浮梁浩然农牧业发展有限公司成立于 2009 年，位于浮梁县鹅湖镇桃岭村，注册资金为 300 万元，现建有标准化牛舍 2 600 平方米、草料棚 500 平方米、青贮池 325 立方米、干粪处理池 92 平方米、沼气池 120 立方米及配套设备设施和办公生活区；目前存栏广丰黄牛 460 余头，其中能繁母牛 213 头，承包和流转土地总面积 5 090 亩。2020 年出栏肉牛 186 头，肉牛出栏体重 350 千克以上；2020 年公司销售收入达到 520 余万元，其中肉牛销售 325.5 万元，净利润 234.4 万元，同时公司拥有固定资产 1 150 余万元。

公司自 2009 年开始养殖本地黄牛以来，始终坚持自繁自育发展之路，充分利用当地草山草坡资源优势，实行季节性放牧与种草圈养相结合，形成了一套自己的经营模式。

第一，坚持特色发展。公司着力发展本地黄牛，不断选育扩繁，壮大牛群基数。经江西省生物技术学院基因测定，公司所养牛群血缘与广丰黄牛相近，为保证牛群的品种品质，公司积极申报了广丰黄牛种牛场备份场。

第二，坚持生态养殖。公司充分利用本地草山草坡资源及公司天然草场、人工改良草场、牧草种植等优势，采取轮牧方式，实现春、夏、秋三季放养和深冬季节圈养相结合模式，切实保障绿色生态养殖，提升牛产品质量。

第三，坚持自繁自养。公司在保证稳定肉牛种源的同时，坚持不从外购进育肥牛，杜绝外源性疫病传入，有利于生产稳定发展。

第四，坚持降本增效。通过放养轮牧，种植牧草青贮、充分利用本地酒糟、豆渣、稻草等农副产品，就地取材，变废为宝，大大降低饲料生产成本，实现了良好的经济效益。

该公司成功的经验在于抓住了两个关键：一是充分利用本地资源优势。浩然农牧业公司在发展过程中始终注重充分利用本地资源，走出了一条具有自身特色的本地化发展道路。浩然牧业坚持选育本地黄牛，因为本地黄牛练就了强悍的攀爬能力和坚硬的牛蹄，老百姓叫它们"铁蹄黄牛"，

该品种黄牛能轻松跳上约 1 米的垂直田埂抑或近 80 度的陡坡，因此饲养本地黄牛能够很好地利用该地的荒山荒坡资源，不仅充分利用了该地的资源优势，还节约了成本，提升了企业的经济效益。此外，本地化的策略还有利于带动当地群众利用该县的荒山草地资源，为全县发展黄牛产业提供了一种可复制、可推广的模式。二是生态养殖提升产品竞争力。畜牧业产品的品质是竞争力的关键，浩然牧业公司具有连绵上千亩的牧场，其散养的生态养殖模式保证了牛肉的高质量。现在公司的目标客户主要是有一定消费能力、对食材品质有较高要求的消费者。公司牛肉的高品质赢得了客户的赞誉，通过客户的口碑相传，短短 3 年时间，公司实现了从牛肉"怎么卖"到牛肉"不够卖"的转变。

浮梁浩然牧业的发展壮大，已经成为当地畜牧业发展的一张名片，其成功的经验启示主要有：第一，养殖企业应当充分利用本地资源以提高经济效益。第二，养殖企业应当在自身发展过程中带动本地农户就业增收以提高社会效益。第三，养殖企业要兼顾生态效益与经济效益以提升企业长期竞争力。

（三）胜龙牛业有限公司：生态循环，政企合作

江西胜龙牛业有限公司成立于 2016 年 5 月，注册资金 3 880 万元，位于山清水秀的江西省萍乡市莲花县良坊镇布口村，是一家集有机肥生产、牧草种植、良种繁育、肉牛养殖、屠宰分割、牛肉深加工、冷链物流、连锁专卖、品牌运营等业务板块为一体的高标准化肉牛全产业链集团公司。目前已建设标准化栏舍、饲料加工厂、有机肥加工车间及各类辅助设施共 80 000 余平方米，种植有机牧草 3 000 余亩，养殖肉牛年出栏 6 000 余头，同时通过政企合作，在江西省莲花县整县推进肉牛养殖，并在新疆、内蒙古、东北等地拥有大型繁育基地，每年可出栏肉牛达 10 万余头，并与中国农业大学，华中农业大学，江西农业大学等高等院校建立了长期合作关系。

该公司的发展特色主要体现在以下 4 方面：一是牧草自给。公司不仅种植 3 000 余亩有机牧草，还引进了良种黑麦草、甜象草、皇竹草、青贮全株玉米等各种优质牧草品种，年产 15 600 吨鲜草，在保障牧草自给率的同时，降低了养殖成本。二是科学养殖。根据牛的生长周期进行区别化

饲养管理。粗料秉承"春草季节割草饲喂，枯草季节秸秆饲喂"的原则；复方精饲料严格按照饲料配方进行加工，平均每头牛每日喂养复方精饲料4.5千克，粗饲料18千克。三是生态养殖。公司实行"牛粪—牧草—牛—牛粪"的生态循环养殖方式，实现牛粪到牛的生态循环养殖，让废弃物得到资源化利用。四是直营专卖。由胜龙牛业旗下的广州牛人食品有限公司进行牛肉产品系列的研发、深加工等，胜龙（广州）销售有限公司进行销售，主要采用以线下牛肉全品类直营专卖店为主，以线上商城、社区电商、社区团购、同城配送等为辅的经营模式。目前在广州、深圳、南昌等城市开设自营专卖店300余家，成了广深两地冷鲜牛肉市场专属领先品牌。该公司成功的经验在于抓住了两个关键：

第一，政企合作，助推肉牛产业高质量发展。在当地政府的大力支持下，公司与当地政府联合成立了肉牛养殖整县推进专项工作组，通过推行"三合作"（企业与农户合作、企业与合作社合作、企业与村集体合作）和"六统一"（统一牛犊采购、统一饲喂精料、统一饲养方法、统一防疫监管、统一技术服务、统一保价收购）的农企合作新模式，加快推进莲花县肉牛产业实现跨越式高质量发展。

第二，流转盘活荒山农田。通过土地集中流转来盘活当地产出率不高的土地资源，完成了流转土地5 400亩，并一次性支付给农户30年流转费。同时吸收劳动力到基地就业，解决临时用工达200余人。

总而言之，胜龙公司运用现代化肉牛全产业链模式来源于三方面，一是全产业链发展模式，坚持高起点、高标准、高效益的原则，认真贯彻执行绿色养殖、有机养殖、生态旅游、美丽乡村的理念，全力打造了"草饲—养殖—加工—专卖"现代化肉牛全产业链，形成牧草种植，有机肥生产，肉牛养殖，屠宰分割，牛肉制品加工，专卖连锁，品牌运营等为主营业务的全产业链发展模式。

二是公司积极推行"三合作"（企业与农户合作、企业与合作社合作、企业与村集体合作）和"六统一"（统一牛犊采购、统一饲喂精料、统一饲养方法、统一防疫监管、统一技术服务、统一保价收购）的农企合作新模式，以"三合作"保收益，以"六统一"保质量。

三是坚持生态循环养殖模式。一方面，胜龙公司采用生态发酵床养殖技术，实现零排放、无污染、无废弃物，以"牛粪—牧草—牛—牛粪"的生态循环养殖的方式，实现牛粪到牛的循环养殖，让废弃物得到资源化利用。另一方面，胜龙公司建立完善了各项生产管理、防疫消毒、档案管理等制度，并严格执行，严格要求进入生产区的工作人员更衣、消毒、冲洗。制定了不同阶段肉牛生产饲养管理操作规程和疫病预防免疫接种程序，同时根据抗体监测结果制定相应免疫计划。

（四）洪泰农业科技有限公司：创新技术，环保养殖

新余市洪泰农业科技有限公司成立于 2015 年 12 月，公司固定资产2 685.64 万元，注册资金 6 000 万元，位于江西省新余市渝水区北湖东路，是一家集有机肥生产、牧草种植、良种繁育、肉牛养殖、屠宰分割、牛肉深加工等业务板块为一体的高标准化肉牛全产业链集团公司。从2016 年 5 月至今，洪泰公司已投资近 4 亿元用于 3 个肉牛养殖基地和产业链的建设，3 个基地分别设在江西新余、内蒙古通辽和河北承德，2020 年底 3 场存栏牛 13 000 余头，出栏牛 10 000 余头，肉牛销售收入超 2 亿元。其中，新余养牛基地存栏 3 000 余头。现有牧草基地面积 1 000 余亩，亩产鲜草 15 000 千克左右，每亩毛利润达 2 000 元以上。同时通过政策依托，积极推进肉牛养殖，带动当地农民就业，帮助当地农户增收致富。并与中国农业大学、中国农科院饲料研究所、江西农业大学饲料研究所、南昌大学食品学院等相关科研院所，开展产学研合作。

洪泰农业科技有限公司的发展特色主要体现在以下 4 个方面：第一，良种化率高。公司先后从美国、澳大利亚等国家进口西门塔尔等良种母牛1 000 余头，进口良种牛胚胎 1 200 头份，移植受体母牛 600 余头，进口冻精 10 000 头份，良种化率在 95％以上。第二，粪污综合利用率高。公司采用种草养牛、牛粪加工有机肥、有机肥返田种植的生态循环模式，将牛粪变废为宝，粪污综合利用率达 95％以上。第三，产品种类丰富。由公司旗下新余市日鑫食品加工有限公司负责进行牛肉产品系列的研发、深加工及销售等，其生产的牛肉干、牛肉酱等产品种类多样，供不应求。第四，产业模式独特。由洪泰公司依托渝水区政府推出"政府搭台、购养分离、收入分成"的肉牛托养模式，通过"政府＋公司＋银行＋农户"方式，以洪泰公司为龙头，带动农户参与到肉牛产业的发展中。

基于以上 4 种发展特色，洪泰公司为进一步解决规模养牛场环保难题，提供了"创新生态养殖技术"和"建立零排放环保养牛模式"两种解决途径。

在创新生态养殖技术方面。"南方发酵床肉牛养殖技术"是新余市洪泰农业科技有限公司正在实践的创新成果，该项技术已连续 3 年（2019—2021 年）被列入江西省草地畜牧业重大技术协同推广项目。这一创新养牛技术主要体现为"三改"：一改牛床，二改拴系养为大栏散养，三改产业增收致富模式，通过"政府＋公司＋银行＋农户"的方式，有力地加快了农户种草养牛和肉牛产业增收致富的步伐。

在建立零排放的环保养牛模式方面。洪泰公司在实践中整合出适合该场条件的粪污零排放的"微生物＋有机肥"环保养牛技术模式——"三改两增两减"。"三改"：一改牛床结构，改原牛粪尿干湿分离、雨污分离为发酵床零排放模式。二改饲养方式，改原来育肥牛拴养为围栏式放养模式。三改配套建设，改原来配套建设大中型沼气池为配套建设有机肥厂。"两增"：日增重提高 30％，肉脂分布更均匀；牛粪增值近 10 倍。"两减"：牛病医药费减少 80％，人工成本减少 83％。

总而言之，洪泰公司采取的创新型生态养殖技术、"三改两增两减"养殖模式与"肉牛托养＋四统一分"联合发展模式从源头上控制了农业面源污染，为农产品质量安全起到了重要的保障作用，并将肉牛养殖产业覆盖全市，使更多低收入农户从中受益。洪泰公司采取的技术与模式统筹兼顾了经济效益、社会效益及生态效益，值得进一步总结、示范推广。

（五）三王牧业发展有限公司：理念先行，合作共赢

乐平市三王牧业发展有限公司成立于 2012 年，位于乐平市浯口镇石明村，注册资金为 2 000 万元。公司业务经营范围包括蔬菜、水果、中药材、林木种植、畜牧、水产、家禽养殖等，是江西省农业产业化经营龙头企业。公司在乐平市浯口镇石明村流转土地总面积 5 640 亩，带动了 10 家合作社，并带动农户达 2 008 户，累计增收 3 200 万元，平均每户增收 1.59 万元。公司现养殖种植累计产值达 7 193.94 万元，年销售各类种羊和肉羊近 30 000 只。

公司的经营理念是："团结合作共赢。"公司目前已经陆续和有关部

门、科研单位及大专院校等建立了合作关系，开展项目合作研究。为进一步扩大规模，增加养殖效益，目前公司和中国科学院江西省分院合作研究商品羊的健康饲养模式，与浙江省草食性动物专家合作研究羊的选种选育课题，与江西省种草养畜课题组合作研究牧草的高产套种模式，并响应政府号召，积极参与"一村一品""一村一名大学生"等工程，取得了一系列好评。该公司的发展特色主要体现在以下四个方面：

一是乐平市湖羊养殖业采取"公司＋新型经营主体（合作社、家庭农场）＋农户（低收入农户）"的经营模式，与签约家庭农场带动农户共同发展，这样的联结机制，分工更为明确，联接更为紧密，责任、义务和权益都能落到实处。二是建立保底收购机制，即公司、家庭农场、种植大户和农户（低收入农户）对养殖育肥湖羊的效益基本可以做到心中有数。在此基础上，根据各自分工和养殖条件等情况，制定保底收购价，从而保障农户的经济收益，保底收购的责任由公司统一承担。三是 2017 年成立了三王牧业院士工作站，通过与印遇龙院士科研团队的合作建立多个研究项目：南方肉羊健康养殖关键技术研究（肉羊非粮全价饲料、中草药复方肉羊免疫增强剂）南方肉羊健康养殖模式构建与示范（亚热带农区肉羊健康养殖技术模式、亚热带农区肉羊健康养殖推广模式）。构建亚热带肉羊健康养殖模式，并通过公司加农户和养殖合作社的形式推广应用，可迅速建立饲料生产—种羊繁育—肉羊养殖—屠宰加工—综合利用—羊肉产品生产销售—餐饮连锁的肉羊全产业链，实现各环节的无缝对接，较快形成规模效应，做大做强肉羊产业，降低各环节的生产经营成本，提高整体经济效益，同时有效提高应对市场和抗风险的能力，推动南方肉羊养殖业的可持续发展。四是湖羊产业小区形成了一条"种植—销售—餐桌"的完整利益链，通过农产品网络销售平台和互联网新零售等线上渠道，巩固农产品大市场对接、农超对接、产品直销，并着手建立农产品追溯体系，顾客可以通过扫描二维码，清晰地了解湖羊养殖情况，吃上绿色安全放心的生鲜羊肉，从而推进肉羊一二三产业融合发展。在发展规模化肉羊养殖的同时，推进产业化经营，养殖龙头企业——乐平市三王牧业有限公司已发展成为以种草、养羊、制肥、粮食、饲料、蔬菜、瓜果、屠宰加工、电子商务、冷链物流、连锁餐饮等一二三产融合发展的企业。

乐平市三王牧业有限公司采取"公司＋新型经营主体（合作社、家庭农场）＋农户（低收入农户）"的经营模式，由龙头企业牵引，切实为农户提供产前、产中、产后服务。同时公司建立保底收购机制，提高了农户养殖积极性，保障了农户的经济收益。2018 年公司建立养殖扶贫示范基地，公司因此积累了宝贵的成功经验并拥有了纠错能力。在之后的经营过程中，无论从养殖成本、技术水平、还是养前、养中和养后服务能力，都配合乡镇、村委会工作，为当地乡村振兴添砖加瓦。这种由龙头企业牵头，结合各类担保措施，可以让有能力的农户获得一定额度的农业贷款，既充分发挥了大家的生产积极性，扩大了种养规模，又能更好地实现增收致富的目的。

（六）春晖羊业有限公司：种养结合，产学一体

自 2021 年起江西省樟树市一直坚持把发展壮大特色农业产业作为巩固拓展脱贫攻坚成果与乡村振兴有效衔接的重要抓手，通过"合作社（公司）＋基地＋农户"的经营模式，大力发展肉牛、湖羊、油茶、中药材等特色种植养殖业，推动农业产业化经营，激活村集体经济，带动农民增收致富，助力乡村振兴。

2014 年创办于昌傅镇原柑橘试验站的"春晖羊业有限公司"占地面积 100 亩，以肉羊养殖业务为主，生物饲料研发及销售、农副产品销售及休闲观光农业等业务为辅，现建有现代化羊舍约 3 000 平方米，已实现年销售额 2 000 万元左右、年利润 700 万元左右的经济效益。公司成立之初，从四川引入了 300 只良种努比亚种羊，其种羊主要销往周边江苏、浙江、安徽、福建等地，种羊场现存栏湖羊 8 000 余只（其中种羊 5 800 余只），年出栏湖羊达 1.4 万余只，年产值 2 000 余万元，已获得肉羊标准化示范场称号，是江西省一级种羊场，并于 2019 年当选市级产业扶贫基地，采取的"低收入农户参与入股分红"方式让低收入农户实现长期收益性收入，不愿参与入股分红的则安排低收入对象进行就业培训使其拥有自主创业能力。其发展特色主要体现在三个方面：

一是坚持种养结合、良性循环的发展模式。种养结合是未来农业发展的重要趋势。公司通过种植牧草—牧草加工—TMR 养殖—羊粪还田等措施，利用羊粪进行堆肥发酵，用发酵好的羊粪发展牧草种植，将牧草作为

养羊的优质饲料，实现养殖零污染循环模式，有效降低了成本，提高了资源利用率。樟树市是水稻、红薯、油菜等农作物主产区，每年有大量农作物秸秆需处理，在养殖过程中公司对农作物秸秆采取借腹还田变废为宝措施，将其转换成动物蛋白，用作粗饲料，迄今为止共利用当地农作物和农副产品加工剩余物约 3 000 吨，为资源循环利用起到了示范作用。目前公司正全力建设生态型、集约型、设施型和环保型草食性畜牧企业，走可持续发展、资源循环利用之路，建立的是农牧结合的经营发展模式。

二是通过校企合作，开启山羊圈养模式。公司经过多方考察、实地调研，充分了解肉羊养殖信息后积极引进优质种羊，开启山羊圈养新模式。春晖公司始终坚持标准化生产，引进先进的牧草处理设备，实现降本增效。还通过加强与高校、科研院所的合作，积极培育创新创业主体，实现产学研有效结合。2016 年与南昌大学、江西农业大学等高校合作了江西省重大科技项目"南方山羊绿色圈养技术"，该项目突破了原有的山羊养殖只能小规模放养的模式。过去的养殖模式对环境破坏严重且不易管理，容易造成种群退化、成活率得不到保障及养殖效益低，但通过技术改进后实现了山羊大规模圈养，对南方山羊养殖产业发展产生了极大推动作用。总体来说，山羊圈养模式有利于生态环境保护和提升畜牧生产水平，从而适应科学、集约、专业化的生产养殖需求。

三是引进技术、实现草料自给。2016 年公司因自身发展需要购买国际先进牧草处理设备，将牧草进行裹包青储发酵。原有南方牧草窖储由于天气影响易造成草料腐坏及浪费，不能长距离运输。裹包青储克服了窖储缺陷，实现了草料四季供应，羊场的粗料自给率达 100%，并满足周边养殖户草料供应需求，带动周边山羊养殖生产。春晖公司牧草种植基地目前已建设成江西省人工草场面积最大、机械化程度最高、草产品加工处理设施最先进的草场。

总体来看，春晖公司自成立之初便坚持多方考察、实地调研，在充分了解肉羊养殖信息的情况后引进优质种羊及设备实现降本增效，开启山羊圈养新模式。公司始终坚持标准化生产，扩大养殖规模。此外还积极开展产学研一体模式培育创新创业主体，为社会作出重要贡献。未来春晖公司将继续以立足江西、放眼全国的格局，走出一条集养殖、种植、屠宰、加工、销售为一体的产业融合发展道路。

(七) 富大种羊合作社：放养结合，承包经营

2016 年投产建设于鄱阳县枧田街乡大源村的"富大种养专业合作社种羊示范场"投资规模达 196 万元，占地面积 10 000 平方米，专用牧区 1 000 亩。其基础设施齐全，建有标准化羊舍 4 栋共 1 500 平方米、草料棚 500 平方米、青储窖 400 平方米，消毒室、兽医室、无害化处理室、堆粪池各一个；配套设备设施齐全，割草机、旋耕机、运输车、裹包机等机械设备共 15 套。目前该种羊场存栏努比亚黑山羊 650 只，其中母种羊 470 只，公羊 100 只，羊羔 80 只。当地政府为种羊场提供资金扶持，江西省畜牧技术推广站提供技术支持，生产管理人员经过专业培训指导，按规定记录生产情况、建立谱系，拥有完整的喂养、防疫、用药、配种、生产和谱系等记录。该合作社的发展特色主要体现在两个方面：

一是转变经营机制、提高效益。2019 年开始采用承包经营制度，将经营权承包给村里致富带头人，致富带头人在专家老师的技术帮扶下掌握山羊养殖经验、牧草种植、饲料加工等方面知识，并且以开展讲座等方式与养殖户分享。羊场通过实施"合作社＋农户（低收入农户）"的方式养殖，采取"补贴引种""借羊还羊"等形式进行扶持，鼓励有劳动能力者参与养羊，使农户通过致富带头人坚定"养羊致富"的信心，提高养殖积极性，最大程度上将农户劳动内生动力转化为实际养殖效益。对合作社来说，羊场存栏规模大幅提升，增速同比超过 200％，转变经营机制后羊场经营效益明显改善，实现了扭亏为盈，生产效率大幅提高，产羔率、存活率大幅提升。对低收入农户来说，持续提升了该村收入水平，示范场每年为村集体提供 8 万元稳定收益，优先聘用低收入人口就业，实现低收入农户家门口就业致富，每年为村民提供就业工资超过 10 万元及土地流转收入 5 万元，有效解决了土地撂荒问题。这些做法实现了经济效益和社会效益的统一。

二是合理布局、精细管理。羊场通过修建无害化处理室和堆粪池，并配有干粪间和无害化处理间，有利于羊粪污的集中处理，实现了粪便排泄物无害化处理，且羊场卫生环境好，发酵后的羊粪也是非常好的有机肥料，为羊场的牧草种植提供了大量有机肥来源。同时大力推进种养结合，

坚持羊粪便排泄物先发酵处理，再还田处理，减少了化肥农药使用量，避免了化肥农药产生的污染，保护了农田生态环境。示范场还充分利用废弃农作物秸秆"过腹还田"，减少农作物秸秆焚烧废弃带来的环境污染，促进秸秆的资源化利用。为了对种羊精细化管理，实行养殖与林地牧草放养相结合的"种养结合"模式，这种模式加大了对林地开发利用的力度，有利于提高植被覆盖密度，保护水土资源，避免开荒种地破坏生态，也减轻了对环境资源的损害程度，提升了生态效益。

总而言之，富大种羊合作社对于养殖全过程的深化改革，连贯的人员管理与培训，以及对于生态环境优化的关注与践行，值得其他企业学习。有两点值得关注，一是积极适应了市场需求变化，转变经营方式，采用承包经营方式，将羊场经营权承包给村里致富带头人，同时努力践行企业的社会责任，优先聘用低收入人口就业，实现低收入农户家门口就业，为村民提供了稳定的土地流转收入，有效解决土地撂荒问题，实现种羊场与地方同步发展，真正做到了经济效益和社会效益相统一；二是种羊场促进了当地生态环境的可持续、可循环发展，弃荒的荒地、荒滩种羊场都被充分利用起来种植牧草，荒地、荒滩利用率明显提高。

（八）大业牧业有限公司：循环经济，因地制宜

大业牧业有限公司 2013 年创建于修水县黄沙镇，自成立之初一直以良种黑山羊繁殖育种与销售为主营业务，建设总面积 30 000 余平方米。经过近 10 年的发展，公司现有高级职称 3 人，初中级职称 5 人及生产人员 30 人。2020 年，大业公司出栏良种黑山羊 4 528 只，全年实现经营收入 1 448.96 万元，净利润高达 434.68 万元。与此同时公司不断拓展市场，销售网络已成功遍布全国 15 个省份，与多个公司达成了长期合作，市场前景十分乐观。现已成为南方黑山羊良种繁育大型基地之一、南方大型的黑山羊良种繁殖基地、人工高产牧草种苗培育基地、江西省黑山羊疾病防疫监控点，是一所集养殖、种植、育种、科研、推广服务于一体的大型标准化现代企业。大业公司主要走"公司＋合作社＋农户"的山羊养殖致富路，其特点体现在以下三个方面：

一是绿色发展、生态养殖的理念。基于当地环境资源特点，公司充分利用当地资源，对荒山、荒地进行开荒和改良，引种天然牧草，充分利用天然草场，对草料实现循环收割、轮流放牧，降低饲养成本，实现全年牧草不断，解决了粮草供应问题。此外还利用青贮技术对剩余的青草和农户庄稼秸秆进行回收加工，有效解决了冬季草料的问题，进一步降低了企业青贮饲料的投入成本。公司还自主规划设计了高标准羊舍和排污处理及相关附属设施，可实现污染零排放，同时在羊粪便处理方面积极与当地化肥企业展开战略合作，对羊粪便沼气发酵进行改良，实现循环经济，保护了当地生态环境。这种模式保证了黑山羊的口感质量和食品安全，既提高了经济效益，又实现了生态效益。

二是实行"五统一回收"的管理模式，亦即：统一规划和建设、统一提供良种黑山羊、统一派技术人员培训上岗、统一指导防疫驱虫治疗、统一饲草加工配送，与农户签订山羊回收合同。这种管理模式有效实现了分类经营、分组作业、种养加配套经营，确保了黑山羊的生产质量；另外每个合作社指派一名技术员协助传、帮、带农户的养殖技术，新建基地在售前培训授课，售中上门应激服务和技术指导服务，售后专人跟踪服务，确保技术服务到位。同时开通免费的技术分享平台、电商销售平台，与养殖户实现资源实时共享，解决广大养殖户养殖过程中的技术问题及销路问题，实现经济效益和社会效益双同步。

三是引进技术、改良品种。为提高母羊的受精率，该公司通过改进技术，使公司 2020 年出栏良种黑山羊达 4 528 只，羊只出栏量较之往年提升显著。此外还改良饲养技术提升出肉率，黑山羊品种改良前出栏体重为 20 千克/只，经过两年时间黑山羊出肉率在 2020 年有了质的飞跃，当年培育的良种黑山羊年出栏体重达 60 千克/只，比改良前增长了 40 千克/只，增幅高达 200%，出肉率为 36 千克/只（去头和内脏，脱毛），比改良前的黑山羊出肉率 8 千克/只，增长了 28 千克/只，同比增幅达 350%。由于其饲养的黑山羊品质较好，市场需求较大，价格优势明显，零售价可达 3 200 元/只，净利润高达 959.83 元/只，2020 年全年经营收入达 1 448.96 万元，净利润 434.68 万元，利润率高达 30%，远超出市场中其他羊类品种，大大提高了企业经济效益。

总而言之，大业公司以"公司＋合作社＋农户"模式的山羊养殖致富路子，在乡村振兴背景下依托自身农业基础，健全就业推荐、职业培训、创业指导等帮扶方式，使公司在良种黑山羊繁育养殖、牧草种植等产业快速稳步发展的同时，辐射带动县及周边的山羊产业，促进畜牧业产业向草食动物饲养的快速转型，减轻环境承载压力。个体致富的同时不忘带动当地农民致富、实现经济效益的同时不忘社会效益及生态效益，值得其他企业学习借鉴。

第十章 江西省牛羊产业发展的对策建议

一、国内外牛羊产业发展的经验

（一）国内牛羊产业发展经验

1. 内蒙古

内蒙古肉羊肉牛饲养全国领先，综合生产能力位居全国前列。2022年，牛肉、羊肉年产量分别达到66.3万吨、113万吨，各占全国年总产量的1/4和1/10，均居全国首位，肉牛、肉羊两大产业链整体价值超过1 300亿元，成为我国重要的绿色农畜产品生产加工输出基地，为牛羊肉稳产保供做出了十分重要的贡献。内蒙古在发展牛羊产业过程中的经验主要有以下三点：

第一，注重以中央指示精神为指导，大力推行"稳羊增牛"战略。近年来，内蒙古地区认真贯彻落实习近平总书记"加快传统畜牧业向现代畜牧业转变步伐"的重要指示精神，始终坚持"稳羊增牛"战略，大力推行百万肉牛、千万肉羊高产创建工程，在全产业链上强化政策引导，同时不断扩大政策支持范围，包括良种繁育、扩群提质、基础设施、疫病防控等关键环节，健全财政金融担保体系，在全国率先取消牛、羊养殖设施建设使用农业用地规模上限，并率先实行肉牛养殖保险和肉羊气象指数保险。

第二，因地制宜，加快实现产业融合发展。内蒙古拥有得天独厚的畜牧业发展条件。截至2022年，全区有13.2亿亩天然草原和1.39亿亩耕地，拥有发展牛羊产业的禀赋优势。同时，省内多数区域降水量不足400毫米，生态环境脆弱，对"量水而行"提出了更高要求。内蒙古始终坚持因地制宜，一是在农牧交错带全面推行"为养而种""种养结合""农牧循环"的草畜一体化发展模式，从"农头"到"餐尾"布局产业链。

2022年实施"粮改饲"结构调整213.2万亩，青贮玉米种植面积达到1 269万亩，占全国的38.9%。二是通过牛羊"过腹还田"打造"牧繁农育""户繁企育""自繁自育"等一系列业态模式实现以养带种、以种促养，肉牛肉羊增量显著，全方位带动产业链延伸、种业创新、疫病防控、品牌建设、龙头企业培育、基础设施建设，加快实现一二三产融合发展。

第三，科学配置供应链和创新链，全面提升经营水平。依托肉牛肉羊优势产区，内蒙古坚持按产业链建设需求配置供应链和创新链，全面提升经营水平。截至2022年，家庭牧场、合作社、标准化规模养殖场等新型农业经营主体达到10万个，肉羊、肉牛规模化养殖比例分别达到68%和80%，拥有国家级肉牛、肉羊调出大县51个，占全国一半。内蒙古不仅实施品牌战略打造出苏尼特羊、呼伦贝尔羊、科尔沁牛等地方畜产品品牌，还对优质资源品种进行了重点保护，拥有26个以地方品种为主的原种场，地方品种肉牛、肉羊单产分别比10年前提高10千克和3千克。此外，当地饲料、兽药抽检合格率连续10年稳定在97%以上，牛羊肉产品抽检合格率保持在98%以上[①]。

2. 青海

青海省是草地生态畜牧业典型大省，也是全国有机畜牧业养殖的重要基地。近10年来，青海省依托当地地理优势，在转变传统生产方式的基础上，牛羊产业得到了迅速发展：建立了"梅陇模式""拉格日经验""岗龙做法""祁连路子"等为代表的一批股份制生态畜牧业合作社，形成了"产业化联合体"模式。截至2021年，当地牦牛产业集群一二三产业总产值达到140亿元，藏羊产业集群一二三产业总产值可达127亿元，总计达到267亿元。青海在发展牛羊产业过程中的经验有以下三点：

第一，因地制宜，合理布局。"十三五"以来，青海省不断加快畜牧业转型升级和调整产业结构步伐，结合各地自然环境、资源分布和生产条件等不同特点，逐步形成了具有青海特色的优势产业布局。青南地区推行"放牧＋适度补饲＋半舍饲＋追溯"的养殖模式，突出打造绿色标准化生

---

① 内蒙古打好肉牛肉羊产业发展组合拳全力做好草畜一体农牧循环大文章，内蒙古自治区农牧厅，2022-6-29，http://nmt.nmg.gov.cn/zt/cytp/202206/t20220630_2080476.html.

产基地和绿色有机畜产品优势区；环青海湖和柴达木地区作为优势生产区和循环农牧业发展区，着力推进股份合作经营制，突出打造成为高质量畜牧业发展区；青东地区是现代畜牧业一二三产融合高效发展区和畜产品现代加工区，同时该区政府依托当地养殖环境和技术优势，将其打造成集牛羊生产、精深加工、冷链物流和品牌发展于一体的核心区域。

第二，多措并举，畅通流通渠道。青海省农业农村厅强化产销对接，通过搭建农畜产品供销平台，举办产销对接会和"牵线搭桥助增收"等多种活动，多措并举推进全省牛羊顺利出栏，解决活畜交易渠道不畅、运输不通等问题，稳定农牧民群众收入。如海北州刚察县按照"政府搭桥、企业唱戏，拓宽渠道、群众受益"的思路，组织开展青海湖"冬肉节"活动，着力打通农畜产品供销"最后一公里"；果洛州久治县、达日县开展万头牦牛集中出栏行动；班玛县赛来塘镇开展守护牧民"金口袋"活动；甘德县江千乡开展"以奖代补、促进出栏"活动。这些活动不仅提高了牲畜出栏率，也使当地农畜产品流通渠道不断完善。

第三，重视品牌建设与推广，以牦牛为例，2019年12月7日，"青海牦牛"公用品牌新闻发布会在北京举行，青海正式向全国宣传推介青海牦牛品牌。近年来，青海加快推进牦牛标准体系的制定步伐，让"绿色、质量、安全、现代"成为当地牦牛发展的主题，为保证牦牛肉的安全生产和品质保障，青海正进一步加快建立牦牛产品追溯系统，利用大数据、云计算、物联网等现代信息技术，按照统一追溯模式、统一追溯标识、统一业务流程、统一编码规则、统一信息采集的要求，通过对原产地全程质量控制和信息采集，实现产销可对接、信息可查询、源头可追溯、生产消费互信互认模式。此外，青海坚持"人无我有、人有我优"，持续实施品牌提升行动，继续扶持壮大龙头企业，通过"引进来、走出去"相结合的方式研究制定绿色有机牦牛产业标准，推进基础设施建设、繁殖育种、饲养管理、产品加工及商品流动标准化管理，因地制宜建立适合不同区域养殖模式的标准化示范区，全面推行产品达标合格认证制度，实行"青字号"品牌准入退出机制。同时开展牦牛品牌高端策划，鼓励地区、企业打造自主品牌，在国内大中城市建设一批青海牦牛产品体验店，擦亮青海牦牛"金字"招牌，积极培育牦牛文化，不断提高牦牛产品的文化内涵①。

3. 四川

四川省是全国牛羊生产大省，牛存栏长期保持在全国第一位、羊存出栏居全国第六位。为推动四川省牛羊产业高质量发展，政府统筹分析现有产能和环境承载能力，制定了一系列相关政策，进一步明确目标任务、工作重点和发展方向，不断对产业布局进行优化。四川在发展牛羊产业过程中的经验有以下两点：

第一，加强资金支持力度，助力产业发展。以南充市为例，当地出台《南充市做优牛羊产业推进方案》，严格落实上级牛羊产业发展政策，统筹安排农业生产发展、乡村振兴补助等资金支持牛羊产业发展。过去3年，南充市共争取中央、省两级项目资金5651万元，市、县两级财政统筹整合资金4215万元，用于标准化圈舍建设、粪污处理设施建设、现代种业发展、优质牧草种植等。通过乡村振兴农业产业发展贷款风险补偿金向牛羊规模场发放贷款1.2亿余元，全面提升了当地牛羊产业发展水平。

第二，强化科技和人才支撑力度，推动产业提档升级。以青川县为例，为了真正让产业发展持续助力县域经济发展，当地着眼于科技和人才支撑，实施了肉牛羊品种改良计划，建立了5个肉牛冷配站和1个湖羊优质种羊场；同时积极构建动物疫病防控体系，加强县动物疫病预防控制中心建设和疫病防控从业技术人员培养，逐步形成了县、乡、村三级防疫网络；此外进一步加强校企合作，开展肉牛羊科学技术研究、科技成果转化、科技培训和现场技术指导，鼓励和引导养殖户转变生产方式，提升肉牛羊品质。目前已有四川农业大学、省畜科院等科研机构在同富牧业、大荒山等5家养殖企业建立专家服务站，采取专题培训、入户讲解、视频问诊等方式为肉牛羊养殖户提供科学饲养流程、动物防疫防控等优质技术指导，真正做到推动产业提档升级。

4. 广西

2022年，广西壮族自治区肉牛出栏142.83万头，肉羊出栏261.85万

---

① 加快畜牧业高质量发展　助推绿色有机农畜产品输出地建设，中华人民共和国农业农村部，2021－09－07，https：//www.moa.gov.cn/xw/qg/202109/t20210907_6375865.htm.

只，分别增长 6.28% 和 6.54%；牛羊肉产量 19.25 万吨，增长 6.7%，高于全国增速 4.3 个百分点，牛羊肉产量高于全国平均增速；牛奶产量连续多年稳居全国首位。以玉林市为例，广西在发展牛羊产业过程中多措并举，构建了全新的产业化经营模式。

第一，突出抓好招商引资，引进国内外龙头企业到当地环境容量大、生物安全水平高的地方建设大型规模化标准化养殖及其产品加工基地。

第二，创新经营模式，引导龙头企业、集体组织、农民等通过土地流转、土地托管、农民承包土地经营权入股等方式兴办牛羊合作社，推广"政府＋企业＋银行＋保险＋农户"的"五位一体"合作模式，推动企业、农民专业合作社和养殖户通过"公司＋合作社＋养殖户"的产业化经营模式，与中小养殖场（户）形成稳定利益共同体，带动中小养殖场（户）提高养殖技术和生物安全水平，实现产销与服务对接。

第三，推进牛羊养殖标准化示范建设，创建一批可复制、可推广的高质量标准化示范场。当地政府提供支持，在甘蔗、粮食等农作物秸秆资源丰富的地区建设牛羊标准化养殖基地，并优先支持创建牛羊产业方面的产业强镇、示范区、产业园、特色农产品优势区。推广"生态栏舍＋微生物"等现代生态养殖模式及"建池截污、收运还田"运行模式，把产业发展与生态保护相结合。

第四，始终着力培养基层畜牧兽医队伍力量，加强实用型人才培养。

第五，加强牛羊引种监管，严格执行牛羊引种审批制度；加强基层畜牧兽医推广技术体系建设，开展技能服务人才培训；补齐牛羊防疫基础设施建设短板，落实畜牧兽医医疗卫生津贴，确保疫病免疫、监测净化、检疫、移动监管、监督执法等防疫措施落实到位。

（二）国外牛羊产业发展经验

1. 澳大利亚

澳大利亚是全球天然草原面积最大的国家之一，也是传统的畜牧业养殖大国。作为农牧业生产较发达的国家之一，澳大利亚在牛羊产业发展中积累了丰富的经验：

第一，系列产业政策为牛羊产业发展保驾护航。政府出台的一系列产业政策，如最低收购价补贴政策、农牧业生产税收优惠政策、畜牧养殖业初始投资税收减免、畜牧业生产活动辅助商品税收优惠等间接补偿政策，对畜牧业的健康、稳定和可持续发展起到至关重要的作用。

第二，相关法规政策的制定及落实，为牛羊产业可持续发展提供保障。澳大利亚政府十分重视牛羊肉质量保障工作，通过产业法律和相关规定对肉牛肉羊养殖产业的产品、饲料和兽药生产等做出了严格的质量要求。在养殖生产方面，澳大利亚规定，严格禁止在肉类中添加任何可能影响消费者健康的添加剂，对牧草使用的农药也设有严格的标准，并制定休药期。在产品质量跟踪方面，澳大利亚不仅拥有完善的食品安全标准、质量保证体系和环境管理制度，同时建立了对牛羊终生跟踪记录的"国家牲畜识别系统"（NLIS），以保证牛羊肉的质量与安全。在疫病防控方面，澳大利亚实施并不断完善重大疫情上报制度，建立了专项基金用于重大疫情防控，并合理补偿养殖者因疫情造成的经济损失（游锡火，2019）。

第三，重视牛羊遗传改良工作。从20世纪80年代起，澳大利亚便开始在本土建立优质基因库，依据源自欧洲、非洲和亚洲的基因数据，不断实施基因改良和标记技术，通过杂交、繁殖和改良技术，培育出适应澳大利亚养殖的优良品种。自21世纪初开始，利用大数据和先进的技术，对澳大利亚的肉牛肉羊品种展开新一轮的遗传与繁殖力研发，并将研发技术运用到实际养殖过程中，在全国范围内基本实现了品种良种化。除此之外，澳大利亚建设有完善的品种遗传改良体系，既有国家级育种中心，也有各科研单位的育种中心和养殖企业的育种中心，得益于良好的育种体系建设，澳大利亚才能培育出如澳洲美利奴羊等一系列优良品种。

2. 美国

美国是世界上家畜饲养环境最好的国家之一，其牛羊产业在发展过程中积累了丰厚的经验：

第一，政府始终坚持畜产品的可持续增长和畜牧业经济的持续发展。在畜牧业生产上，实施无公害、无污染、标准化的全方位生态畜牧业发展战略。在饲料生产、饲养管理、畜产品生产等方面推广先进的畜牧业科技，不断改善动物生存环境和动物福利，并坚持严格的检疫制度、无公害废物综合处理及环境质量检测。这些措施既保护了生态环境，也使畜产品在国际市场保持较强的竞争优势，有效地促进了畜牧业的持续发展。

第二，重视农民合作社在牛羊产业发展中的作用。在得克萨斯州，农民合作社是农牧民降低经营成本、获取先进技术的不错选择。得克萨斯州农民合作社是得克萨斯州最大的合作社。该合作社成立了农资产品公司，主要经营饲料生产销售和化肥、农药、燃料等农业经营投入品销售，公司经营实行独立核算制，每个财政年度结束后按社员交易额度分配红利，合作社还将农业教育和技术推广作为重要职能，每周日组织开展专项技术培训，社员可免费报名参加。对于一些年龄较大的农牧民，则采取以小带大的方式，先将新技术培训普及给更易于接受新技术的农牧民子女，通过他们的实际成效让老年农牧民接受新品种和新技术。

第三，坚持技术创新和转化。在合理区划畜牧业发展所需要的饲料饲草资源的基础上，不断开发新技术，并大力推广和普及先进技术，采用高效率的经营模式和管理方法，提高畜牧业科技含量和经济效益，实现资源的高效转化。同时加大对节粮型畜牧业的扶持，通过开辟饲料资源、保护生态环境，利用农副产品废弃物作饲料饲养牲畜等方式最大限度避免畜禽对精饲料的依赖，走上节约性畜牧业发展道路（杜占宇，2010）。

3. 新西兰

牛羊产业是新西兰的传统优势产业，截至 2020 年，新西兰 80％的牛肉、95％的羊肉和 90％的羊毛产品均用于出口。与此相关的乳制品业在新西兰经济中也占据着举足轻重的地位。新西兰拥有超过 12 000 个牧场，总面积 1 100 万公顷，主要出口奶粉、奶酪、奶油等乳制品，是世界上最大的全脂奶粉和黄油出口国之一。新西兰在发展牛羊产业过程中的经验有以下三点：

第一，采用灵活有效的农畜产品流通形式。一是通过拍卖市场出售。羊毛和活畜大部分通过拍卖市场交易。二是直接出售。只有少量的羊毛和少量的牛、羊，不通过拍卖市场出售，由出口商直接到农牧场收购。三是合作社经营。奶品生产局在全国设有奶制品公司。奶农生产的奶由公司统一收购、统一加工、统一出口。

第二，分地区对草场实行不同的所有制形式和投资办法。①凡是自然条件比较好的地方，草场均为牧场主私人所有，投资建设草场由私人负责，草场可以自由转卖。②干旱、半干旱地区的荒漠草场多为国家所有，牧场主要通过合同租用，或由国家土地开发公司建成可利用的草场后，再卖给牧场主。为了鼓励牧场主对草场进行开发和建设，国家曾经对大面积围栏、平整土地、大型水利工程等项目给予一定的投资补助，并发给低息和无息贷款。这种做法改善了草原的整体状况，草原载畜能力提高。随着市场的逐步完善，近年来逐步减少或停止了对私人草场建设的优惠，实行市场化原则，除保留少量的化肥补贴外，投资全部由私人负担。

第三，重视农业科学技术的研发、推广和应用。新西兰成功采用三类基本推广技术来协助农民增加认识，转变态度，激发农民改变，并将新知识、新技术传递给农民。一是大众传媒方式，主要借助广播、公共实习日、杂志、电视录像、信件等形式，帮助农民掌握更多的机会信息，给农民改变行为提供方向性指导。二是带动农民参与集体活动，通过研讨小组、示范农场、讲座等形式来增加农民的知识，激发农民采用新的、改进的做法。新西兰每年都会组织多次草场研讨会，研讨会的主角不是专家，而是来自各地的农场主。这些农场主文化水平高且有实际经验，通过研讨会互相交流各自的经验，对新技术、好做法的推广起了很大作用。三是个别拜访。新西兰农业科技人员经常举办类似中国的科技下乡活动，为农场主解决实际问题，一对一协助农场主规划和监测农场经营（张立中、辛国昌，2008）。

二、江西省牛羊产业发展的环境分析

（一）江西省牛羊产业发展的内部环境分析

1. 自然资源丰富，但开发利用不足

江西省的自然资源和生态环境优越，省内地貌以丘陵山地为主，天然草地资源丰富，饲草资源丰富，草食畜牧业发展的资源承载力较高。江西省有草地6 000多万亩，另有农闲田2 000多万亩，以及1 000余万吨的秸秆等农副产品等，理论载畜量可达1 600万个牛单位，具有发展牛羊产业的天然优势。

江西省资源禀赋优势转化不足，牛羊产业发展潜力未被充分挖掘。一是饲草资源利用率低。全省天然草地利用率不足40%，人工草地面积仅占总草地面积的6%左右。每年农作物秸秆、农产品加工副产品、下脚料

产量虽高，但因成本、气候、营养品质等原因，利用率不足 20%。目前载畜量仅为 490 万个牛单位（按照 1 头牛＝5 只羊折算），不到总资源承载量的 1/3。二是现代化草场建设滞后。优质牧草供给不足，天然草场内草种杂乱，草场产草量不高，营养价值低，肉牛肉羊采食后能量转化低下，适合牛羊生产需要的优质牧草种植面积小，现代化草场建设滞后（甘兴华，2012）。

2. 种质资源优势突出，但未得到充分发挥

江西省共有 8 个本地牛羊品种被《国家畜禽遗传资源名录》（2021）收录，在全国都属于地方品种资源极丰富的大省。这些地方品种独具特色，其耐热、抗病、耐粗饲、肉质细嫩、风味独特的特点优于外来品种和北方品种，在省内及周边地区有固定的消费群体。其中广丰铁蹄牛、峡江水牛已经被农业农村部批准为国家农产品地理标志产品。

尽管江西省牛羊品种资源丰富，但品种优势未得到充分发挥。一是种质资源保护和创新利用不够。种质资源商品化利用较少，地方性优质牛种、羊种推广利用不够。优质牛羊种源供不应求的问题仍是产业发展的重要制约因素，优质种畜如湖羊种羊，基本靠江浙引进。基础母畜存栏量偏低、保种工作滞后、优良品种资源发生退化等问题，严重制约了牛羊产业的快速扩张和生产力提升。种畜养殖仍以散养为主，无力开展种质创新利用，特色基因不能得到有效挖掘利用，产品质量无法得到有效提升。二是良种繁育体系不健全。江西省牛羊种源供不应求，饲养种牛种羊的企业不多，满足不了产业快速发展需要。部分品种资源出现退化，赣西山羊、峡江水牛等保种工作滞后，良种繁育体系建设需要加强；地方优质品种保护、提质重视度不够。本土优质牛羊品种资源的开发、改良力度不够，开发的深度和连续性不强，重引种、轻育种，地方优质品种的基因保护和质量提升滞后，优质种质资源延续性受到威胁。

3. 基础设施不断完善，但标准化养殖水平不高

江西省积极推进设施养殖，引导养殖栏舍、道路、沼液粪污处理设施等进行改扩建或新建，通过示范基地创建工作，形成了高安裕丰、三王牧业、萍乡牧蕾、九江亿合、江西春晖等设施养殖典型模式，建成一批肉牛"草畜配套一体化"示范基地和"肉羊高床养殖"示范基地。通过政策扶持、项目推进及社会资本介入，产品加工水平不断提高。

江西省牛羊产业标准化养殖水平不高，传统栏舍较为简陋，机械化设施装备少，TMR 饲喂等先进工艺模式还没有广泛应用。牛羊产业缺乏龙头企业，上游的草产品、饲料、机械设备等产业和下游的屠宰、加工产业链条缺失；牛羊以活体销售为主，屠宰加工尤其深加工滞后，导致附加值低、利润空间小。

4. 养殖用地规划初有成效，但仍有较大限制

江西省鼓励依法利用缓坡旱地、荒滩和农村集体建设用地发展牛羊养殖。牛羊养殖生产及其直接关联的粪污处理、检验检疫、清洗消毒、病死畜禽无害化处理等农业设施用地，可使用一般耕地，不需占补平衡。畜禽养殖设施原则上不得使用永久基本农田，涉及少量永久基本农田确实难以避让的，允许使用但须补划。加大林地对牛羊产业发展的支持，在依法合规的前提下，允许在三、四级保护林地发展牛羊养殖，其简易道路、舍饲、仓库、管理用房等养殖设施，按照规定办理使用林地手续。

由于江西省没有开展草地确权，在林权改革中大部分草地被确权为林地，畜禽养殖用地难，林地使用更难，使用困难多、投入大、成本高。适宜饲草种植的缓坡地大部分已种植果树、茶叶、油茶、花生等经济作物，种草养畜往往只能利用山区、梯田等不利于机械化作业的地块，加上秸秆等农副资源利用不足，生产成本较高。

5. 人才、技术愈发受到重视，但仍是产业发展短板

江西省牛羊产业新品种、新技术研发和引进力度不够，产业发展和创新能力不强，生产水平在全国处于中等偏下水平。一是草饲收集加工机械产品的研发技术不成熟。现有适宜南方地形、土壤特点的牧草收割、秸秆收集、加工利用等机械产品研发推广较少，造成江西省草料收割、秸秆收集机械化利用率低，大量农作物秸秆、优质牧草等饲草资源无法得到有效利用。二是草饲转化技术有待提升。江西省牛胴体重 124.7 千克，比全国水平低了 30.3 千克；羊胴体重 15.97 千克，比全国水平低了 5.7 千克。由于科技成果利用不足，导致饲养水平不高，牛羊胴体重偏轻。三是非常规饲料开发利用、不同精粗饲料科学配制、草畜一体化等实用技术的集成配套与推广体系远未形成。企业专业技术人才不足，畜牧兽医队伍青黄不接，专业人才队伍与技术支撑体系不健全，本科以上专业学生进入并留在牛羊企业的意愿不高。

为了解决这一问题，江西省逐步加快现代化先进养殖工艺和机械化、自动化、信息化等设施设备及牛羊疫病综合防治技术的推广应用，大力推广肉羊高床养殖、圈牧结合等适用养殖模式，提高牛羊生产水平。并不断加强省内农业大中院校、科研院所牛羊产业人才引进，组织联合攻关，开展技术培训，强化服务指导，提升养殖加工技术。

6. 品牌知名度逐步扩大，但全国著名品牌不多

为加快推进特色品牌建设，江西省支持地方以优势企业为依托，培育了一批牛羊标准化示范场和重点地方特色品牌企业：高安裕丰农牧有限公司被认定为国家肉牛核心育种场，拟打造"锦江黄牛"品牌；江西省仙姑寨牧业有限公司"桃花牛"牛肉获得有机认证，是江西省第一个有机牛肉品牌；江西胜龙牛业有限公司的"胜龙牛业"品牌已经是广州市生鲜牛肉专卖第一品牌；峡江水牛入选 2018 年度第二批国家地理标志保护农产品。2016 年，江西省被列为唯一的"全国绿色有机农产品示范基地试点省"，2021 年，农业农村部与江西省签署《农业农村部　江西省人民政府共建江西绿色有机农产品基地试点省框架协议》，大力发展绿色有机地理标志农产品，不断唱响"生态鄱阳湖·绿色农产品"品牌之歌。2021 年，江西省已有 4 个牛羊产品申请了绿色农产品标志，在全国范围内逐步打开品牌市场。

7. 牛羊出栏量省际地位提升明显，但仍处于中下游水平

江西省牛羊产业底子薄，自身体量有限，产业总体在全国并不突出，但是自 1998 年至 2017 年产业发展速度较快。与相邻省份相比，江西省牛出栏量及牛羊肉产量增长优势明显。牛出栏量年均增长 2.78%，增速遥遥领先；羊出栏量年均增长 4.27%，高于安徽、福建和浙江；牛羊肉产量几乎翻番，年均增长 3.34%，位居第二。中部 6 省中，江西省牛出栏量年均增长速度居首位；羊出栏量年均增长速度仅次于湖北、湖南；牛羊肉产量年均增速仅次于湖南。2020 年，江西省牛羊存栏量在全国排名分别为第 17 和 25 位，出栏量分别为第 17 和 26 位。与周边相邻省份相比，江西省牛存出栏量已超过湖北，更远超广东、浙江、福建、安徽等省，但与湖南省还有一定差距。羊存出栏量则与沿海省份广东、浙江、福建处于一个梯队，远低于安徽、湖南、湖北的水平，发展空间巨大。

8. 规模化经营态势初显，但仍未形成集群优势

牛羊肉产品价格仍然保持高位运行，养殖效益稳定向好，饲养一头牛利润 2 000～3 000 元，羊利润 200～400 元，养殖户扩栏意愿增强，规模化趋势持续。从发展趋势看，在现有优势产区的辐射带动和影响下，全省牛羊养殖产业版图呈现继续扩大的明显趋势，先后涌现出抚州市肉牛新兴生产区、上饶市肉羊新兴生产区，以及赣州和南昌奶牛新兴生产区。2022年，江西省人民政府发布《江西省农业七大产业高质量发展三年行动方案（2023—2025 年）》，提出按照强生猪、扩牛羊、兴家禽路径，打造赣中南肉牛产业集群和赣西山羊产业集群。目前，江西省初步形成了宜春、吉安、赣州肉牛优势产区和赣西、赣西北和赣东北肉羊优势产区。

随着规模养殖场（户）建设的持续推进，散养户逐步退出，但是总体规模化程度仍然偏低。江西省牛羊产业资金、政策、科技投入相对不足，新品种、新技术研发和引进力度不够，产业发展和创新能力不强，导致江西省牛羊生产规模和生产水平在全国处于中等偏下水平。且养殖业属于高风险行业，尤其是牛羊生产投入大、回报慢，导致产业吸纳投资和抵抗风险的能力较弱，江西省牛羊养殖饲养规模偏小，难以形成规模效应，受市场冲击较大。

9. 省内消费市场需求旺盛，但与全国平均水平差距显著

随着人们生活质量不断提高，牛羊肉产品消费量呈刚性增长。近年来牛羊肉消费群体正从北向南，从西向东推进，目前江西牛羊肉消费增长最快，远远高于其他动物产品消费增长，同时消费习惯由季节性消费向常年消费转变，且牛羊肉市场价格近年来持续高位运行，从消费趋势来看，牛羊肉市场无论是消费总量还是市场价格，都将持续增长（贾礼桂，2019）。

尽管江西省居民人均牛羊肉消费量增加迅速，但人均消费量与全国平均水平相比仍处于较低水平。同时江西省居民牛羊肉消费主要集中在餐厅，由牧场到餐桌的供应渠道不通畅，线上电商也不发达，再加上传统消费习惯的影响，导致居民想买优质牛羊肉很难，养殖户要高价卖肉也难。

10. 财政资金投入逐年增加，但补贴力度仍需加大

近几年江西省各地统筹整合现有农业专项转移支付渠道，加大对牛羊产业发展的投入力度，鼓励市县采取以奖代补、先建后补、贷款贴息等方式，重点支持牛羊养殖场（户）标准化改造、良种繁殖场建设、饲草种植及开发利用等；建立牛羊大县激励机制，对牛存栏 5 万头以上、羊存栏 10 万只以上的县（市、区）进行奖励，奖励资金用于扶持当地牛羊产业发展。实施肉牛冻精补贴和良种母牛补贴政策。落实农机购置补贴政策，将养殖场（户）购置自动饲喂、环境控制、疫病防控、废弃物处理、机械化挤奶、牧草栽培、饲草加工等农机装备按规定纳入补贴范围。

尽管财政设立了专项资金，推动了牛羊等草食畜的快速发展。但是，总体资金投入还是不足，良种体系、新技术推广应用、草地改良与开发等草食畜发展基础得不到有效加强，形成了原种靠引进、基础设施差、生产不规范、管理不科学等局面，严重制约草食畜标准化、规模化、产业化的发展。

11. 农业金融保险渠道不断拓宽，但产业针对性融资不足

江西省创新信用担保方式，运用"财政惠农信贷通"和政策性农业信贷担保，完善农户小额信贷和联保贷款等制度，推行土地经营权、养殖圈舍、大型养殖机械抵押贷款，积极稳妥开展活体家畜抵押贷款试点。在实施奶牛政策性保险的基础上，鼓励有条件的县（市、区）探索开展肉牛、肉羊保险，提高风险保障水平。鼓励社会资本设立畜牧业产业投资基金和畜牧业科技创业投资基金。

畜牧业是资金密集度相对较高的行业，融资困难成为江西省牛羊产业规模化发展的桎梏。在金融支持方面，牛羊及栏舍无法作为抵押物进行贷款，除少数龙头企业可贷少量资金外，其余基本上难以得到贷款。由于资金缺口很大，导致一些项目推进困难。

（二）江西省牛羊产业发展的外部环境分析

1. 牛羊肉价格持续高位，但是价格天花板已经显现

市场供不应求导致了近年来牛羊肉价格持续稳定上涨。尤其是"非瘟"后猪肉价格的暴涨，推动了牛羊肉价格达到并保持在一个新高度。但无论是作为日常消费还是猪肉的替代消费，牛羊肉价格的天花板已经初显。考虑到消费习惯和消费水平，在猪肉价格回落的情况下，中低端牛羊肉价格再涨的可能性不大，价格将保持一定程度的稳定或略有下降。

2. 新冠疫情影响逐步减弱，国际市场冲击依然明显

新冠疫情对国内牛羊生产的影响逐步减弱，但牛羊进口对我国牛羊产业的冲击依然明显存在。疫情对全球粮食、畜禽的生产及贸易均带来冲击，正常生产秩序受到破坏，牛羊产能有所下降。由于牛羊肉产不足销，市场供求缺口大，2011—2019 年，我国牛羊年进口量由 20 000 吨增加到 166 万吨，年增长率超过 70%；羊肉进口量由约 60 000 吨增加到近 40 万吨，年增长率超过 20%。尽管近几年我国维持了牛羊肉总体进口增加的趋势，但牛肉进口增速明显放缓、羊肉进口小幅下降，国际市场和进口贸易仍有诸多不确定性因素。

3. 省外市场既是机遇，同时也是冲击

与云南、湖南、湖北等其他南方草地畜牧业试点省份相比，江西省牛羊销往沿海等主要终端市场的路线最短、交通最为便利。尤其高铁线、赣粤运河修通后，江西省的牛羊产品可以直接面向大粤湾地区，区位优势明显。若能充分发挥区位优势，江西省有望建成主要面向沿海发达地区的牛羊生产、加工、供应基地。若能抓住机遇，充分扩大省外市场，特别是发达沿海城市的消费市场，将促使江西省牛羊产业快速实现弯道超车。

由于饲料成本上涨、疫情影响及外部冲击剧烈，江西省牛羊产业养殖利润受到挤压。进口牛肉和北方羊肉对江西省牛羊产业形成了冲击。据调查，我国每年消费 800 万吨牛肉，其中约 1/4 来源进口。进口牛肉也影响了市场价格。牛肉方面，江西省 2020 年进口冻牛肉在 20 000 吨左右，进口的冻肉价格仅为 45 元/千克，是当地牛肉价格的一半；羊肉方面，来源于北方草原区的冻羊肉及活羊，价格比江西省本地羊平均低 4 元/千克。此外，牛源缺乏、架子牛价格倒挂、人工、饲料成本的大幅上涨，均导致产业利润空间被压缩。随着物流及电商经济的发展，国外及北方牧区牛羊肉对南方市场的冲击不断加大，江西省牛羊肉产品的档次偏低、没有品牌优势的缺陷被放大，在省外市场的占有率也将持续下降，对省内养殖业又是一个巨大危机。

三、促进江西省牛羊产业发展的对策建议

通过梳理国内外不同地区发展牛羊产业的宝贵经验，不难发现牛羊产业发展的成功之道在于能够因地制宜地采取措施取长补短、对症下药。为实现江西省牛羊产业的高质量发展，结合江西省牛羊产业发展的环境分析，提出以下对策建议。

（一）提升规模化养殖水平

引导和支持适度规模养殖场改造升级，推广应用现代养殖工艺和设施设备，推动牛羊由散养向适度规模养殖转变，开展牛羊养殖标准化示范创建，支持牛羊规模养殖场建设，加快现代家庭牧场发展，提升标准化规模养殖水平。加快提升母牛规模化程度，推动母牛散养向适度规模养殖转变，培育母牛养殖大户、专业合作社，探索南方乳肉兼用牛生产模式，扩大母牛存栏规模，提高省内犊牛自给率。因地制宜，引导和支持部分因设施条件、环保限制而不适合生猪养殖的场（户）实施转产改造，发展牛羊规模生产。

（二）健全良种繁育体系

一是完善良种繁育基础支撑体系建设。加大省级种公牛站、地方牛羊保种场、扩繁场和人工授精场等的建设力度，做好品种保护、品系选育、疫病净化、设施设备升级等，健全良种推广队伍，加快先进技术转化速率，提高良种推广速度。

二是加快本土优质牛羊品种改良。以本地牛羊优良品种为基础，以引进品种的本土化选育及本土优质遗传资源保种、提质为目标，抓住"北繁南育"趋势创造的便利条件，利用好紧靠中原牛羊主产区的地理优势，积极引进优良种源，通过纯种繁育、杂交等手段逐步加强优质牛羊肉良种供给能力。

三是加强基础母畜扩群，提高母畜繁育能力。鉴于牛羊母畜养殖的特殊性要求及江西省以小养殖户为主的特征，充分发挥群体的力量繁殖母畜，以千家万户为基础，藏牛（羊）于户，走"公司＋农户"模式，户繁企育，发挥各自优势，实现"小群体，大规模"；进一步完善基础母畜养殖奖补机制，提升饲养母牛积极性，保障种源稳定；依托校企联盟方式，

开展同期发情、冷配、早期断奶、孕期补饲技术的研究与推广，建设一整套繁育体系，提高母畜繁育能力。

（三）提高草饲资源开发利用率

一是建立资源高效利用的饲草料生产体系。推动荒山闲地流转，推行节水高效人工种草；推广秋冬闲田和草田轮作；以开展"粮改饲"试点及南方现代草地畜牧业发展项目建设为契机，推进"粮—经—饲"种植业三元结构调整，整合资金投入，保障"粮改饲"耕、种、收、贮等环节高效运行；加快青贮专用玉米品种培育推广，加强粮食和经济作物加工副产品等饲料化处理和利用；合理规划草场，通过引进新品种、加强牧草种质资源的收集保存和优良新品种选育，推进草种保育扩繁推广一体化发展，夯实优质饲草生产基础，实施相应的资金扶持与鼓励政策，推广优质牧草种植；鼓励成立专业化草业公司，为牛羊产业发展提供专业化草料供给服务。

二是推行草畜配套发展。以县域为单元进行种养平衡设计，以养定种，以畜定需。根据资源承载力和种养业废弃物消纳半径，确定种植规模和养殖规模，合理布局养殖场，配套建设饲草基地和粪污处理设施。草畜两方面补贴与支持政策打包下达，优先支持养殖场流转土地自种、订单生产等种养紧密结合的生产组织方式，鼓励有条件地区建成优质草地放牧饲养牛羊。

（四）完善技术创新和推广服务体系

一是加大科研投入，通过自主研发和加强合作，积极开展秸秆等农副产品及非常规饲料利用术、饲草转化和科学喂养、草畜一体化等技术研发；通过设置补贴专项，积极引进，完善草产品加工设施设备建设。

二是加大政策支持，坚持"走出去，引进来"，针对一时难以突破的技术难题，应加大引进或购置力度，如实施牧草收获机械购置补贴。

三是建立并利用好示范园区。通过示范园区把新生产技术应用于实际，完成新技术的转化，并通过示范园区的示范带动作用，推广新技术。

四是加大先进生产技术推广普及力度。设立专业的技术推广机构，配置足够的人员，完善技术推广体系建设，确保技术推广的深度和广度，真正实现科技成果转化。

（五）提升产业化经营水平

一是加强牛羊养殖过程标准化建设。在良种化的基础上，应逐步完善标准化建设各环节。通过资金、技术和政策支持，协助养殖农户建造标准化栏舍，实现养殖设施化；通过大力发展标准化规模养殖，逐步完成适度规模养殖场改造升级，制定并实施科学规范的饲养管理规定实现生产规范化；通过培训、随时技术指导、不定期抽检强化监督、建立完整规范的养殖档卡和生产记录数据库，对生产过程、投入品购置和使用进行动态监控和记录，实现牛羊产品质量可追溯化；通过建立完善的牲畜防疫体系，加强动物防疫工作重要性宣传，提升各层次防疫意识，加强基层兽防员的技术培训和考核等实现防疫制度化；通过建立健全畜禽养殖废弃物处理和资源化利用制度，严格监管，贯彻政府支持、企业主体、市场化运作的方针，不断探索畜禽养殖废弃物资源化利用市场机制、加强畜禽养殖废弃物综合利用科学支撑等实现粪污处理无害化；各级监管部门应把牛羊养殖过程中各环节的监管工作当作日常工作来抓，督促产业标准化生产真正落实，实现监管常态化[①]。

二是重视牛羊养殖产业上下游企业相关行业标准的配套跟进，如政府牵头、行业内部制定与完善饲料条例标准、设备及建设全行业标准、肉牛、肉羊的屠宰与加工标准等，全方位推进牛羊产业标准化生产进程。

三是加大养殖企业品牌创建扶持力度，针对国内市场特点，分级生产，牢牢控制中低档产品市场，并组织名牌产品向国际市场进军。支持和引导大型屠宰企业实现养殖、屠宰加工、运输销售产业链一体化经营，发挥龙头企业在品牌、质量、规模、技术等方面的优势，鼓励企业践行屠宰加工场就是家庭厨房的"中央厨房理念"，针对连锁餐饮和家庭餐桌逐步开展牛羊肉产品精深加工。加强品牌培育，依托本地优质品种及深加工产品，通过龙头企业的组织和带动，对照"三品一标"要求，大力推进无公害、绿色、有机认证和地理标志产品认证，创造一批名牌产品，增强产品品牌影响力和市场竞争力。

---

① 江西省人民政府办公厅关于推进牛羊产业高质量发展的实施意见［Z］. 江西省人民政府公报，2020，No.1163（21）：9－11.

四是积极引导企业与各大超市、酒店饭馆及网络电商平台联合，共同打造具有地方特色的牛羊肉品牌。

（六）加大产业发展投入力度

一是加大政府在牛羊良种繁育、标准化场区建设及牲畜补充、能繁母牛母羊补助、优质饲草料基地建设、品牌建设等方面的政策支持和资金扶持力度，积极引导社会资本、工商资本等注入。

二是鼓励和支持保险机构发展多形式、多渠道的保险制度，引导和鼓励金融机构增加对牛羊业的信贷支持，拓宽融资渠道。

三是加大专业人才引进与培养力度。产业重点区域，通过与外来企业合作引进先进的技术和人才，破解产业发展中遇到的瓶颈；加强本地人才培养，通过产学研机构协调与合作，加大后备人员培养，为产业发展积累力量。

四是引导扶持新型经营主体，鼓励养殖户成立专业合作组织，引导家庭农场、养殖小区和专业合作社的发展，建立利益联结机制，发展多样化社会服务组织，建立健全牛羊产业社会化服务体系。

五是鼓励企业密切关注行业相关新兴业态，积极引导，协助企业顺时而动，抢占先机，推动"互联网＋"与草食畜牧业生产经营主体深度融合（陈杰，2019）。

（七）创设扶持政策

保障草地畜牧业用地政策，在用地审批上给予优先支持，将肉牛肉羊养殖场生产设施用地及附属设施用地，作为设施农用地管理。鼓励利用林草资源发展林下养殖，尽早开展草地确权工作，为提高草地资源利用率提供制度保障。实行环境登记备案制和环评告知承诺制，取消除饮用水源核心保护区以外的牛羊饲养禁养规定。

参 考 文 献

艾柯代·吐鲁洪，肖海侠，等，2022. 新疆部分地区患肺炎的犊牛链球菌感染情况调查 [J]. 畜牧与兽医，54（9）：78-84.

包淋斌，2014. 江西省肉牛产业发展现状、存在问题及对策 [J]. 江西饲料（5）：34-37.

宝音德力格尔，潘华荣，黄有斌，等，2022. 牛肺炎的中医治疗 [J]. 中兽医学杂志（3）：44-46.

才让卡，2015. 舍饲肉羊高效养殖技术 [J]. 中国畜牧兽医文摘，31（8）：81.

曹国庆，瞿明仁，2017. 关于大力发展江西省肉牛产业的几点建议 [J]. 江西畜牧兽医杂志（1）：1-2.

曹志宏，赵小汎，郝晋珉，2012. 基于 SDEA 和 Malmquist 指数的河南农业生产效率分析 [J]. 国体资源科技管理，29（5）：64-68.

陈杰，郭昱，高振，等，2019. 江西省牛羊产业发展现状及对策 [J]. 江西畜牧兽医杂志，189（1）：9-11.

陈丽，2022. 牛流行热病的诊断与防治 [J]. 云南农业（6）：84-85.

陈琼，2010. 城乡居民肉类消费研究 [D]. 北京：中国农业科学院.

陈莎莎，王娟，2017. 我国兽药使用规定及规范管理分析 [J]. 中国动物检疫，34（7）：49-52.

陈思逸，赵启然，2023. 城镇居民动物性食品消费结构及其影响因素研究 [J/OL]. 中国食物与营养：1-6.

陈涛，2013. 江西省肉牛产业发展模式研究 [D]. 南昌：江西农业大学.

陈晓勇，2010. 我国农区肉羊发展关键因素及发展趋势 [J]. 现代畜牧兽医（3）：32-33.

陈颖钰，李翔，郭爱珍，2022. 基于大缸奶样检测两病的应用及挑战 [J]. 中国动物传染病学报，30（2）：203-207.

陈永生，2021. 牛流行热诊断和防治 [J]. 畜牧兽医科学（电子版）（14）：160-161.

邓婷鹤，2017. 人口老龄化进程中的食物消费变化研究 [D]. 北京：中国农业大学.

迪力拜尔·阿木提，2011. 口蹄疫的防控研究进展 [J]. 中国兽医杂志，47（4）：61-63.

丁存振，赵瑞莹，2014. 我国肉羊屠宰加工业现状、问题及对策 [J]. 肉类研究，28（3）：31-35.

董坤，2022. 牛病毒性腹泻的流行病学调查与牛场的净化 [D]. 长春：吉林大学.

杜富林，张亚茜，宋良媛，2019. 草原畜牧业经营主体生产效率的比较研究：基于锡林郭勒盟入户调查数据 [J]. 中央民族大学学报（哲学社会科学版），46（4）：88-96.

杜立，2018. 抚州市肉牛产业发展现状及对策 [D]. 南昌：江西农业大学.

杜占宇，2010. 借鉴美国经验推进河北省生态畜牧业大发展 [C] //. 2010 畜牧业与低碳经济科技论文集：24-27.

樊华，张淑爱，2022. 浅述牛病毒性腹泻黏膜病的防控 [J]. 中国畜牧业（12）：90-91.

甘成礼，2023. 牛瘤胃积食的诊断与防治 [J]. 养殖与饲料，22（2）：79-81.

甘兴华，于徐根，谢永忠，等，2012. 2011 年江西省草地资源与生态监测报告 [J]. 江西畜牧兽医杂志，147（1）：22-26.

高秉香，2018. 羊梭菌性疾病的诊疗体会 [J]. 中兽医学杂志（5）：54.

高辉，李晓成，刘莹，等，2022. 牛冠状病毒实时荧光定量 Rt-Pcr 检测方法的建立及应用 [J]. 黑龙江畜牧兽医（6）：86-91.

高振川，张军民，张文淑，等，2003. 禾本科牧草干草质量分级 [Z]. 中华人民共和国农业行业标准.

郭玲，2022a. 牛布鲁氏菌病的临床症状及防控方法 [J]. 今日畜牧兽医，38（12）：23-25.

郭玲，2022b. 牛口蹄疫的流行病学、临床症状及防治措施 [J]. 新农业（19）：63-64.

郭永兰，陈功哲，2022. 奶牛亚急性瘤胃酸中毒的诊断和防治方法研究 [J]. 特种经济动植物，25（10）：76-78.

国家畜禽遗传资源委员会，2011. 中国畜禽遗传资源志：牛志 [M]. 北京：中国农业出版社.

韩青，袁学国，2008. 消费者生鲜食品的质量信息认知和安全消费行为分析 [J]. 农业技术经济（5）：74-80.

韩潇潇，陈颖钰，郭爱珍，2013. 牛支原体相关疾病综合防治措施 [J]. 兽医导刊（8）：42-43.

贺丛，韩瑾瑾，毛存志，等，2011. 2 种抗应激处理对"肉牛运输应激综合征"的疗效对比研究 [J]. 中国畜牧兽医，38（2）：250-254.

贺丛，张凯韩，王子恒，等，2010. 河南省肉牛运输应激综合征调研报告 [J]. 河南农业科学（12）：131-132.

侯晖，2022. 牛流行热的流行、诊断和防治方法 [J]. 中国畜禽种业，18（3）：166-167.

黄焦秀，吴德美，刘振水，2017. 浅谈江西农村肉牛生产存在的问题及对策 [J]. 江西畜牧兽医杂志（1）：22-23.

黄文琴，刁其玉，张乃锋，2018. 我国肉羊养殖模式的发展、工艺特点及应用现状分析

［J］. 畜牧与兽医，50（9）：116－120.

贾斌，2021. 奶牛胎衣不下的诊治与综合防治方案［J］. 中兽医学杂志（4）：24－25.

贾礼桂，郭锦墉，2019. 江西省牛肉消费市场分析与发展建议［J］. 江西农业，167
　　（18）：107－108，110.

江西省人民政府，2020. 江西省人民政府办公厅关于推进牛羊产业高质量发展的实施意见
　　［EB/OL］. http://www.jiangxi.gov.cn/art/2020/11/13/art_4975_2892401.html：11－06.

江西省自然资源厅，2022. 江西：三年风雨兼程　奋力绘就国土新画卷［EB/OL］.
　　http://bnr.jiangxi.gov.cn/art/2022/4/18/art_29231_4080003.html：04－18.

蒋晓玲，郭玺，黄涛，2022. 口蹄疫：一种人畜共患的急性传染病［J］. 中国海关
　　（1）：60.

雷踊林，张海萍，蒋文发，2017. 牛尿素中毒的治疗方法和体会［J］. 当代畜牧（27）：
　　20－21.

李昌明，2020. C、D型产气荚膜梭菌类毒素和重组腐败梭菌 A 毒素二价二联疫苗的制备
　　及其免疫效果评价［D］. 济南：山东农业大学.

李代红，龚宜兴，2019. 牛尿素中毒解救［J］. 四川畜牧兽医，46（8）：50.

李丰，2011. 质量安全牛肉购买行为的实证分析：基于吉林省消费者的调查［J］. 当代生
　　态农业（Z2）：60－64.

李复煌，2016. 北京地区犊牛腹泻主要病原调查及综合防控［D］. 北京：中国农业大学.

李家鹏，田寒友，周彤，等，2013.2012 年我国畜禽屠宰及肉类加工行业监测分析与预警
　　［J］. 农业工程技术（农产品加工业）（7）：26－27.

李军，梁铁刚，2020. 牧区肉羊高效生态养殖模式［J］. 畜牧兽医科学（电子版）（16）：
　　27－28.

李俊茹，王明利，杨春，等，2019. 中国肉牛产业全要素生产率的区域差异与影响因素：
　　基于 2013—2017 年 15 省区的面板数据［J］. 湖南农业大学学报（社会科学版），20
　　（6）：46－55.

李青云，2021. 牛结节性皮肤病的治疗和防控措施［J］. 中国动物保健，23（5）：37－38.

李生金，2018. 母牛阴道脱出的中西医结合治疗［J］. 中兽医学杂志（8）：25.

李翔宏，甘兴华，刘国华，等，2015. 鄱阳湖草洲固定监测点监测报告［J］. 江西畜牧兽
　　医杂志（6）：33－35.

李小平，杨虹，林春斌，2018. 江西省小反刍兽疫防控报告［J］. 中国畜禽种业，14
　　（4）：13－14.

李忠军，董钊，张飞，等，2022. 西安市部分奶山羊养殖场羊传染性胸膜肺炎抗体检测及
　　分析［J］. 动物医学进展，43（9）：142－144.

李仲选，2017. 牛羊阴道脱出的治疗措施［J］. 中兽医学杂志（1）：11.

林洋，2020. 内蒙古科尔沁右翼前旗羊布鲁菌病调查及防控研究 ［D］. 呼和浩特：内蒙古农业大学.

刘桂华，2022. 牛瘤胃臌气治疗 ［J］. 四川畜牧兽医，49（9）：52.

刘俊，郭洪军，路平，等，2022. 辽宁省基层畜牧兽医机构队伍改革情况调查 ［J］. 中国动物检疫，39（3）：45-47.

刘平，李金明，陈荣贵，等，2020. 我国首例牛结节性皮肤病的紧急流行病学调查 ［J］. 中国动物检疫，37（1）：1-5.

刘燕，2016. 江西吉安市肉牛产业发展现状与建议 ［D］. 南昌：江西农业大学.

刘占悝，刘泽余，李智杰，等，2020. 通用型牛病毒性腹泻病毒 Rt-Pcr 检测方法的建立及初步应用 ［J］. 中国兽医科学，50（1）：20-25.

刘志科，张秋雨，陈创夫，2017. 绵羊痘的诊断及综合防治措施 ［J］. 黑龙江畜牧兽医（8）：130-131.

刘重贵，王何林，2017. 牛尿素中毒的诊治报告与体会 ［J］. 湖北畜牧兽医，38（10）：15.

卢艳平，肖海锋，2020. 我国居民肉类消费特征及趋势判断：基于双对数线性支出模型和 LA/AIDS 模型 ［J］. 中国农业大学学报，25（1）：180-190.

罗菲，2021. 消费者牛肉偏好的原产地效应及影响因素研究 ［D］. 南昌：江西财经大学.

罗善平，2021. 农民日报. 中国农网见习记者，雷少斐. 江西泰和县肉牛产业走上以销促产新路子 ［N］. 农民日报.

马爱霞，郭建强，齐艳君，等，2020. 肉牛运输应激综合征防控技术 ［J］. 山东畜牧兽医，41（9）：80-83.

马桂琴，2018. 羊梭菌性疾病的诊治和体会 ［J］. 畜牧兽医科技信息（6）：59.

马国和，吴胜强，张美玲，等，2019. 一起突然换料致牛猝死症案例分析 ［J］. 中国兽医杂志，55（12）：64-65.

马世平，2022. 牛羊焦虫病的流行及防控措施 ［J］. 中兽医学杂志（11）：66-68.

马晓萍，王明利，2021. 中国肉牛优势产区不同规模养殖成本效率变动趋势：基于 2013—2019 年的面板数据 ［J］. 湖南农业大学学报（社会科学版），22（6）：11-20.

马晓萍，王明利，张浩，2022. "粮改饲"政策下肉牛养殖成本效率分析：基于 8 个省（区）22 个试点的面板数据 ［J］. 草业科学，39（3）：606-617.

麦尔旦·吐尔孙，王雅鹏，2014. 消费者对安全认证肉鸭产品购买意愿及其影响因素的实证分析 ［J］. 中国农业大学学报，19（5）：244-254.

倪娜，王振宇，陈立娟，等，2015. pH 对羊血浆蛋白热诱导凝胶特性的影响 ［J］. 现代食品科技（7）：7.

聂赟彬，高翔，李秉龙，2019. 我国肉羊主产省散养方式全要素生产率：基于 DEA-

Malmquist 指数法的实证分析 [J]. 中国农业大学学报, 24 (8): 194 - 202.

农业农村部, 2022. 推进兽用抗菌药综合治理和兽药行业高质量发展 [J]. 中国食品 (23): 18.

彭燕, 郭婧怡, 郭锦墉, 2019. 认知、情感与消费者品牌牛肉溢价支付意愿: 基于 ABC 态度模型 [J]. 江西畜牧兽医杂志 (4): 1 - 8.

祁国军, 2012. 犊牛梭菌性肠炎的诊断与治疗 [J]. 中国畜牧兽医文摘, 28 (3): 135 - 142.

秦义娴, 刘丹, 陈晓春, 等, 2022. 牛病毒性腹泻病毒检测方法研究进展 [J]. 动物医学进展, 43 (12): 90 - 94.

邱添, 2022. 江苏部分地区羊传染性胸膜肺炎的流行病学及病原学特性研究 [D]. 扬州: 扬州大学.

瞿明仁, 杨食堂, 贾玉堂, 等, 2020. "新冠" 疫情对江西、安徽肉牛养殖企业的影响 [J]. 中国畜牧业 (15): 33 - 34.

仁青加, 2020. 浅析牛尿素中毒的诊断和治疗 [J]. 中国动物保健, 22 (8): 27.

荣玲, 肖亮, 黄杰权, 等, 2020. 江西一自繁自养肉牛场发病情况调查分析 [J]. 当代畜牧 (6): 9 - 11.

单宇鑫, 2021. 吉林省城镇居民肉类消费结构及影响因素研究 [D]. 长春: 吉林农业大学.

沈敏, 王新华, 钟发刚, 2002. 牛病毒性腹泻病毒致病机理研究进展 [J]. 动物医学进展 (6): 1 - 4.

沈思思, 陈亮, 冯万宇, 等, 2022. 牛冠状病毒研究进展 [J]. 动物医学进展, 43 (1): 112 - 116.

石岩, 翁善钢, 2013. 小反刍兽疫的流行、诊断与防控 [J]. 中国畜牧兽医, 40 (4): 231 - 234.

苏少锋, 陶金山, 乔健敏, 等, 2023. 患子宫内膜炎母驴与健康母驴的阴道菌群差异分析 [J]. 中国兽医杂志, 59 (1): 20 - 27.

孙长江, 顾敬敏, 韩文瑜, 2022. 布鲁菌病防控根本之策: 动物感染的源头控制和净化 [J]. 中国兽医学报, 40 (4): 850 - 853.

孙红莉, 2013. 奶牛子宫内膜炎的发病原因与治疗措施 [J]. 畜牧与饲料科学, 34 (12): 108 - 109.

孙焕洲, 范晓雪, 郭锦墉, 2023. 基于 DEA - Tobit 模型的南方十省肉羊产业效率及影响因素分析 [J]. 中国畜牧杂志 (4): 27 - 33.

孙京华, 2020. 一起母牛羊水过多引起难产死亡病例的分析与思考 [J]. 畜牧兽医杂志, 39 (5): 43 - 44.

索朗卓嘎, 2022. 小反刍兽疫的防控策略 [J]. 中兽医学杂志 (9): 30 - 32.

塔吉，2022. 试析羊口蹄疫疾病的防控策略 [J]. 中兽医学杂志（8）：69－71.

谭克龙，刘业兵，吴涛，等，2021.《兽药生产质量管理规范（2020 年修订)》的主要变化及实施建议 [J]. 黑龙江畜牧兽医（10）：22－25.

陶攀，东笑，罗昌俊，等，2023. 牛呼吸道疾病多重荧光 Pcr（探针法）检测方法的建立及应用 [J]. 中国动物传染病学报，1（1）：7.

田伟，杨璐嘉，姜静，2014. 低碳视角下中国农业环境效率的测算与分析：基于非期望产出的 SBM 模型 [J]. 中国农村观察（5）：59－71＋95.

汪爱娥，游梦琪，2016. 消费者对安全猪肉的认知及支付意愿研究：基于湖北省武汉市的实地调研 [J]. 农产品质量与安全（3）：60－66.

王楚婷，2020. 基于质量属性的牛肉消费者偏好研究 [D]. 南京：南京农业大学.

王花婷，曹华斌，杨帆，等，2022. 南方地区肉牛呼吸道疾病发病原因及管控方案 [J]. 江西畜牧兽医杂志（3）：6－9.

王家福，2005. 牛 O 型口蹄疫高倍浓缩灭活疫苗的研制 [D]. 北京：中国农业大学.

王玲玲，2022. 犊牛梭菌性肠炎的预防和治疗措施 [J]. 畜禽业，33（12）：77－79.

王娜，王笤畅，郭欣妍，等，2017. 兽药抗生素环境风险控制管理政策探析 [J]. 生态与农村环境学报，33（7）：586－591.

王鹏，2010. 血液蛋白的凝胶性质及其对肌原纤维蛋白凝胶的影响 [D]. 南京：南京农业大学.

王天宇，李继东，张志诚，等，2021. 牛支原体病流行病学及其诊断技术研究进展 [J]. 畜牧与兽医，53（12）：134－139.

王雪娇，2018. 中国肉羊生产的经济效率研究 [D]. 北京：中国农业大学.

王亚萍，简勇，邓琼，2016. 肉牛养殖模式的影响因素及现状分析 [J]. 农业开发与装备（11）.

王妍，文美龄，王仁铃，等，2023. 羊口疮与绵羊痘二联重组 Dna 疫苗的构建及其免疫应答 [J]. 中国兽医学报，43（2）：307－314.

王志刚，2003. 食品安全的认知和消费决定：关于天津市个体消费者的实证分析 [J]. 中国农村经济（4）：41－48.

韦海宇，2016. 健康养殖技术对肉羊疾病防控效果观察 [J]. 中兽医医药杂志，35（3）：71－73.

魏彩虹，刘丑生，2016. 现代肉羊生产技术大全 [M]. 北京：中国农业出版社.

魏宇，高瑞，张俊娥，等，2022. 黑龙江省农村畜牧兽医公共服务评价体系的构建 [J]. 黑龙江畜牧兽医（6）：7－12.

翁贞林，鄢朝辉，唐文苏，2021. 习惯形成、收入结构与农村居民禽肉消费：基于 2009—2018 年江西省农村固定观察点数据 [J]. 农业经济与管理（2）：113－124.

吴传敬，2021. 牛伊氏锥虫病的防控 [J]. 养殖与饲料，20 (7)：82 - 83.

吴翠兰，彭昊，李军，等，2018. 2016—2017 年广西牛呼吸道疾病综合征病原学的调查研究 [J]. 中国畜牧兽医，45 (12)：3535 - 3544.

吴庆春，吴彬红，王文烂，2021. 基于 DEA - Tobit 模型的不同饲养规模生猪生产效率分析 [J]. 家畜生态学报. 42 (11)：82 - 86.

吴仕琴，2022. 牛瘤胃臌气的诊断与防治措施探讨 [J]. 中国畜禽种业，18 (8)：149 - 150.

武丽雯，李平，钱政成，等，2021. 基于 DEA - Tobit 模型的牧户畜牧业生产效率及影响因素分析：以锡林郭勒盟为例 [J]. 中国草地学报，43 (5)：97 - 105.

肖和良，2021. 牛尿素中毒的诊治 [J]. 湖南农业 (7)：34.

肖剑，郭婧怡，郭锦埔，2020. 外部刺激、心理过程与消费者家庭生鲜牛肉购买行为：基于 S - O - R 理论分析模型 [J]. 农村经济与科技 (10)：77 - 82.

谢成侠，1985. 中国养牛羊史：附养鹿简史 [M]. 北京：中国农业出版社.

熊烽，郑斯光，李娜，等，2013. 灰化苔草代替羊草对荷斯坦后备牛生长性能的影响 [M]. 第四届中国奶业大会论文集：210 - 211.

熊涛，2020. 江西省绿色食品产业链存在的问题与对策 [J]. 浙江农业科学，61 (9)：1861 - 1863.

熊学振，孙雨萌，杨春，2022. 中国畜牧业与资源环境承载力的时空耦合协调关系 [J]. 经济地理，42 (2)：153 - 162.

徐国范，2022. 羊小反刍兽疫综合防控措施 [J]. 中国畜牧业 (11)：85 - 86.

徐海军，左瑞华，夏伦斌，等，2015. 山羊恶性羊痘病例报告 [J]. 黑龙江畜牧兽医 (18)：145 - 146.

许伟，贺文，王力，等，2020. 羊只多种疫苗组合分点同时免疫效果对比试验 [J]. 中国兽医杂志，56 (1)：40 - 42.

许英民，2018. 犊牛梭菌性肠炎的诊断与治疗 [J]. 兽医导刊 (3)：66 - 67.

许志成，2012. 盐城地区口蹄疫防控情况及疫苗免疫效果分析 [D]. 南京：南京农业大学.

薛闯，王化江，2021. 奶牛瘤胃酸中毒诊断与治疗 [J]. 畜牧兽医科学（电子版）(17)：45 - 46.

严福文，吕腊梅，2019. 一例牛胎衣不下的诊治体会 [J]. 云南畜牧兽医 (1)：13.

杨春，王明利，2019. 草原生态保护补奖政策下牧区肉牛养殖生产率增长及收敛性分析 [J]. 农业技术经济 (3)：96 - 105.

杨锋，陈伟，王兴珍，2018. 牛尿素中毒的救治体会 [J]. 中国牛业科学，44 (2)：93 - 95.

杨高丰，张凯韩，韩瑾瑾，等，2011. 运牛车车厢内风速风向及温湿度变化的监测 [J]. 安徽农业大学学报，38 (3)：486 - 490.

杨军，李松龄，2016. 肉羊高效、生态、健康养殖的技术措施［J］. 中国畜牧兽医文摘，
　　32（6）：77.

杨启尧，2022. 牛结节性皮肤病［J］. 云南畜牧兽医（5）：20-23.

杨晓彤，祝丽云，李彤，等，2021. 我国不同规模奶牛养殖成本效益及影响因素研究
　　［J］. 黑龙江畜牧兽医（12）：11-15，148-149.

杨志海，刘灵芝，王雅鹏，2018. 城乡居民肉类消费及其结构演化的差异、原因与趋势
　　［J］. 中国食物与营养，24（1）：33-37.

佚名，2020. 江西省屠宰公司优秀企业推荐公示［EB/OL］. https：//
　　baijiahao. baidu. com/s？id=1686229093310108559：12-26.

印春生，2014. 表达 Fmdv-Vp1 重组 Pprv 的构建及生物学特性与免疫应答研究［D］. 北
　　京：中国农业大学.

游锡火，2019. 澳大利亚肉羊产业发展经验及对我国的启示［J］. 中国畜牧杂志，55
　　（8）：170-173. DOI：10. 19556/j. 0258-7033. 20190228-04.

于海宇，2021. 内蒙古肉羊产业政策实施效果研究［D］. 北京：对外经济贸易大学.

于晓华，喻智健，郑适，2022. 风险、信任与消费者购买意愿恢复：以新发地疫情食品谣
　　言事件为例［J］. 农业技术经济（1）：4-18.

于永忠，张帆，杨超群，等，2023. 羊口疮病毒维持 O-H 感染系统的稳态机制［J］. 病
　　毒学报，38（4）：1007-1015.

原芳，2021. 牛瘤胃积食的中西医治疗措施［J］. 中兽医学杂志（3）：13-14.

岳瑞超，程子龙，李宁，等，2014. 山东牛场常见传染病血清流行病学调查［J］. 中国动
　　物检疫，31（6）：58-61.

昝梦莹，2021. 我国畜禽肉类产品市场分析与对策建议［J］. 西北农林科技大学学报（社
　　会科学版），21（3）：149-155.

展恩松，2018. 浅述羊痘的流行特点与防治［J］. 现代畜牧科技（1）：77-78.

张迪，2021. 黑龙江省某奶牛场感染性犊牛腹泻病原鉴定及复合卵黄抗体预防效果［D］.
　　大庆：黑龙江八一农垦大学.

张海峰，孙世民，冯叶，2014. 城乡居民羊肉消费习惯与购买行为分析：基于山东省的
　　695 份调查问卷［J］. 新疆农垦经济（1）：46-51.

张剑霞，胡红莲，宋利文，等，2022. 短链脂肪酸对亚急性瘤胃酸中毒的影响和钠离子耦
　　合单羧酸转运蛋白1和氢离子耦合单羧酸转运蛋白1对短链脂肪酸的转运机制［J］. 动
　　物营养学报，34（12）：7574-7584.

张健，蒋安，黄德均，2016. 草食牲畜全产业链重大问题及政策建议［J］. 草业与畜牧
　　（4）：52-55.

张莉侠，韩亮亮，2009. 消费者对安全食品的认知及购买行为分析：基于上海市生鲜食品

消费的调查 ［J］. 中国农学通报 （4）：50－54.

张立中，辛国昌，2008. 澳大利亚、新西兰草原畜牧业的发展经验 ［J］. 世界农业 （4）：22－24.

张玲萍，2019. 中西医结合治疗牛肝片吸虫病 ［J］. 中兽医学杂志 （5）：106.

张茂伦，2019. 山东省肉羊养殖适度规模研究 ［D］. 济南：山东农业大学.

张敏，董建博，2021. 非洲猪瘟对消费者猪肉购买意愿和信任的影响研究 ［J］. 丽水学院学报，43 （3）：23－32.

张涛，曹华斌，杨帆，等，2022. 肉牛运输应激综合征综合诊治要点及 "三级" 防控策略 ［J］. 江西畜牧兽医杂志 （3）：26－29.

张文正，2017. 奶牛瘤胃酸中毒的诊断与治疗 ［J］. 中国畜牧兽医文摘，33 （10）：178－179.

张晓龙，2018. 永登县绵羊螨虫染虫率的调查 ［D］. 兰州：甘肃农业大学.

张瑛，汤天彬，王庆普，2005. 我国肉羊业生产现状与发展战略 ［J］. 吉林畜牧兽医，25 （3）：46－47.

张赞飞，彭建红，2020. 余干县肉牛养殖发展的 SWOT 分析 ［J］. 广东蚕业 （10）：60－61.

赵凤立，崔健，李洪伟，等，2002. 国内外养羊生产趋势及肉羊生产现状与发展前景 ［J］. 辽宁畜牧兽医 （3）：32－33.

赵菌，2022. 牛瘤胃积食诊断及综合防治 ［J］. 畜禽业，33 （9）：82－84.

赵红霞，张越杰，2017. 中国肉牛养殖技术效率及其影响因素分析 ［J］. 中国畜牧杂志，53 （4）：136－143.

赵吉，党国英，唐夏俊，2022. 基于 SBM－Tobit 模型的中国农业生态效率时空差异及影响因素研究 ［J］. 西南林业大学学报 （社会科学），6 （3）：10－18.

赵立夫，卫冕，刘森挥，等，2021. 农民合作社对农户肉牛养殖效率的影响研究 ［J］. 中国畜牧杂志，57 （11）：245－248.

郑文通，2001. 探讨口蹄疫的发病与防制 ［J］. 农业科技通讯 （7）：22－23.

中华人民共和国国家统计局，2021. 中国统计年鉴 ［M］. 北京：中国统计出版社.

中华人民共和国农业农村部，2021. 国家畜禽遗传资源名录 （2021 年） ［EB/OL］. http：// www. moa. gov. cn/govpublic/nybzzj1/202101/P020210114550330461811. pdf：1－13.

中华人民共和国农业农村部. 农业农村部　江西省人民政府关于印发农业农村部，2021. 江西省人民政府共建江西绿色有机农产品基地试点省工作方案 （2021—2025 年）的通知 ［EB/OL］. http：//www. moa. gov. cn/nybgb/2021/202109/202112/t20211207＿6384014. htm：12－07.

周大勇，2019. 肉牛支原体肺炎的流行病学、临床症状与防控措施 ［J］. 现代畜牧科技

（7）：101－102.

周妍宏，王一如，何丹，等，2022. 基于超效率 DEA 模型及 Malmquist 指数的东北三省农业生产效率测度分析［J］. 北方园艺（3）：141－151.

周岩，2021. 以新发展理念构筑牛羊产业发展新格局［J］. 食品安全导刊（27）：11－12.

周志雄，顾国婧，李文杰，等，2021. 绵羊种布鲁菌致病机制与防控研究进展［J］. 中国兽医学报，41（1）：175－180.

朱佳，于滨铜，张熙，等，2019. 非洲猪瘟对猪肉消费行为的影响研究——基于辽宁省沈阳市 459 份消费者问卷调查［J］. 中国食物与营养，25（5）：37－41.

朱江涛，艾金泉，陈晓勇，等，2022. 基于 GEE 的鄱阳湖湿地植被长期变化特征及其对水文情势的响应［J］. 测绘通报（8）：7－13.

邹志仁，雷少斐 . 2022. 做大规模　做优品牌　做强产业链　江西高安肉牛产业发展之路［J］. 农产品市场（10）：27－29.

Abdallah F M，El D H，Kotb G F，2018. Sporadic Cases of Lumpy Skin Disease Among Cattle in Sharkia Province，Egypt：Genetic Characterization of Lumpy Skin Disease Virus Isolates and Pathological Findings［J］. Vet World，11（8）：1150－1158.

Alfaro G F，Novak T E，Rodning S P，et al.，2020. Preconditioning Beef Cattle for Long－Duration Transportation Stress with Rumen－Protected Methionine Supplementation：A Nutrigenetics Study［J］. PLoS One，15（7）.

Ammar A M，Abd E M，Mohamed Y H，et al.，2022. Prevalence and Antimicrobial Susceptibility of Bovine Mycoplasma Species in Egypt［J］. Biology（Basel），11（7）.

Chai J，Capik S F，Kegley B，et al.，2022. Bovine Respiratory Microbiota of Feedlot Cattle and its Association with Disease［J］. Vet Res，53（1）：4.

Deng L，He C，Zhou Y，et al.，2017. Ground Transport Stress Affects Bacteria in the Rumen of Beef Cattle：A Real－Time PCR Analysis［J］. Anim Sci J，88（5）：790－797.

Edge D，Mahapatra M，Strachan S，et al.，2022. Development and Evaluation of Molecular Pen－Side Assays without Prior RNA Extraction for Peste des Petits Ruminants（PPR）and Foot and Mouth Disease（FMD）［J］. Viruses，14（4）.

Fike K，Spire M F，2006. Transportation of Cattle［J］. Vet Clin North Am Food Anim Pract，22（2）：305－320.

Holt H R，Walker M，Beauvais W，et al.，2023. Modelling the Control of Bovine Brucellosis in India［J］. J R Soc Interface，20（200）：20220756.

Jones F S，Little R B，1931. The Etiology of Infectious Diarrhea（Winter Scours）in Cattle［J］. J Exp Med，53（6）：835－843.

Khurana S K，Sehrawat A，Tiwari R，et al.，2021. Bovine Brucellosis－a Comprehensive

Review [J]. Vet Q, 41 (1): 61 - 88.

Kizza D, Ocaido M, Mugisha A, et al., 2021. Knowledge, Attitudes and Practices On Bovine Trypanosomosis Control in Pastoral and Agro Pastoral Communities Surrounding Murchison Falls National Park, Uganda [J]. Trop Anim Health Prod, 53 (2): 309.

Kou Jingya Wang Xuyou, 2016. Factors Infiuencing the Channel Choice of Consumers Buying Beef—Taking Yanji City as an Example [J]. Animal Husbandry and Feed Science.

Kreipe L, Deniz A, Bruckmaier R M, et al., 2011. First Report About the Mode of Action of Combined Butafosfan and Cyanocobalamin On Hepatic Metabolism in Nonketotic Early Lactating Cows [J]. J Dairy Sci, 94 (10): 4904 - 4914.

Li C X, Liu Y, Zhang Y Z, et al., 2022. Astragalus Polysaccharide: A Review of its Immunomodulatory Effect [J]. Arch Pharm Res, 45 (6): 367 - 389.

Liu J, Li H, Zhu W, et al., 2019. Dynamic Changes in Rumen Fermentation and Bacterial Community Following Rumen Fluid Transplantation in a Sheep Model of Rumen Acidosis: Implications for Rumen Health in Ruminants [J]. FASEB J, 33 (7): 8453 - 8467.

Mas - Coma S, Valero M A, Bargues M D, 2022. Human and Animal Fascioliasis: Origins and Worldwide Evolving Scenario [J]. Clin Microbiol Rev, 35 (4): e8819.

Mcmullen C, Alexander T W, Leguillette R, et al., 2020. Topography of the Respiratory Tract Bacterial Microbiota in Cattle [J]. Microbiome, 8 (1): 91.

Nakagawa K, Kumano H, Kitamura Y, et al., 2021. Complete Genome Sequence of Bovine Coronavirus in Blood Diarrhea From Adult Cattle that Died From Winter Dysentery in Japan [J]. Microbiol Resour Announc, 10 (42): e80721.

Naqvi S S, Bostan N, Fukai K, et al., 2022. Evolutionary Dynamics of Foot and Mouth Disease Virus Serotype a and its Endemic Sub - Lineage A/ASIA/Iran - 05/SIS - 13 in Pakistan [J]. Viruses, 14 (8).

Oma V S, Klem T, Traven M, et al., 2018. Temporary Carriage of Bovine Coronavirus and Bovine Respiratory Syncytial Virus by Fomites and Human Nasal Mucosa After Exposure to Infected Calves [J]. BMC Vet Res, 14 (1): 22.

Paton D J, Sumption K J, Charleston B, 2009. Options for Control of Foot - And - Mouth Disease: Knowledge, Capability and Policy [J]. Philos Trans R Soc Lond B Biol Sci, 364 (1530): 2657 - 2667.

Schambergbrandao F, Jardimbarcellos J, Dabdabwaquil P, 2015. Conceptual Model to identify factors with infiuence in Brazilian beef consumption [J]. Revista Brasileira De Zootecnina, 44 (6): 213 - 218.

Smith D R, 2022. Risk Factors for Bovine Respiratory Disease in Beef Cattle [J]. Anim

Health Res Rev，21（2）：149－152.

Snyder E，Credille B，2017. Diagnosis and Treatment of Clinical Rumen Acidosis［J］. Vet Clin North Am Food Anim Pract，33（3）：451－461.

Sun J，He W T，Wang L，et al. ，2022. COVID－19：Epidemiology，Evolution，and Cross－Disciplinary Perspectives［J］. Trends Mol Med，26（5）：483－495.

Timsit E，Mcmullen C，Amat S，et al. ，2020. Respiratory Bacterial Microbiota in Cattle：From Development to Modulation to Enhance Respiratory Health［J］. Vet Clin North Am Food Anim Pract，36（2）：297－320.

Vander B M，2018. Wyns C. Fertility and Infertility：Definition and Epidemiology［J］. Clin Biochem（62）：2－10.

Wang J，Yang G，Zhang L，et al. ，2022. Berbamine Hydrochloride Inhibits Bovine Viral Diarrhea Virus Replication Via Interfering in Late－Stage Autophagy［J］. Virus Res（321）：198905.

Yang G，Wang J，Wang S，et al. ，2022. Forsythiaside a Improves the Inhibitory Efficiency of Recombinant Protein Vaccines against Bovine Viral Diarrhea Virus Infection［J］. Int J Mol Sci，23（16）.

附录1 江西省牛羊产业 2022 年度产业经济发展报告

江西省牛羊产业体系产业经济岗

近年来，在确保粮食主产区地位不动摇的同时，江西省畜牧业提出了"巩固提升生猪产业、做大做强家禽产业、加快发展草地畜牧业"的发展思路，推动牛羊产业规模稳步扩大，一批肉牛肉羊大县加快建设，优势产区初步形成，牛羊产业蓬勃发展。2021 年，江西省克服新冠疫情的不利影响，全省牛出栏 146.5 万头，同比增长 8.4%，羊出栏 171.6 万头，同比增长 8.3%，牛羊产业高质量发展水平进一步提升，实现了"十四五"良好开局。

一、牛羊产业发展现状

（一）牛羊产业政策动向

作为现代农业产业体系的重要组成部分，牛羊产业的稳定健康发展对加快农业产业结构优化升级、增加农民收入、改善居民膳食结构、提高国民体质具有重要意义。近年来，国家和地方针对牛羊产业高质量发展台了多项鼓励政策。

2020 年 9 月 14 日发布的《国务院办公厅关于促进畜牧业高质量发展的意见》（国办发〔2020〕31 号）提出，以习近平新时代中国特色社会主义思想为指导，全面贯彻党的十九大和十九届二中、三中、四中全会精神，认真落实党中央、国务院决策部署，牢固树立新发展理念，以实施乡村振兴战略为引领，以农业供给侧结构性改革为主线，转变发展方式，强化科技创新、政策支持和法治保障，加快构建现代畜禽养殖、动物防疫和加工流通体系，不断增强畜牧业质量效益和竞争力，形成产出高效、产品安全、资源节约、环境友好、调控有效的高质量发展新格局，更好地满足人民群众多元化的畜禽产品消费需求。畜牧业整体竞争力稳步提高，动物疫病防控能力明显增强，绿色发展水平显著提高，畜禽产品供应安全保障能力大幅提升，牛羊肉自给率保持在 85％左右。到 2025 年畜禽养殖规模化率和畜禽粪污综合利用率分别达到 70％以上和 80％以上，到 2030 年分别达到 75％以上和 85％以上。

为贯彻《国务院办公厅关于促进畜牧业高质量发展的意见》，促进肉牛肉羊生产高质高效发展，增强牛羊肉供给保障能力，2021 年 4 月 20 日农业农村部印发《推进肉牛肉羊生产发展五年行动方案》。总体思路以牛羊肉增产保供为目标，统筹牧区、农区、南方草山草坡地区牛羊生产，加快转变肉牛肉羊生产方式，围绕增加基础母畜产能、推进品种改良、扩大饲草料供给、发展适度规模养殖、加强重大动物疫病防控、强化质量安全等关键环节，压实地方责任，加大政策支持，强化科技支撑，不断提升牛羊肉综合生产能力、供应保障能力和市场竞争力。在巩固提升传统主产区的基础上，挖掘潜力发展区，拓展增产空间，多渠道增加牛羊肉供给。牧区要结合草畜平衡，以稳量提质为重点，增加基础母畜数量，提高生产效率；农区要围绕适度规模发展，以增产增效为重点，提升发展水平；南方地区要科学利用草山草坡和农闲田资源，发展肉牛肉羊生产。到 2025 年，牛羊肉自给率保持在 85％左右；牛羊肉产量分别稳定在 680 万吨、500 万吨左右；牛羊规模养殖比重分别达到 30％、50％。

自 2010 年起，农业农村部在全国范围内开展畜禽养殖标准化示范创建，按照生产高效、环境友好、产品安全、管理先进的要求，累计创建 4 986 个畜禽养殖标准化示范场。2020 年，肉牛、肉羊养殖规模化率 29.6％、43.1％，比 2010 年分别提高了 6.4 和 20.9 个百分点。2021 年，农业农村部发布了《全国肉牛遗传改良计划（2021—2035 年）》《全国羊遗传改良计划（2021—2035 年）》，通过遴选国家肉牛、肉羊核心育种场，完善生产性能测定配套设施设备，持续推进良种繁育体系建设；通过建设国家级和省级保种场、保护区，加强地方品种保护利用；通过实施牧区畜牧良种补贴项目，对项目区内农牧民购买优良肉牛冻精、良种公羊和公牦牛给予适当补助，加快牛羊品种改良进程。

2022 年 9 月 16 日，农业农村部印发《畜牧业"三品一标"提升行动实施方案（2022—2025 年）》，提出继续实施牛羊调出大县奖励政策以及草原生态保护补助奖励和畜禽良种、优质高产苜蓿、粮改饲、畜禽粪污资源化利用等畜牧业发展支持项目。推进肉牛肉羊生产发展五年行动，实施牧区草原畜牧业转型升级项目。

为贯彻落实《国务院办公厅关于促进畜牧业高质量发展的意见》（国办发〔2020〕31 号）精神，加快推进全省牛羊产业跨越式高质量发展，经省政府同意，2020 年 11 月 6 日江西省人民政府办公厅发布了《关于推进牛羊产业高质量发展的实施意见》，提出按照"扩量提质、产业融合、草畜配套、绿色生态"的发展思路，加强良种繁育体系建设，大力发展标准化规模养殖，加大饲料饲草资源开发力度，将江西省建设成东部和东南沿海地区重要的牛羊养殖、加工、供应基地，把草地畜牧业培育成现代农业新的增长极。力争到 2025 年，全省牛羊肉产量达到 30 万吨，实现牛羊产值 250 亿元。其中：牛出栏达到 150 万头以上，牛存栏稳定在 250 万头左右，牛肉产量 20 万吨；羊出栏 500 万只，羊存栏 500 万只，羊肉产量 10 万吨。

2022 年 8 月 6 日，江西省人民政府发布《江西省农业七大产业高质量发展三年行动方案（2023—2025 年）》，提出按照强生猪、扩牛羊、兴家禽路径，打造赣中南肉牛产业集群和赣西山羊产业集群。

（二）全国牛羊产业发展现状

近年来，全国牛羊产业快速发展，为产业高质量发展打下了良好的基础：

1. 产值不断增加

从 2018 年至 2020 年，牛产业产值从 3 526.4 亿元增长到 4 904.6 亿元，增长率达到 39.08%；羊产业产值从 2 574.4 亿元增长到 3 397.3 亿元，增长率达到 31.96%；牛羊产业总产值由 6 100.8 亿元增至 8 301.9 亿元，增长率达到 36.08%（图附 1-1）。

2. 产业结构稳步优化

近年来，国家出台多项政策调整畜牧业结构，牛羊产业产值占畜牧业产值的比重稳定在 20% 左右，结构稳步优化（表附 1-1）。

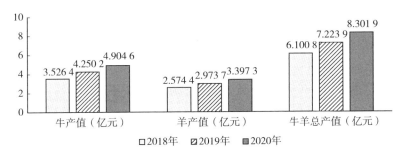

图附 1－1 2018—2020 年我国牛羊产业产值情况统计

资料来源：中国农村统计年鉴（2019—2021）。

表附 1－1   2018—2020 年我国牛羊产业总产值在畜牧业总产值中的比重

年份	牛羊总产值（亿元）	畜牧业总产值（亿元）	牛羊占畜牧业产值比重（%）
2018	6 100.8	28 697.4	21.26
2019	7 223.9	33 064.3	21.85
2020	8 301.9	40 266.7	20.62

资料来源：中国农村统计年鉴（2019—2021）。

3. 消费结构稳步改善

2018 年至 2020 年，在我国居民人均肉类消费量从 29.5 千克下降到 24.8 千克的同时，人均牛羊肉消费量由 3.3 千克上升至 3.5 千克，牛羊肉在居民肉类消费中的比重由 11.19% 上升至 14.11%，肉食消费结构升级趋势明显（图附 1－2）。

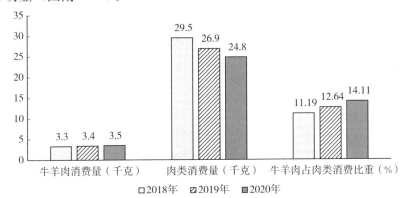

图附 1－2 2018—2020 年我国人均牛羊肉消费情况统计

资料来源：中国统计年鉴（2021）。

4. 进口大幅增加，出口快速萎缩

2018 年至 2020 年，我国牛羊肉进口大幅增加，特别是牛肉进口增长迅速。牛肉进口量由 1 039 388 吨增至 2 118 003 吨，增长率为 103.77%；羊肉进口量由 319 036 吨增长至 364 868 吨，增长率 14.36%。与此同时，牛羊肉的出口量均呈现快速下降的趋势。牛肉出口量由 2018 年的 434 吨降至 2020 年的 97 吨，降幅达 77.65%；羊肉出口量由 2018 年的 3 294 吨降至 2020 年的 124 吨，降幅 96.23%（表附 1-2）。

表附 1-2　2018—2020 年我国牛羊肉进出口情况统计

年份	牛肉进口量（吨）	羊肉进口量（吨）	牛肉出口量（吨）	羊肉出口量（吨）
2018	1 039 388	319 036	434	3 294
2019	1 659 421	392 319	218	268
2020	2 118 003	364 868	97	124

资料来源：中国海关总署。

（三）江西省牛羊产业发展现状

1. 牛羊产能持续扩大，市场供应能力不断提升

"十二五"以来，江西省牛羊产业整体发展趋势向好，生产规模逐年扩大，肉牛肉羊存出栏和牛羊肉产量稳步提升，牛羊肉占比呈现跨越式增长，发展基础不断增厚。肉牛方面，尽管经历了 2017 年全国性的肉牛存栏量大幅度下降，但受牛肉价格利好和消费增长的刺激，全省肉牛存栏量逐步攀升，在 2020 年逐步恢复到 2010 年的存栏数量，出栏量则达到 2015 年的水平，2021 年，肉牛存、出栏量同比增加 -4.97% 和 8.45%。肉羊方面则呈现跨越式增长的局面，2020 年江西省肉羊存出栏量均比 2015 年提高了 1 倍左右，并在 2017 年首次突破百万只，2021 年，肉羊存、出栏量同比增加 7.12% 和 8.30%。牛羊肉产量从 2015 年的 14.8 万吨提高到 2021 年的 19.58 万吨，占肉类比重从 4.4% 提高到 5.83%，畜牧业生产结构正在发生改变，牛羊生产在畜牧业生产中的比重逐年增加（图附 1-3、图附 1-4）。

2. 优势产区初步形成，产业版图不断扩大

"十三五"时期，江西省牛羊生产规模总量逐年扩大的同时，牛羊生

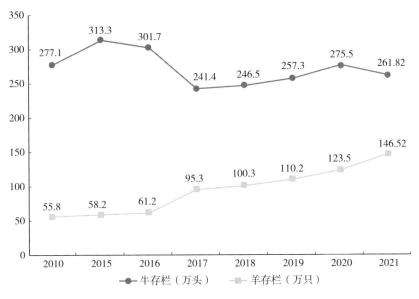

图附 1-3　江西牛羊养殖存栏量（2010—2021）

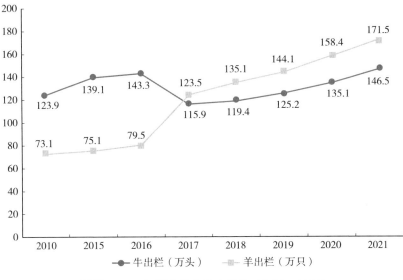

图附 1-4　江西牛羊养殖出栏量（2010—2021）

产也呈现了逐步向优势产区集中的趋势，涌现出一批牛、羊养殖重点县。吉安、宜春两个肉牛片区牛出栏占全省肉牛出栏量的 55%，赣西、赣西北肉羊重点县羊出栏占全省肉羊出栏量的 60% 左右。在优势产区辐射带动下，牛羊产业版图不断扩大，赣州、抚州肉牛发展较快，赣东北肉羊兴起。"十四五"期间依然延续良好势头。

3. 牛羊肉消费量稳步增长

2018 年至 2020 年，江西省居民人均牛肉消费量由 2.2 千克上升至 2.6 千克，增长 18.18%；虽然人均羊肉消费量由 0.4 千克下降至 0.3 千克，但人均牛羊肉总消费量仍然从 2.6 千克上升至 2.9 千克，增长 11.54%。在人均肉类总消费量有所下降的情况下，人均牛羊肉消费占肉类总消费量的比重由 8.49% 上升到 9.76%（图附 1-5）。

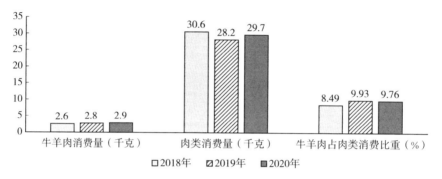

图附 1-5　2018—2020 年江西省人均牛羊肉消费情况统计

二、江西省牛羊产业发展典型模式

近年来，江西省牛羊产业发展过程中逐渐形成了一些具有本地特色的发展模式，为江西省牛羊产业进一步高质量发展提供了可供参考和复制的样板。

（一）"草饲—养殖—加工—专卖"现代化肉牛全产业链模式——江西胜龙牛业有限公司

江西胜龙牛业有限公司始终贯彻绿色养殖、有机养殖、生态旅游、美丽乡村的理念，经过十几年的发展，打造"草饲—养殖—加工—专卖"现代化肉牛全产业链模式，形成了牧草自供，科学饲养，生态养殖，直营专卖的特色优势，先后获得全国农业重大技术协同推广示范基地，省级现代农业示范园区，省级重点农业龙头企业等荣誉称号，牛肉产品荣获江西名牌，江西"生态鄱阳湖·绿色农产品"（上海）展销会参展农产品金奖。作为省级扶贫龙头企业，坚持把带动低收入群众增收作为发展养牛产业的落脚点，通过"三合作＋六统一"联合体发展模式，以"三合作"保收益，以"六统一"保质量，让低收入群众搭上胜龙牛业这趟"幸福快车"，共吸纳1 092户低收入农户入股分红，直接创造120多个就业机会，带动农户达1 000余户。胜龙秉承食品安全为公司发展的生命线，通过对产品质量全程跟踪，实现牛肉食材安全可追溯，2020年营业收入达1.74亿元，同比增长36%，实现净利润1 861万元，同比增长65%，预计到2025年，实现肉牛存栏达10万头以上。胜龙通过生态循环养殖践行"两山"理论，利用大面积荒山荒坡种植牧草，使得基地所在的荒山荒坡植被覆盖率由35%提高至70%。未来将继续通过政企合作、校企合作，助推江西省肉牛产业高质量发展。

（二）通过"三改两增两减"，实现"生态化"肉牛养殖模式——洪泰农业科技有限公司

洪泰农业科技有限公司是一家集有机肥生产、牧草种植、良种繁育、肉牛养殖、屠宰分割、牛肉深加工等业务板块为一体的高标准化肉牛全产业链集团公司。秉承"技术创新为基，绿色发展为本"的发展理念，依托全国农业重大技术协同推广示范基地，在实践中创新《南方发酵床肉牛养殖技术》，通过"三改"：一改牛床，有效地解决了规模养牛场环保难题。二改拴系养为大栏散养，活牛免疫力增强，牛屠宰后，油脂大幅度减少，牛肉产品质量得到提高。三改产业模式，通过"政府＋公司＋银行＋农户"方式，有力地加快了农户种草养牛和肉牛产业的步伐。作为省级肉牛养殖标准化示范基地与省级重点农业龙头企业，通过"三改两增两减"的环保养牛技术，牛场实现了粪污零排放目标，2020年产品销售总额同比增长207万元，同比增长率2.55%，呈现持续增长态势。彰显省级龙头企业担当，独创"肉牛托养＋四统一分"联合发展模式，带动20多个村集体的1 000多户低收入农户增收，开创了"群众增收、政府为民、企业做大、银行盈利"的四赢局面。未来公司将重点一手抓良种母牛繁殖，一手抓牧草和秸秆综合利用，培育洪泰肉牛品种，打造洪泰品牌，增强市场竞争力。

（三）"本地黄牛＋生态放养"经营模式——浮梁县浩然牧业黄牛养殖基地

浮梁浩然农牧业发展有限公司成立于 2009 年，位于浮梁县鹅湖镇桃岭村，目前存栏广丰黄牛 460 余头，其中能繁母牛 213 头。公司自 2009 年开始养殖本地黄牛以来，坚持自繁自育发展之路，充分利用当地草山草坡资源优势，实行季节性放牧与种草圈养相结合，形成了一套自己的经营模式。一是坚持特色发展。公司着力发展本地黄牛，不断选育扩繁，壮大牛群基数。经江西省生物技术学院基因测定，公司所养牛群血缘与广丰黄牛相近，为保证牛群的品种品质，公司积极申报了广丰黄牛种牛场备份场。二是坚持生态养殖。公司充分利用本地草山草坡资源及公司天然草场、人工改良草场、牧草种植等优势，采取轮牧方式，实现春、夏、秋三季放养和深冬季节圈养相结合模式，切实保障绿色生态养殖，牛产品质量。三是坚持自繁自养。公司在保证稳定肉牛的种源同时，坚持不从外购进育肥牛，杜绝外源性疫病传入，有利于生产稳定发展。四是坚持降本增效。通过放养轮牧，种植牧草青贮、充分利用本地酒糟、豆渣、稻草等农副产品，就地取材，变废为宝，大大降低饲料生产成本，实现良好的经济效益。浩然牧业一手打造出循环发展的养殖模式，彻底改变了村庄环境，也改变了浮梁县黄牛养殖产业的面貌。浮梁浩然牧业的发展壮大，已经成为当地畜牧业发展的一张名片，得到了当地政府的高度评价。

（四）技术引进、对外合作与带动群众相结合的湖羊产业发展模式——赣县区绿林湾农牧三溪湖羊基地

赣县绿林湾农牧有限公司成立于 2012 年，最初只是一家养殖规模不过 200 只山羊的小企业，近年来快速发展壮大，目前已拥有羊舍 13 栋，存栏湖羊 3 000 只，其中母羊 2 500 余只，年出栏羊羔可达 8 000 只，预计 2020 年基地销售肉羊可达 10 000 只以上。公司发展过程中，持续推进农业产业化、持续带动贫困户增收、持续壮大村集体经济、持续共创共赢生态圈，形成了鲜明的发展特色。公司发展过程中也积累了宝贵的经验：一是品种的不断筛选与优化。公司在发展的过程中对品种不断进行筛选，最终确定以小湖羊为公司的主要发展品种。二是饲养技术的积累与引进，特别是引进江西省牛羊产业技术体系专家的"肉羊高频高效繁育技术""肉

羊商品配套系杂交育种技术""育肥期肉羊日粮配制技术"和"绿色替抗饲料添加剂的应用"等多项新技术。三是战略伙伴的引入与合作。引进战略合作伙伴赣州澳德饲料科技有限公司，共同成立了赣州澳青农牧有限公司；与多家餐饮公司合作，为他们提供高品质的食材，做出好口碑的菜品，实现了一二三产业融合，使得公司发展进入了质的飞跃阶段。四是带动周边群众共赢。公司所在的三溪乡累计有 200 多户次低收入农户参与湖羊养殖实现就业增收，发展了六家中小型养殖场。绿林湾公司的发展模式得到了赣县区委和区政府的大力赞许，并将公司列入赣县区龙头企业，湖羊养殖产业也被列入了"十四五"规划中重点支持的农业产业。湖羊养殖已经由最初的扶贫产业发展成为带动当地群众致富的富民事业，将来还将带动赣县区及整个赣州地区畜牧业的高质量发展。

（五）采用"公司＋新型经营主体＋农户"经营模式，带动农户共同富裕——乐平市三王牧业湖羊养殖基地

乐平市三王牧业发展有限公司成立于 2012 年，位于乐平市浯口镇石明村，公司业务范围包括林木种植，畜牧等，是江西省农业龙头企业。公司采取"公司＋新型经营主体（合作社、家庭农场）＋农户（低收入农户）"的经营模式。一方面，龙头企业与新型经营组织通过合同关系，间接向养殖户提供合格的育肥小羔羊，提供标准饲料，定期进行养羊技术培训，做到包干、包销、保底、保效。另一方面，公司与家庭农场签约共同带动农户发展，这样的联结机制，分工更为明确。而且公司注重对外交流合作，积极获取外部资源，通过与江西省科学院合作建立了"牛羊健康养殖模式构建与示范"基地。2017 年、2018 年、2019 年公司连续三年肉羊产量逐年提高，效益同步增长。同时在产业振兴中也取得了显著的成绩，公司带动了 10 家合作社并带动农户达 2 008 户，累计增收 3 200 万元，平均每户增收 1.59 万元，让广大农户实现家门口创业致富，取得了良好的社会效应。此外，公司采用先进的干湿秸秆青贮技术，既充分利用本地丰富的农作物秸秆资源，又避免了因焚烧秸秆而造成的环境污染，保护了当地的生态环境。乐平市三王牧业有限公司通过龙头企业牵引，切实为农户提供产前、产中、产后服务。同时公司还建立保底收购机制，提高了农户养殖积极性，扩大了养殖规模，更好地带动农户增收致富。

（六）"自繁自育＋技术创新＋市场拓展"经营模式——修水大业牧业有限公司

九江市修水大业牧业有限公司创建于2013年，江西省第一家黑山羊引进品种原种场。经过近10年的发展，大业公司已发展为一所集养殖、种植、育种、科研、推广服务于一体的大型标准化现代企业，同时也是南方大型黑山羊良种繁育、江西省牛羊产业技术体系以及江西省农业科学院首批农业新品种、新技术、新模式示范基地。大业公司始终坚持"绿色发展，生态养殖"的理念，立足于当地依山傍水的资源优势，自主种植牧草、利用天然草场进行绿色饲养，实现全年牧草不断。不仅有效保障了黑山羊的品质与食品安全，而且降低了青贮饲料生产成本，提高了公司的经济效益。据统计，大业公司2021年成品羊出栏利润为778元/只，利润达到465.71万元。其次，公司十分重视科技创新，自主设计的高标准羊舍和排污处理设施，并与当地化肥企业合作对羊粪便沼气发酵进行改良，羊舍发酵间直排水达到国家二类水质（直排）标准，成功申报多个国家专利。此外，公司通过采取异地引种、改良品种及破解应激难题等举措，使得种羊成活率达到98%以上，运输应激死亡率从10%降到2%。公司领导人黄列伍更是凭借高超的养殖技术，在2022年第五届中国农民丰收节荣获"大国农匠"农民技能大赛"畜牧养殖"领域一等奖。在此众多优势条件下，大业公司养殖出来的羔羊体型好、生长周期较短且肉质鲜嫩，黑山羊远销广东、福建、江苏、湖南及新疆等多个省份，发展前景广阔。

（七）"引进良种＋山羊圈养"开启山羊圈养新模式——江西春晖羊业养殖基地

江西春晖羊业有限发展公司成立于2014年9月，公司秉承"开拓创新、服务农户，为市场提供优质健康的放心羊肉"的宗旨，被樟树市选定为市产业扶贫基地。公司采取"引进良种＋山羊圈养"的经营模式。公司成立之初从四川省引入300只良种努比亚种羊，经过6年的不懈努力，目前已经做到存栏母羊5 000多只，可年出栏近20 000只，成为江西省规模最大的种羊场。2016年公司与南昌大学、江西农大等高校合作开创了南方山羊绿色圈养技术，通过技术改进后实现了山羊可以大规模圈养的目标，使南方山羊养殖产业的发展产生了极大的推动作用。此外，公司通过种植牧草—牧草加工—TMR 养殖—羊粪还田等措施，形成拥有 3 000 亩高产人工草地、种养循环的生态养殖模式，从而实现草料自给。2014 年至 2017 年公司以滚动扩群及扩建为主，到 2020 年已经实现了出栏羊只 18 000 头，利润 700 万元。同时实现了农户人均增收 5 000 余元，带动 630 户低收入农户致富的社会效益；公司还利用当地农作物秸秆约 3 000 吨，为保护环境做出应有的贡献。公司成立之初经过多方考察，在充分了解肉羊养殖信息的情况下，积极引进优质种羊，开启山羊圈养新模式。在发展过程中公司始终坚持走可持续发展之路，真正实现了既发展了养殖又带动了种植的无污染种养结合循环利用发展模式。

（八）采取"补贴引种""借羊还羊""自建基地＋农户承包"经营模式——鄱阳县富大种养专业合作社种羊示范场

随着人们生活水平的提高，人们肉类消费由猪、禽肉为主逐步转向草食动物肉类，草食动物养殖发展前景良好，存在较大利益。位于鄱阳县枧田街乡大源村的富大种养专业合作社市场意识敏锐，在江西省畜牧技术推广站提供技术支持的背景下，于 2016 年建设投产种羊示范场，引进具有繁殖力高、适应性好、抗病力强、屠宰率高、肉质好等优良特性的努比亚黑山羊，其投资规模达 282.75 万元，注册资本达 496 万元，目前存栏黑山羊 800 头，年出栏 400 头，年产值已达 100 万元。羊场充分利用大源村的林多人少适于林地放养养殖、存在红薯产业作饲料来源且成本极低等有利条件，实行黑山羊养殖与林地牧草放养相结合，形成了一套自己的经营模式——承包经营，将羊场经营权承包给村里致富带头人，通过实施"合作社＋农户（低收入农户）"的方式，发展农户养殖黑山羊，并采取"补贴引种""借羊还羊"等形式进行扶持，使得羊场存栏规模大幅提升，增速同比超过 200%，农户内生动力极大程度转化为实际经济效益。据悉，该产业每年为村集体提供 9 万元稳定收益；每年为村民提供就业工资超 10 万元、土地租赁资金 5 万元。同时羊场注重绿色可持续发展，通过修建堆粪池、推进种养结合、运用新型圈养技术等方式，形成了减少化肥使用、促进秸秆资源化利用、提高植被覆盖密度等资源利用态势，达到了保护生态资源、减轻环境损害、绿色持续生产的显著效果。解决了大源村集体经济收入问题、土地撂荒问题、生态环境保护问题，产生了经济效益明显提升、产业绿色可持续发展等丰硕的成果，羊场已然成为当地致富领头企业的代表。

三、江西省牛羊产业发展尚存在的问题

在畜牧业高质量发展背景下，对照"扩量提质、产业融合、草畜配套、绿色生态"的发展思路，江西省牛羊产业经济发展还面临如下一些问题：

（一）牛羊产业规模偏小，在畜牧业中的比重偏低

从牛羊产业产值来看，2020 年，江西省牛羊产业产值在全国排名分别为第 23 和 26 位，牛羊产业产值之和在全国排名 24 位，总体来看江西省牛羊产业仍处于全国下游的位置（表附 1 - 3）。

从牛羊产业产值在畜牧业中的比重来看，江西省 2020 年牛羊产业产值之和占畜牧业产值的比重为 5.84%，与全国平均水平 20.62% 相比还有很大的差距。

表附 1 - 3   2020 年江西省牛羊产业在全国的位置

地区	牛羊产业产值（亿元）	排名	牛产业产值（亿元）	排名	羊产业产值（亿元）	排名
内蒙古	998.2	1	327.2	5	665.0	1
云南	684.5	2	455.9	3	225.6	4
黑龙江	613.9	3	506.4	1	106.5	13
河北	574.3	4	319.4	7	247.9	3
新疆	571.3	5	252.5	8	308.8	2
河南	546.5	6	325.7	6	214.8	5
吉林	525.9	7	465.0	2	58.9	18
四川	445.1	8	235.1	9	201.0	6
辽宁	434.6	9	352.8	4	77.8	15
山东	360.8	10	202.6	10	148.2	7
甘肃	322.9	11	165.2	12	145.7	9
贵州	261.2	12	193.1	11	57.1	20
青海	252.4	13	131.2	14	107.2	12
湖北	246.3	14	151.3	13	82.0	14

（续）

地区	牛羊产业产值（亿元）	排名	牛产业产值（亿元）	排名	羊产业产值（亿元）	排名
湖南	246.2	15	117.3	15	113.9	11
陕西	240.1	16	95.7	17	127.4	10
安徽	234.4	17	69.9	18	146.5	8
山西	157.0	18	64.9	19	73.1	16
广西	145.6	19	115.3	16	14.3	27
宁夏	137.6	20	57.6	22	58.0	19
重庆	129.3	21	61.1	21	47.2	21
西藏	102.9	22	63.4	20	19.5	23
江苏	102.6	23	14.1	28	60.5	17
江西	88.7	24	50.8	23	14.9	26
海南	74.5	25	34.2	24	16.3	24
福建	69.8	26	22.4	26	21.4	22
广东	62.0	27	24.0	25	13.0	28
天津	53.2	28	20.9	27	5.3	29
浙江	48.4	29	4.4	29	15.0	25
北京	36.2	30	4.3	30	1.9	31
上海	34.0	31	0.9	31	2.1	30

资料来源：中国农村统计年鉴（2021）。

（二）资源利用不足，产业发展潜力未充分挖掘

江西省饲草资源丰富，草食畜牧业发展的资源承载力较高。江西省有草地 6 000 多万亩，另有农闲田 2 000 多万亩及 1 000 余万吨的秸秆等农副产品等，理论载畜量可达 1 600 万个牛单位。但目前仅为 490 万个牛单位（按照 1 头牛＝5 只羊折算），不到总资源承载量的 1/3。

资源禀赋优势并没有转化成产业发展优势，产业发展潜力未充分挖掘。全省天然草地利用率不足 40%，人工草地面积仅占总草地面积的 6% 左右。每年农作物秸秆、农产品加工副产品、下脚料产量虽高，但因成本、气候、营养品质等原因，利用率不足 20%。导致许多地区到北方购进花生秧、稻草、醋糟、青贮玉米等粗饲料。产业效益受限的同时饲料供应安全也受影响。

（三）产业效益低，未形成规模集群优势

江西省牛羊产业资金、政策、科技投入相对不足，新品种、新技术研发和引进力度不够，产业发展和创新能力不强，导致江西省牛羊生产规模和生产水平在全国处于中等偏下水平。生产规模和生产水平低下，技术能力不足，导致本产业吸纳投资和抵抗风险的能力较弱，牛肉、羊肉人均产量不足全国平均水平的40％，奶类产量仅10％左右。从生产水平上，2020年江西省肉牛肉羊规模化养殖比例分别为25.6％和44.6％，尽管纵向相比有了极大的提高，但相较于全国平均水平（肉牛28％，肉羊53％），江西省牛羊规模化养殖水平仍然较低。肉牛的出栏率从44.4％提高到2019年的48.7％，平均产肉量从98千克/头提高到105千克/头；肉羊的出栏率仍然徘徊在130％，头均产肉量15~16千克/只左右，与周边省份相比仍然处于低位水平。

（四）产业融合不够，供需连接渠道不畅

江西省牛羊产业标准化养殖水平不高，传统栏舍较为简陋，机械化设施装备少，TMR饲喂等先进工艺模式还没有广泛应用。屠宰加工薄弱，牛羊以活体销售为主，屠宰加工尤其深加工滞后，附加值低、利润空间小，如胜龙牛业也是活牛运到广东再分割加工。品牌建设不够，区域公共品牌、企业品牌和产品品牌培育不够，市场竞争力不强。牛羊产业缺乏龙头企业，上游的草产品、饲料、机械设备等产业和下游的屠宰、加工产业链条缺失；牛羊肉特别是羊肉消费集中在餐厅，由牧场到餐桌的供应渠道不通畅，线上电商也不发达，再加上传统消费习惯的影响，导致居民想买优质牛羊肉很难，养殖户要高价卖肉也难。"十三五"期间，尽管江西省居民人均牛羊肉消费量增加50％以上，但人均消费量与全国平均水平相比仍处于较低水平。此外，牛羊产品以活牛活羊销售为主，利润空间小。全省牛羊有一半以上以活畜方式销往沿海发达城市。随着物流及电商经济的发展，国外及北方牧区牛羊肉对南方市场的冲击不断加大，江西省牛羊肉产品的档次偏低、没有品牌优势的缺陷被放大，在省外市场的占有率也将持续下降，对省内养殖业又是一个巨大危机。

四、解决江西牛羊产业发展问题的对策建议

根据"创新、协调、绿色、开放、共享"的发展理念和"良繁提质、

扩群增量、草畜配套、加工增效"的发展思路，针对现阶段江西省牛羊产业自身存在的阶段性问题，顺应牛羊产业未来发展趋势，提出江西省牛羊产业高质量发展的对策建议：

（一）大力发展母畜养殖，突破产能瓶颈

一是发展适度规模、家庭养殖母牛。根据母牛养殖特点，为降低饲养成本，提高效益，可推广吉水县"1211"模式，大力发展家庭式、适度规模母牛养殖，充分利用闲散劳动力和牧草、农副产品养殖母牛。二是推广"公司＋农户"模式，户繁企育，发挥各自优势，实现"小群体，大规模"。三是进一步完善基础母畜养殖奖补机制，提升饲养母牛积极性，保障种源稳定。四是加强良种繁育体系建设。依托江西农业大学等省内科研院所技术优势，通过校企联盟方式，加强技术研究与推广，提高母畜繁育能力。

（二）提升养殖现代化水平，提高产品质量

第一，推广应用现代养殖工艺和设施设备，开展牛羊养殖标准化示范创建，支持牛羊规模养殖场建设，加快现代家庭牧场、智慧牧场发展，提升现代化规模养殖水平。第二，加快提升种畜场规模化程度，推动母牛散养向适度规模养殖转变，增强牛羊种业创新能力，培育母牛养殖大户、专业合作社，扩大母畜存栏规模，提高省内牛羊良种自给率。

（三）构建全产业链发展体系，加快产业融合

第一，着力从大宗农副产品饲料资源开发利用、牛羊种质资源保存与创新、牛羊养殖、牛羊屠宰和精深加工、冷链物流、产品销售等方面推进牛羊全产业链现代化发展。第二，大力发展草产品加工，加快推进草产业发展。大力发展人工牧草种植，加快优质饲草基地建设，实现草畜配套，提高牛羊生产水平。第三，以集中屠宰、品牌经营、冷链流通、冷鲜上市为主攻方向，推进牛羊标准化屠宰，扩大冷鲜肉和分割肉市场份额。加大冷库、速冻库建设，加强牛羊肉加工配送、冷链运输等市场流通设施建设，提高冷链运输能力，完善市场流通体系。第四，加强品牌建设，以部省共建农业绿色有机试点省为契机，发展绿色有机牛羊产品，培育知名品牌，积极开拓市场。四是引导龙头企业、家庭农场、专业合作社等新型经营主体，完善与养殖户的利益联结机制，鼓励通过"公司＋农户"等模

式，带动中小养殖户融入现代畜牧业发展。第五，积极引导龙头企业与各大超市、酒店饭馆、网络电商平台合作，融入"赣菜"战略，共同打造具有江西特色的牛羊菜品、产品、品牌。

（四）加大政策扶持力度，夯实产业根基

一是加强保障草地畜牧业用地的政策支持。第一，在用地审批上给予优先支持，将肉牛肉羊养殖场生产设施用地及附属设施用地，作为设施农用地管理。第二，鼓励利用林草资源发展林下养殖，尽早开展草地确权工作，为提高草地资源利用率提供制度保障。第三，实行环境登记备案制和环评告知承诺制，取消除饮用水源核心保护区以外的牛羊饲养禁养规定。

二是加大资金投入的政策支持。第一，农业产业结构调整向草地畜牧业发展工程倾斜，重点支持母畜增养、栏舍提升、草畜配套、加工升级等环节。第二，加大农机购置补贴力度，将饲养、挤奶、牧草加工等机械设备纳入补贴范围。第三，对于草食畜产品加工企业，争取税收减免政策。

三是加大金融保险支持力度。第一，引导和鼓励金融机构加大金融支持力度，创新信贷产品，拓宽牛羊企业融资渠道。通过建立多部门"风险共担"机制，同步化解贷款风险，将活体、栏舍等纳入抵质押范围，促进"活体牛羊抵押贷款"模式、"牛羊栏舍抵押贷款"模式落地实施。第二，鼓励和支持保险机构发展多形式、多渠道的牛羊保险业务。通过"银行＋公司（合作社）＋农户＋保险"等模式开拓牛羊产业贷款业务；探索"再贷款＋银行信贷＋农业担保＋农业保险＋财政贴息＋新型农村经营主体或农户"等金融支持牛羊产业振兴新模式。第三，实施农业保险保费补贴政策，对于牛羊养殖保险，按照事权与支出责任相适应的原则，对于牛羊养殖重点县给予一定的保费补贴等支持，在农户和地方自愿参加的基础上，为投保农户提供一定的保费补贴。

附录 2　江西省牛羊产业 2021 年度产业经济发展报告

江西省牛羊产业体系产业经济岗

我国农业农村现代化过程中，畜牧业的发展具有重要作用和意义。为促进畜牧业高质量发展、全面提升畜禽产品供应安全保障能力，经国务院同意，国务院办公厅于 2020 年 9 月 14 日发布《国务院办公厅关于促进畜牧业高质量发展的意见》（国办发〔2020〕31 号）。为贯彻落实《国务院办公厅关于促进畜牧业高质量发展的意见》（国办发〔2020〕31 号）精神，加快推进全省牛羊产业跨越式高质量发展，在确保粮食主产区地位不动摇的同时，江西省畜牧业提出了"巩固提升生猪产业、做大做强家禽产业、加快发展草地畜牧业"的发展思路，出台了《关于推进牛羊产业高质量发展的实施意见》，推动牛羊产业规模稳步扩大、优势产区初步形成，基本实现了"扩面、提质、增效"的阶段性目标。

一、牛羊产业发展现状

（一）全国牛羊产业发展现状

近年来，全国牛羊产业快速发展，为产业高质量发展打下了良好的基础：

1. 总产出不断增长

从 2001 年至 2019 年，牛羊产业总产值由 834.77 亿元增至 7 223.9 亿元，增长近 8 倍，年增长率 12.74%；2019 年牛羊产业总产值在畜牧业总产值中的比重达 21.84%，呈波动式上升趋势（图附 2-1）。

2. 产业结构不断优化

近年来，国家以提质增效为目标，出台多项政策调整畜牧业结构，牛羊产业结构不断优化，产能稳步提升。自 2001 年至 2019 年，牛出栏率由

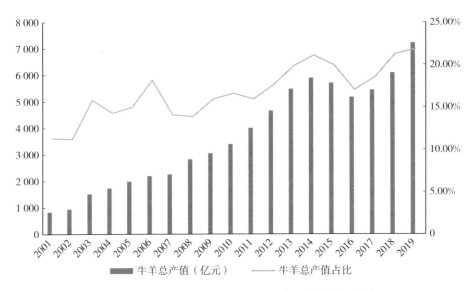

图附 2-1 2001—2019 年我国牛羊产业产值情况统计

资料来源：中国农村统计年鉴（2002—2020）。

32.11％增长至 49.61％，年均增长率 2.44％；牛肉产量由 548.8 万吨增至 672.4 万吨（2020 年），年均增长率 1.07％；羊出栏率由 72.83％增长至 105.41％，年均增长率 2.07％；羊肉产量由 292.7 万吨增长至 492.3 万吨（2020 年），年均增长率 2.77％；牛羊肉产量在肉类总产量中的占比由 13.29％增长至 15.03％，年均增长率 0.64％，呈波动式增长态势（图附 2-2、图附 2-3、图附 2-4）。

3. 消费量稳步增加

2013 年至 2020 年，我国居民人均牛羊肉消费量由 2.4 千克上升至 3.5 千克，年均增 2.00％；在居民肉类消费中的比重由 9.38％上升至 14.44％（图附 2-5）。2021 年，国内肉食结构升级趋势明显，牛羊肉市场消费依然量价齐升。

4. 进口快速增加，出口逐渐萎缩

2016 年至 2020 年，我国牛羊肉进口快速增加。牛肉进口量由 579 836 吨增至 2 120 002 吨，增长率为 274.28％；羊肉进口量由 220 063 吨增长至 364 868 吨，增长率 65.8％。与此同时，牛羊肉的出口量均呈现快速下降

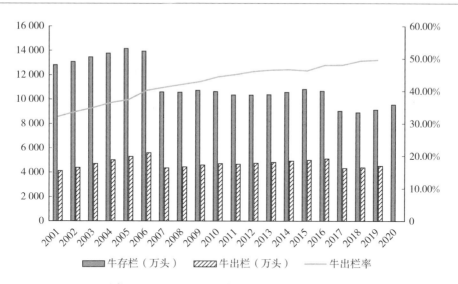

图附 2-2　2001—2020 年我国牛存出栏情况统计

资料来源：中国畜牧兽医年鉴（2002—2020）和中国统计年鉴（2021）。

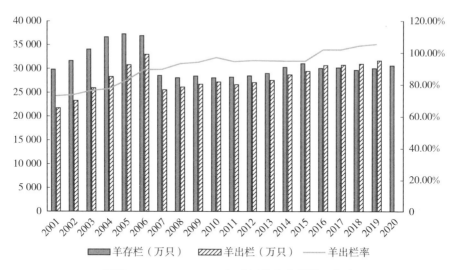

图附 2-3　2001—2020 年我国羊存出栏情况统计

资料来源：中国畜牧兽医年鉴（2002—2020）和中国统计年鉴（2021）。

的趋势。牛肉出口量由 2016 年的 4 143 吨降至 2020 年的 97 吨，降幅达 97.66%；羊肉出口量由 2016 年的 4 060 吨降至 2020 年的 124 吨，降幅 96.95%（表附 2-1）。

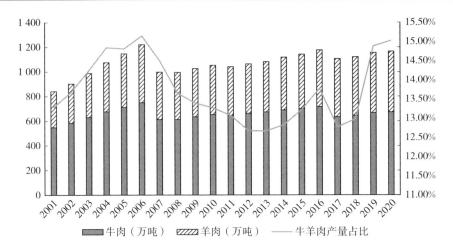

图附 2 - 4　2001—2020 年我国牛羊肉产量情况统计

资料来源：中国畜牧兽医年鉴（2002—2020）和中国统计年鉴（2021）。

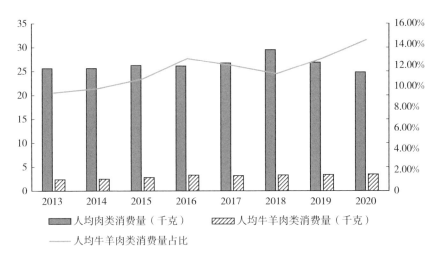

图附 2 - 5　2013—2020 年我国人均牛羊肉消费情况统计

资料来源：中国统计年鉴（2014—2021）。

表附 2 - 1　2016—2020 年我国牛羊肉进出口情况统计

单位：吨

年份	牛肉出口量	牛肉进口量	羊肉出口量	羊肉进口量
2016	4 143	579 836	4 060	220 063
2017	922	695 087	5 158	248 976

（续）

年份	牛肉出口量	牛肉进口量	羊肉出口量	羊肉进口量
2018	434	1 039 388	3 294	319 036
2019	218	1 659 421	268	392 319
2020	97	2 120 002	124	364 868

资料来源：中国统计年鉴（2017—2021）。

（二）江西省牛羊产业发展现状

1. 牛羊产能持续扩大，市场供应能力不断提升

"十二五"以来，江西省牛羊产业整体发展趋势向好，生产规模逐年扩大，肉牛肉羊存出栏和牛羊肉产量稳步提升，牛羊肉占比呈现跨越式增长，发展基础不断增厚。肉牛方面，尽管经历了 2017 年全国性的肉牛存栏量大幅度下降，但受牛肉价格利好和消费增长的刺激，全省肉牛存栏量逐步攀升，在 2020 年逐步恢复到 2010 年的存栏数量，出栏量则达到 2015 年的水平。肉羊方面则呈现跨越式增长的局面，2020 年江西省肉羊存出栏量均比 2015 年提高了 1 倍左右，并在 2017 年首次突破百万只。牛羊肉产量从 2015 年的 14.8 万吨提高到 2020 年的 17.8 万吨，占肉类比重从 4.4% 提高到 6.24%，畜牧业生产结构正在发生改变，牛羊生产在畜牧业生产中的比重逐年增加（图附 2-6、图附 2-7）。

图附 2-6　江西牛羊养殖存栏量（2010—2020）

图附 2 - 7　江西牛羊养殖出栏量（2010—2020）

2. 优势产区初步形成，产业版图不断扩大

"十三五"时期，江西省牛羊生产规模总量逐年扩大的同时，牛羊生产也呈现了逐步向优势产区集中的趋势，涌现出一批牛、羊养殖重点县。吉安、宜春两个肉牛片区牛出栏占全省肉牛出栏量的 55%，赣西、赣西北肉羊重点县羊出栏占全省肉羊出栏量的 60% 左右。在优势产区辐射带动下，牛羊产业版图不断扩大，赣州、抚州肉牛发展较快，赣东北肉羊兴起。

3. 牛羊肉消费量增长较快

虽然牛羊肉价格持续上涨，但是消费者的消费热情却丝毫没有受到影响。2015 年至 2020 年，江西省居民人均牛肉消费量由 1.6 千克上升至 2.6 千克，年均增长 10.2%；人均羊肉消费量由 0.2 千克上升至 0.3 千克，年均增长 8.45%。在人均总肉类消费量中，牛羊肉占比由 2015 年的 7.14% 上升到 2020 年的 9.76%（图附 2 - 8）。

4. 牛羊产业在全国的地位仍处于中下游

从生产规模上看，2020 年，江西省牛羊存栏量在全国排名分别为第 17 和 25 位，出栏量分别为第 17 和 26 位（2019 年数据）。与周边相邻省份相比，江西省牛存出栏量已超过湖北，更远超广东、浙江、福建、安徽等省，但与湖南省还有一定差距。羊存出栏量则与沿海省份广东、浙江、

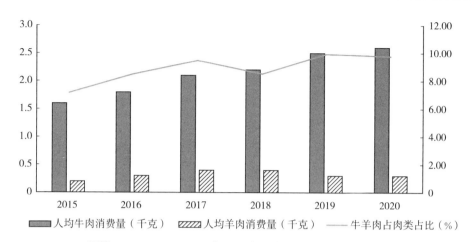

图附2-8　2015—2020年江西省人均牛羊肉消费情况统计

福建处于一个梯队，远低于安徽、湖南、湖北的水平，发展空间巨大（图附2-9、图附2-10）。

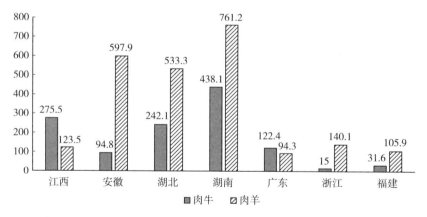

图附2-9　2020年江西省与周边6省牛羊存栏比较（单位：万头/万只）

二、江西省牛羊产业未来形势研判

（一）牛羊肉持续供不应求

在我国肉类消费量从2014年起逐年下降的大趋势下，居民牛羊肉和牛奶消费量却逐年上升。江西省居民在"十三五"期间，人均牛肉消费量由1.6千克上升至2.6千克，羊肉消费量由0.2千克上升至0.3千克，增

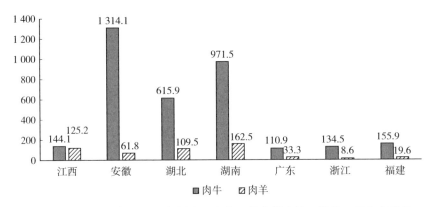

图附 2 - 10　2019 年江西省与周边 6 省牛、羊出栏比较（单位：万头/万只）

幅均在 50％以上，远超牛羊肉供给 4％和 17％的增幅。江西省人均总肉类消费量中，牛羊肉占比由 2015 年的 7.14％上升到 2020 年的 9.76％。总体来看，牛羊肉市场供不应求（图附 2 - 11）。

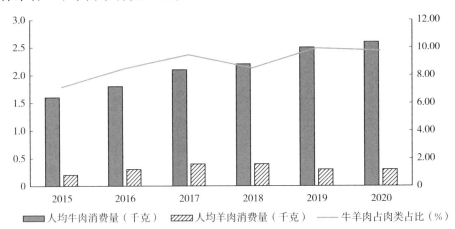

图附 2 - 11　江西省人均牛羊肉消费情况统计（2015—2020 年）

当前，江西省牛羊肉消费量与全国平均水平相比还存在不小的差距。人均消费量如果能达到全国平均水平，则牛羊肉供给量还需要至少增加 1 倍才能满足消费者的需求。因此，预计江西省牛羊肉市场供不应求的局面还将持续，牛羊产业发展空间巨大（图附 2 - 12）。

（二）牛羊肉价格持续高位

市场供不应求导致了近年来牛羊肉价格持续稳定上涨。尤其是非瘟后

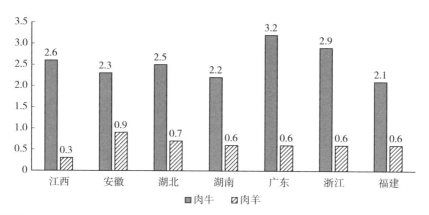

图附 2-12　2020 年江西省与全国和周边 6 省人均牛、羊消费量比较（单位：千克）

猪肉价格的上涨，推动了牛羊肉价格上涨。直至 2021 年 2 月，牛羊肉价格均保持高位，价格坚挺（图附 2-13），养殖利润较大。近期，受猪肉价格回落的影响，牛羊肉价格有所回落。考虑到消费习惯和消费水平，在猪价回落的情况下，中低端牛羊肉价格再涨的可能性不大，价格将保持一定程度的稳定或略有下降，但是养殖利润可期。

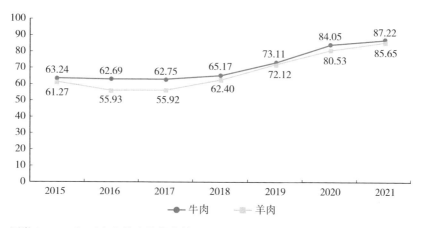

图附 2-13　江西省牛羊肉价格走势（2015—2021 年批发价）（单位：元/千克）

牛羊肉价格还受季节性消费影响。因牛一年一胎的生理特征，导致肉牛存出栏量很难快速增长，肉牛生产的稳定保证了牛价基本稳定，除了在每年年后的三、四月份有一定的浮动外，市场价格波动不大。

种羊季节性消费影响较小，当前价格基本保持在 70 元/千克左右。育肥羊受消费习惯影响，季节性波动较为明显。1～2月，江西省湖羊价格高达36～44元/千克，3—5月逐步跌至26元/千克，6月又逐渐涨回至30元/千克左右，预计9月之后又会上涨。山羊价格则在36～56元/千克区间波动。

当前，价格对羊产业发展的影响还不十分明显。但随着市场的饱和，有可能在三五年后出现价格拐点，10年后也许会出现"羊周期"现象。（拐点的出现时间和市场饱和度有关，按江西省人均羊肉消费水平达到全国的1/3测算，产量要达到6.7万吨，年需出栏肉羊450万只，繁殖母羊群体需要达到250万～300万只。在繁殖母羊群体没有达到供需平衡时，这个拐点不会过早出现。）

总体而言，牛羊肉特别是牛肉供不应求的局面短时间内不能得到改善，牛羊肉价格将维持在现行高位而有季节性波动。

（三）省外市场将成产业发展的重要拉动力

与云南、湖南、湖北等其他南方草地畜牧业试点省份相比，江西省牛羊销往沿海等主要终端市场的路线最短、交通最为便利。尤其高铁线、赣粤运河修通后，江西省的牛羊产品可以直接面向大粤湾地区，区位优势明显。若能充分发挥区位优势，江西有望建成主要面向沿海发达地区的牛羊生产、加工、供应基地。

若能抓住机遇，充分扩大省外市场，特别是发达沿海城市的消费市场，将促使江西省牛羊产业快速实现弯道超车。

（四）高品质牛羊肉生产将成为新的增长点

进口牛肉和北方羊肉对江西省牛羊产业形成了冲击。据调查，我国每年消费800万吨牛肉，其中约1/4来源于进口。进口牛肉也影响了市场价格。江西省2020年进口冻牛肉在20 000吨左右，进口的冻肉价格仅为45元/千克，是本地牛肉价格的一半。羊肉方面，来源于北方草原区的冻羊肉及活羊，价格比我省本地羊平均低4元/千克。此外，牛源缺乏、架子牛价格倒挂、人工、饲料成本的大幅上涨，均导致产业利润空间被压缩。

养殖成本的上涨也挤压了产业利润空间。例如，架子牛的价格从2018年的40～44元/千克上涨到50～56元/千克，甚至部分地区突破60元/千克，头均成本增加2 000～3 000元。而玉米、豆粕、花生秸等饲料成本的上涨，则使羊的成本价格由 11 元/千克增加到 15 元/千克。同时，江西省牛羊养殖饲养规模偏小，难以形成规模效应，受市场冲击较大。

积极调整产业结构、提质增效，是应对进口和北方牛羊肉市场冲击的重要手段。一方面企业要加强自身内功修炼，从技术和管理上多途径提升产业效益；另一方面，应充分发挥全省生态资源优势，转变生产模式，加强冷鲜肉市场、高端肉市场的竞争力，摆脱困境。

总体来看，牛羊肉需求逐年扩大、牛羊肉市场不断增加的格局十分明显。产业扩张的同时，对生产效益和经济效益的追求将成为产业升级的主要动力。

三、江西省牛羊产业发展尚存在的问题

在畜牧业高质量发展背景下，对照"扩量提质、产业融合、草畜配套、绿色生态"的发展思路，江西省牛羊产业经济发展还面临如下一些问题：

（一）良种繁育体系不完善，犊牛对外依赖程度高

江西省牛羊种源供不应求，饲养种牛种羊的企业不多，满足不了产业快速发展需要。如湖羊种养，基本都是从浙江、江苏引进。部分品种资源出现退化，赣西山羊、峡江水牛等保种工作滞后，良种繁育体系建设需要加强。

基础母畜存栏量偏低，本土自产犊牛供应不足，需从北方、西南地区大量购买犊牛，长途运输，成本较高，易引发应激反应，疾病风险大。特别是 2022 年受疫情影响，外省调运检疫更加严格，犊牛引进难。牛源供应不足严重制约了肉牛产业的快速扩大。如在吉水县调研，养牛户唐小波从吉林调牛，经常因应急不适导致每批调运要耗损 10 多头牛。

（二）资源利用不足，产业发展潜力未充分挖掘

江西饲草资源丰富，草食畜牧业发展的资源承载力较高。江西省有草地 6 000 多万亩，另有农闲田 2 000 多万亩，以及 1 000 余万吨的秸秆等农副产品等，理论载畜量可达 1 600 万个牛单位。但目前仅为 490 万个牛单位（按照 1 头牛＝5 只羊折算），不到总资源承载量的 1/3。

资源禀赋优势并没有转化成产业发展优势，产业发展潜力未充分挖

掘。全省天然草地利用率不足 40％，人工草地面积仅占总草地面积的 6％左右。每年农作物秸秆、农产品加工副产品、下脚料产量虽高，但因成本、气候、营养品质等原因，利用率不足 20％。导致许多地区到北方购进花生秧、稻草、醋糟、青贮玉米等粗饲料。产业效益受限的同时饲料供应安全受影响，尤其在 2020 年春季新冠期间受到突出影响。

（三）产业效益低，未形成规模集群优势

江西省牛羊产业资金、政策、科技投入相对不足，新品种、新技术研发和引进力度不够，产业发展和创新能力不强，导致江西省牛羊生产规模和生产水平在全国处于中等偏下水平。从生产规模上看，2020 年，江西省牛羊存栏量在全国排名分别为第 17 和 25 位，出栏量分别为第 17 和 26位（2019 年数据）（图附 2－14、图附 2－15）。同时，由于养殖业属于高风险行业，尤其是牛羊生产投入大、回报慢。生产规模和生产水平低下，技术能力不足，导致本产业吸纳投资和抵抗风险的能力较弱，牛肉、羊肉人均产量不足全国平均水平的 40％，奶类产量仅 10％左右。从生产水平上，2020 年江西省肉牛肉羊规模化养殖比例分别为 25.6％和 44.6％，尽管纵向相比有了极大的提高，但相较于全国平均水平（肉牛 28％，肉羊53％），江西省牛羊规模化养殖水平仍然较低。肉牛的出栏率从 44.4％提高到 2019 年的 48.7％，平均产肉量从 98 千克/头提高到 105 千克/头；肉羊的出栏率仍然徘徊在 130％，头均产肉量 15～16 千克/只左右，与周边省份相比仍然处于低位水平。

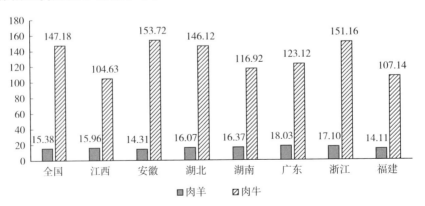

图附 2－14　2019 年江西省与全国和周边 6 省牛羊头均产肉量比较（单位：千克/头（只）

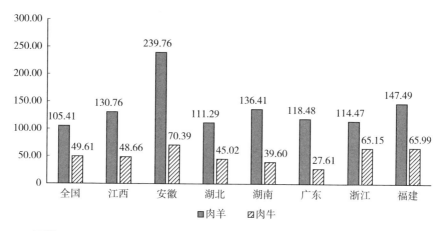

图附 2-15　2019 年江西省与全国和周边 6 省牛羊出栏率比较（单位：%）

（四）产业融合不够，供需连接渠道不畅

江西省牛羊产业标准化养殖水平不高，传统栏舍较为简陋，机械化设施装备少，TMR 饲喂等先进工艺模式还没有广泛应用。屠宰加工薄弱，牛羊以活体销售为主，屠宰加工尤其深加工滞后，附加值低、利润空间小，如胜龙牛业也是活牛运到广东再分割加工。品牌建设不够，区域公共品牌、企业品牌和产品品牌培育不够，市场竞争力不强。牛羊产业缺乏龙头企业，上游的草产品、饲料、机械设备等产业和下游的屠宰、加工产业链条缺失；牛羊肉特别是羊肉消费集中在餐厅，由牧场到餐桌的供应渠道不通畅，线上电商也不发达，再加上传统消费习惯的影响，导致居民想买优质牛羊肉很难，养殖户要高价卖肉也难。"十三五"期间，尽管江西省居民人均牛羊肉消费量增加 50% 以上，但人均消费量与全国平均水平相比仍处于较低水平。此外，牛羊产品以活牛活羊销售为主，利润空间小。全省牛羊有一半以上以活畜方式销往沿海发达城市。随着物流及电商经济的发展，国外及北方牧区牛羊肉对南方市场的冲击不断加大，江西省牛羊肉产品的档次偏低、没有品牌优势的缺陷被放大，在省外市场的占有率也将持续下降，对省内养殖业又是一个巨大危机。

（五）金融保险乏力，企业扩张和抵御风险能力不强

栏舍、活体等无法作为抵押物进行贷款，融资难、投入不足，规模难以扩张。调研时，临川垚森公司反映，企业年出栏肉牛 2 000 多头，建有屠

宰场、自营品牌店，但由于活体、设施不能抵押贷款，企业融资难，养殖规模难以扩张，市场竞争力不够。牛羊产业尚未纳入政策性保险，而且险种少、额度低、覆盖面不广、风险保障不够，导致养殖户风险抵御能力差。

四、解决江西牛羊产业发展问题的对策建议

根据"创新、协调、绿色、开放、共享"的发展理念和"良繁提质、扩群增量、草畜配套、加工增效"的发展思路，针对现阶段江西省牛羊产业自身存在的阶段性问题，顺应牛羊产业未来发展趋势，提出江西省牛羊产业高质量发展的对策建议：

（一）扩大母牛养殖，提高犊牛自给率

一是发展适度规模、家庭养殖母牛。根据母牛养殖特点，为降低饲养成本，提高效益，可推广吉水县"1211"模式，大力发展家庭式、适度规模母牛养殖，充分利用闲散劳动力和牧草、农副产品养殖母牛。二是推广"公司＋农户"模式，户繁企育，发挥各自优势，实现"小群体，大规模"。三是进一步完善基础母畜养殖奖补机制，提升饲养母牛积极性，保障种源稳定。四是加强良种繁育体系建设。依托江西农业大学等省内科研院所技术优势，通过校企联盟方式，加强技术研究与推广，提高母畜繁育能力。

（二）促进规模化、标准化、现代化养殖

第一，推广应用现代养殖工艺和设施设备，开展牛羊养殖标准化示范创建，支持牛羊规模养殖场建设，加快现代家庭牧场、智慧牧场发展，提升现代化规模养殖水平。第二，加快提升种畜场规模化程度，推动母牛散养向适度规模养殖转变，增强牛羊种业创新能力，培育母牛养殖大户、专业合作社，扩大母畜存栏规模，提高省内牛羊良种自给率。

（三）构建全产业链发展体系，加快产业融合

第一，着力从大宗农副产品饲料资源开发利用、牛羊种质资源保存与创新、牛羊养殖、牛羊屠宰和精深加工、冷链物流、产品销售等方面推进牛羊全产业链现代化发展。第二，大力发展草产品加工，加快推进草产业发展。大力发展人工牧草种植，加快优质饲草基地建设，实现草畜配套，提高牛羊生产水平。第三，以集中屠宰、品牌经营、冷链流通、冷鲜上市为主攻方向，推进牛羊标准化屠宰，扩大冷鲜肉和分割肉市场份额。加大

冷库、速冻库建设，加强牛羊肉加工配送、冷链运输等市场流通设施建设，提高冷链运输能力，完善市场流通体系。第四，加强品牌建设，以部省共建农业绿色有机试点省为契机，发展绿色有机牛羊产品，培育知名品牌，积极开拓市场。四是引导龙头企业、家庭农场、专业合作社等新型经营主体，完善与养殖户的利益联结机制，鼓励通过"公司＋农户"等模式，带动中小养殖户融入现代畜牧业发展。第五，积极引导龙头企业与各大超市、酒店饭馆、网络电商平台合作，融入"赣菜"战略，共同打造具有江西特色的牛羊菜品、产品、品牌。

（四）加强政策扶持，减轻后顾之忧

一是加强保障草地畜牧业用地的政策支持。第一，在用地审批上给予优先支持，将肉牛肉羊养殖场生产设施用地及附属设施用地，作为设施农用地管理。第二，鼓励利用林草资源发展林下养殖，尽早开展草地确权工作，为提高草地资源利用率提供制度保障。第三，实行环境登记备案制和环评告知承诺制，取消除饮用水源核心保护区以外的牛羊饲养禁养规定。

二是加大资金投入的政策支持。第一，农业产业结构调整向草地畜牧业发展工程倾斜，重点支持母畜增养、栏舍提升、草畜配套、加工升级等环节。第二，加大农机购置补贴力度，将饲养、挤奶、牧草加工等机械设备纳入补贴范围。第三，对于草食畜产品加工企业，争取税收减免政策。

三是加大金融保险支持力度。第一，引导和鼓励金融机构加大金融支持力度，创新信贷产品，拓宽牛羊企业融资渠道。通过建立多部门"风险共担"机制，同步化解贷款风险，将活体、栏舍等纳入抵质押范围，促进"活体牛羊抵押贷款"模式、"牛羊栏舍抵押贷款"模式落地实施。第二，鼓励和支持保险机构发展多形式、多渠道的牛羊保险业务。通过"银行＋公司（合作社）＋农户＋保险"等模式开拓牛羊产业贷款业务；探索"再贷款＋银行信贷＋农业担保＋农业保险＋财政贴息＋新型农村经营主体或农户"等金融支持牛羊产业振兴新模式。第三，实施农业保险保费补贴政策，对于牛羊养殖保险，按照事权与支出责任相适应的原则，对于牛羊养殖重点县给予一定的保费补贴等支持，在农户和地方自愿参加的基础上，为投保农户提供一定的保费补贴。

附录 3 　江西省牛羊产业 2020 年度 产业经济发展报告

江西省牛羊产业体系产业经济岗

党的十九大以来，我国经济由高速增长阶段转向高质量发展阶段。畜牧业是关系国计民生的重要产业，为促进畜牧业高质量发展、全面提升畜禽产品供应安全保障能力，经国务院同意，国务院办公厅于 2020 年 9 月 14 日发布《国务院办公厅关于促进畜牧业高质量发展的意见》（国办发〔2020〕31 号）。为贯彻落实《国务院办公厅关于促进畜牧业高质量发展的意见》（国办发〔2020〕31 号）精神，加快推进全省牛羊产业跨越式高质量发展，2020 年 11 月 6 日江西省人民政府办公厅出台了《关于推进牛羊产业高质量发展的实施意见》，共提出了 10 条具体措施，主要包括：明确目标任务、提升规模化养殖水平、健全牛羊繁育改良体系、加强科技创新与技术推广、提升产业化经营水平、有效开发利用饲料饲草资源、加大牛羊产业投入、保障牛羊养殖用地、加大金融保险支持和强化督导考核。这为我省牛羊产业加快发展提供了有力的政策支持。

一、牛羊产业发展现状

（一）全国牛羊产业发展现状

近年来，全国牛羊产业快速发展，为产业高质量发展打下了良好的基础：

1. 总产出不断增长

从 2001 年至 2019 年，牛羊产业总产值由 834.77 亿元增至 5 675.1 亿元，增长近 6 倍，年均增长 11.24%；牛羊产业总产值在畜牧业总产值中的比重以年均 2.35% 的增速呈波动式上升趋势（图附 3-1）。

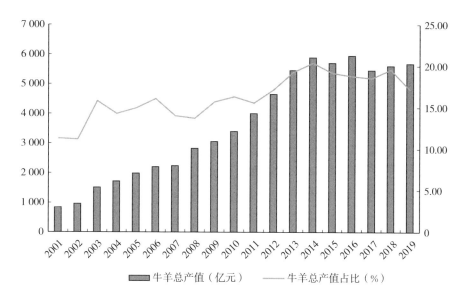

图附 3-1　2001—2019 年我国牛羊产业产值情况统计

资料来源：中国农村统计年鉴（2002—2020）。

2. 产业结构不断优化

近年来，国家以提质增效为目标，出台多项政策调整畜牧业结构，牛羊产业结构不断优化，产能稳步提升。自 2001 年至 2019 年，牛出栏率由 32.11%增长至 49.86%，年均增长 2.47%；羊出栏率由 72.83%增长至 105.81%，年均增长 2.1%。牛肉产量由 548.8 万吨增至 667.3 万吨，年均增长 1.09%；羊肉产量由 292.7 万吨增长至 487.5 万吨，年均增长 2.87%，均超过猪肉年均 0.09%的增长率；牛羊肉产量在肉类总产量中的占比由 13.29%增长至 14.88%，年均增长 0.63%，呈波动式增长态势（图附 3-2、图附 3-3、图附 3-4）。

3. 消费量稳步增加

2013 年至 2019 年，我国居民人均牛羊肉消费量由 2.4 千克上升至 3.4 千克，年均增长 6%，超过猪肉年均 0.42%的增长速度；在居民肉类消费中的比重由 9.38%上升至 12.64%，年均增长 5.1%（图附 3-5）。2019 年，国内肉食结构升级趋势明显，加上非瘟的影响，牛羊肉市场消费量价齐升。近年来，牛羊肉消费呈现季节性消费变为常年消费、民族性消费变为

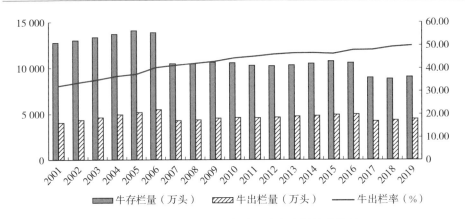

图附 3-2 2001—2019 年我国牛存出栏情况统计

资料来源：中国畜牧兽医年鉴（2002—2020）。

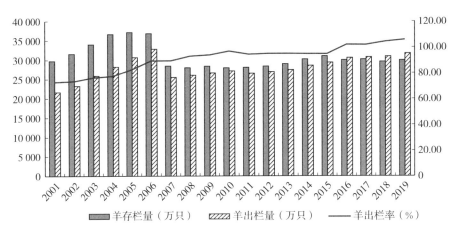

图附 3-3 2001—2019 年我国羊存出栏情况统计

资料来源：中国畜牧兽医年鉴（2002—2020）。

全民性消费、外出就餐消费变为家庭消费、消费群体年轻化的趋势。

4. 进口快速增加

2016 年至 2019 年，我国牛肉进口量由 579 836 吨增至 1 659 470 吨，增加了 1.86 倍，进出口逆差由 575 693 吨扩大至 1 659 251 吨，扩大了1.88 倍；羊肉进口量由 220 063 吨增长至 392 319 吨，增加 78.28%，进出口逆差由 216 003 吨扩大至 390 365 吨，增长 80.72%。2020 年 1 至 9月份牛肉进口量较去年同期增加 38.66%（表附 3-1）。

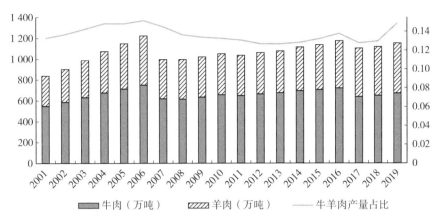

图附 3 - 4 2001—2019 年我国牛羊肉产量情况统计

资料来源：中国畜牧兽医年鉴（2002—2020）。

图附 3 - 5 2013—2019 年我国人均牛羊肉消费情况统计

资料来源：中国统计年鉴（2014—2020）。

表附 3 - 1 2016—2019 年我国牛羊肉进出口情况统计

单位：吨

年份	牛肉出口量	牛肉进口量	羊肉出口量	羊肉进口量
2016	4 143	579 836	4 060	220 063
2017	922	695 087	5 158	248 976
2018	434	1 039 388	3 294	319 036
2019	219	1 659 470	1 954	392 319

资料来源：中国海关总署。

5. 单价与猪肉同步高位震荡

在我国牛羊肉供需量同时增长的情况下，牛羊肉的价格与猪肉价格同步增长。自 2010 年至 2019 年，牛肉、羊肉和猪肉年均单价分别由 33.91 元/千克、34.95 元/千克和 18.69 元/千克，分别增长至 73.11 元/千克、72.12 元/千克和 33.73 元/千克，年均增长率分别达到 8.91%、8.38% 和 6.78%，牛羊单价与猪肉单价同趋势变动，但是牛羊肉单价年均增长速度均超过猪肉（图附 3-6）。因受非洲猪瘟影响，从 2019 年下半年开始，猪肉价格持续高位运行，价格较上年同期增长 78.59%，牛羊肉价格也随之提高，分别较上年同期增长 17.34% 和 13.54%。

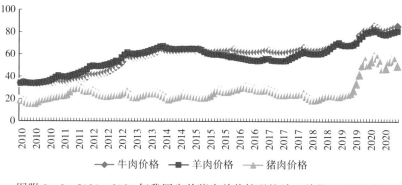

图附 3-6 2010—2020 年我国牛羊猪肉单价情况统计（单位：元/千克）

资料来源：相关资料收集整理。

（二）江西省牛羊产业发展现状

在全国牛羊产业迅速发展背景下，江西省牛羊产业也迅速发展，表现突出。

1. 生产总量不断增长

从产业体量来看，总体体量不断增大。与 1998 年相比，2019 年全省牛出栏 125.2 万头，提高了 81.71%，存栏 257.3 万头，降低了 34.31 个百分点；羊出栏 144.1 万只，存栏 110.2 万只，分别提高 158.24% 和 51.17%；牛羊肉产量 15.4 万吨，提高了一倍多。每年销往浙江、上海、广东、福建等省外市场的肉牛超过 50 万头，仅浙江市场就达 30 万头，在宁波、温州等城市江西占有最大份额。武宁仙姑寨"桃花牛"牛肉获得有机认证，热销港澳、日本等地，"胜龙牛业"成为广州生鲜牛肉专卖第一品牌。2020 年，尽管受疫情影响，但牛羊产品供应可望保持强劲增长态势。

2. 规模化经营态势初显

随着基础设施建设逐步完善及散养户退出加速，我省牛羊产业规模化趋势显著。2007 年至 2019 年，年出栏牛 9 头以下的养殖（场）户减少了604 085 家，降低了 63.62 个百分点；年出栏牛 50 头至 499 头的养殖（场）户增加了 1 165 家，增长了 1.45 倍；年出栏牛 500 头以上养殖（场）户增加了 62 家，增长了 10.33 倍；年出栏羊 99 只以下的养殖（场）户减少了 42 639 家，降低了 41.91 个百分点；年出栏羊 100 只至 999 只的养殖（场）户增加了 1 088 家，增长了 1.19 倍；年出栏羊 1 000 只以上的养殖户（场）增加了 5.4 倍，达 32 家（图附 3 - 7、图附 3 - 8）。2020 年，牛羊肉产品价格仍然保持高位运行，养殖效益稳定向好，饲养一头牛利润2 000～3 000 元，羊利润 200～400 元，养殖户扩栏意愿增强，规模化趋势持续。

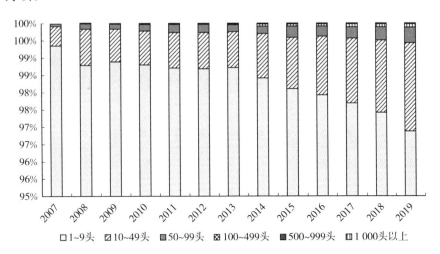

图附 3 - 7 江西省牛养殖规模情况统计

资料来源：中国畜牧兽医年鉴（2008—2020）。

3. 全省牛羊产业版图持续扩大

目前，江西省初步形成了宜春、吉安、赣州肉牛优势产区和赣西、赣西北和赣东北肉羊优势产区。2019 年，宜春、吉安和赣州三市的牛总存

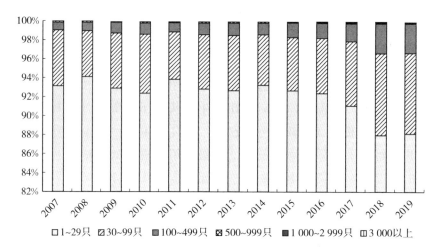

图附 3-8　江西省羊养殖规模情况统计

资料来源：中国畜牧兽医年鉴（2008—2020）。

栏量、出栏量和产肉量分别占全省的 71.89%、76.43% 和 76.06%；萍乡、宜春、九江、赣州和上饶五市的羊总存栏量、出栏量和产肉量分别占全省的 84.72%、84.72%、和 84.38%（表附 3-2）。

从发展趋势看，在现有优势产区的辐射带动和影响下，全省牛羊养殖产业版图呈现继续扩大的明显趋势，先后涌现出抚州市肉牛新兴生产区，以及上饶市肉羊新兴生产区。

表附 3-2　2019 年江西省各地市牛羊发展情况统计

占比（%）	南昌	景德镇	萍乡	九江	新余	鹰潭	赣州	吉安	宜春	抚州	上饶
牛存栏	4.62	0.61	3.28	1.87	2.35	1.99	20.25	28.93	22.72	6.40	6.98
牛出栏	3.40	1.47	1.08	1.37	3.61	1.92	21.28	34.75	20.39	3.53	7.19
牛肉	3.23	1.41	1.28	1.44	3.54	1.75	21.06	34.17	20.84	4.02	7.27
羊存栏	2.30	2.30	22.42	22.29	1.19	1.06	8.19	5.57	23.16	3.07	8.65
羊出栏	1.79	1.76	22.40	21.72	1.24	1.39	7.88	5.89	21.94	3.21	10.77
羊肉	1.73	1.71	22.13	22.06	1.36	1.49	7.83	6.05	22.69	3.28	9.66

资料来源：江西农业农村厅畜牧局（2020）。

4. 与周边省份相比产业地位提升明显

江西省牛羊产业底子薄，自身体量有限，产业总体在全国并不突出，牛出栏在全国排名第17位，在中部六省排名第3位；羊出栏在全国排名第26位，在中部六省排名末位。但是，自1998年至2017年产业发展速度较快。与相邻省份相比，江西省牛出栏量及牛羊肉产量增长优势明显。牛出栏量年均增长2.78%，增速遥遥领先；羊出栏量年均增长4.27%，高于安徽、福建和浙江；牛羊肉产量几乎翻番，年均增长3.34%，位居第二。中部六省中，江西省牛出栏量年均增长速度居首位；羊出栏量年均增长速度仅次于湖北、湖南；牛羊肉产量年均增速仅次于湖南（图附3-9、图附3-10、图附3-11）。

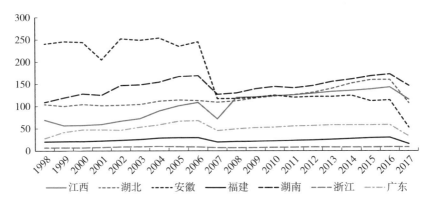

图附3-9　1998年—2017年江西省及相邻省份牛出栏量对比

资料来源：中国畜牧兽医年鉴（1999—2018）。

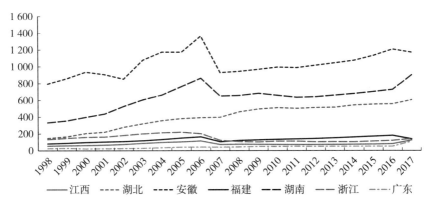

图附3-10　1998年—2017年江西省及相邻省份羊出栏量对比

资料来源：中国畜牧兽医年鉴（1999—2018）。

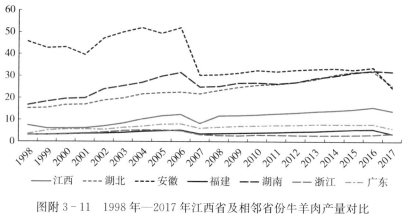

图附 3-11 1998 年—2017 年江西省及相邻省份牛羊肉产量对比

资料来源：中国畜牧兽医年鉴（1999—2018）。

5. 牛羊肉消费不断增长

2015 年至 2019 年，江西省居民人均牛肉消费量由 1.6 千克上升至 2.5 千克，年均增长 11.8%；人均羊肉消费量由 0.2 千克上升至 0.3 千克，年均增长 10.67%；在人均总肉类消费量中，牛肉占比上升至 8.87%，年均增长 8.7%，羊肉占比上升至 1.06%，年均增长 7.6%，均超过猪肉占比年均 0.48% 的增长速度（图附 3-12）。城镇居民人均牛羊肉消费量从 2.6 千克、0.4 千克分别上升至 3.4 千克、0.5 千克，农村居民人均牛羊肉消费从 0.7 千克、0.1 千克分别上升至 1.5 千克、0.2 千克。人均牛羊肉消费量年均增长速度高出全国水平 6.71%。2019 年受猪肉价格影响，牛羊肉消费增长势头更快，相比于 2018 年，人均牛羊肉消费占比提升，为近 5 年最高。

二、江西省牛羊产业发展尚存在的问题

在畜牧业高质量发展背景下，对照"扩量提质、产业融合、草畜配套、绿色生态"的发展思路，我省牛羊产业经济发展还面临如下一些问题：

（一）规模化养殖水平不高

随着规模养殖场（户）建设的持续推进，散养户逐步退出，但是，总体规模化程度仍然偏低，2019 年，全省规模以下养牛户 35.46 万户、养

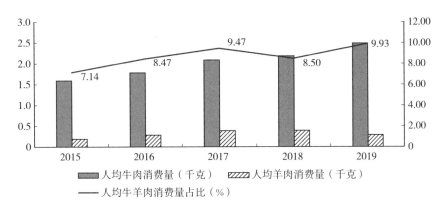

图附 3-12　2015 年—2019 年江西省人均牛羊肉消费情况统计

资料来源：中国统计年鉴（2016—2020）。

羊户 5.91 万户，分别占全省牛、羊养殖户总数的 99.43％、96.68％，全省养殖户户均年出栏量仅为牛 3.5 头、羊 23.6 头。目前全省年出栏 50 头以上的养牛场仅 2 046 个，肉牛规模养殖比重只有 20％；肉羊的规模化程度高些，年出栏肉羊 100 只以上的养殖场 2 077 个，规模养殖比重达到 42％，但与主牧区相比还是偏低。

（二）良种繁育体系不健全

一是牛羊繁育基础设施建设不完善，现有牛羊种畜场数量少、规模小，与江西省牛羊产业规模化发展的育种需求不匹配。二是基础母畜存栏量低，增长速度慢，多数牛源羊源需从北方购买，成本较高，疾病风险大。三是地方优质品种保护、提质重视度不够。本土优质牛羊品种资源的开发、改良力度不够，开发的深度和连续性不强，重引种、轻育种，地方优质品种的基因保护和质量提升滞后，优质种质资源延续性受到威胁。四是专用肉牛肉羊品种缺乏，高档牛羊肉供给不足。多数品种与专用肉牛肉羊品种在产肉性能、生长速度、肉质、转化率等方面有明显差距，导致牛羊肉档次提升难度大，产品品质欠佳。经调查和抽样检测，通过改良饲养技术，牛羊肉的肉质明显提升。

（三）草饲资源开发利用不足

一是草饲资源整体开发和利用率不高。2017 年，江西省秸秆饲用率为 31.58％，比全国水平低了 17.88 个百分点；可利用草原 5 735 万亩中承包面积仅有 363 万亩；可供利用农闲田 1 352.8 万亩，仅利用 90 万亩（表附 3-3）。二是优质牧草供给不足。天然草场内草种杂乱，草场产草量不高，营养价值低，肉牛肉羊采食后能量转化低下，适合牛羊生产需要的优质牧草种植面积小，现代化草场建设滞后。三是专业化的草业公司建设落后。大型牛羊养殖企业有配套草地，企业自身牧草供给充足，但出售盈余牧草能力有限。数量庞大的小养殖户冬季牧草需求较大，专业化草业公司的缺位造成牧草供给季节性矛盾凸显，农户冬天只能靠劣质的干稻草维持，造成牛羊冬季掉膘严重，经济效益下降。

表附 3-3　2017 年全国及周边地区牧草种植与利用情况

单位：万亩、万吨

地区	年末保留种草面积			秸秆产量	秸秆饲用量	秸秆加工饲用量	其他农副资源饲用量
	总面积	人工种草	改良种草				
全国	29 577	18 034	10 711	37 578.34	10 217.76	5 053.24	740.03
湖南	1 351.50	1 223.80	77.80	2 287.37	309.22	43.27	4.39
山西	589.10	460.20	128.80	45.92	16.62	3.61	1.52
湖北	299.70	202.40	95.80	628.48	190.83	84.23	6.56
江西	269.10	238.10	31.00	168.54	18.08	5.71	1.57
河南	129.10	120.60	4.60	6 007.08	1 423.84	654.93	11.86
安徽	114.70	103.80	11.00	3 155.22	493.44	330.50	4.23
广东	59.20	57.80	1.30	173.87	48.72	13.07	4.72
福建	48.30	48.30	—	10.46	10.37	10.31	—

资料来源：中国草业统计（2017）。

（四）技术创新与示范推广不足

一是草饲收集加工机械产品的研发技术不成熟。现有适宜南方地形、土壤特点的牧草收割、秸秆收集、加工利用等机械产品研发推广较少，造成江西省草料收割、秸秆收集机械化利用率低，大量农作物秸秆、优质牧草等饲草资源无法得到有效利用。二是草饲转化技术有待提升。江西省牛胴体重 124.7 千克，比全国水平低了 30.3 千克；羊胴体重 15.97 千克，比全国水平低了 5.7 千克。据 203 个固定观察点养殖户数据显示，牛羊养殖户料肉比都呈现小规模养殖户高于大规模养殖户高于中规模养殖户，但总体料肉比高于全国平均水平，除却品种因素外，饲养技术是关键。三是非常规饲料开发利用、不同精粗饲料科学配制、草畜一体化等实用技术的集成配套与推广体系远未形成。

（五）产业化经营水平不高

标准化养殖方面。截至2019年年底，江西省年出栏牛50头以下的养殖（场）户占比80％，年出栏羊100只以下的养殖（场）户占比58％。受困于小户散养为主的养殖现状，由于资金、技术、人才、土地等条件制约，栏舍设计缺乏科学规划，"夏不避暑、冬不御寒"的栏舍不在少数，标准化栏舍比例偏低，产业标准化进程缓慢。

标准化加工方面。尽管有强烈的标准化意识，但是在屠宰、加工、贮藏、运输、配送、销售、包装和标识等方面还缺乏相关技术标准和行业标准，导致不同企业有不同的加工条件、加工方式和加工标准，产品品质参差不齐。

品牌建设方面。江西省牛羊产业产品品牌建设基础薄弱，养殖企业市场品牌开拓力度不够，产品知名度低，市场影响范围小，市场竞争主要表现为品种竞争，而非品牌竞争。目前，具备江西特色的牛羊公共品牌还未建立，地标性牛羊产品品牌缺乏，牛羊产品在全国的显示度不高，市场竞争力不强。同时，牛羊肉质量保障体系建设滞后，从生产到加工销售的产业链条上，政府监管存在盲区，牛羊肉品质安全难以确保，消费市场购买信心受到影响。

（六）产业发展投入不足

一是资金投入不足。畜牧业是资金密集度相对较高的行业，融资困难成为江西省牛羊产业规模化发展的桎梏。在江西省南方现代草地畜牧业发展项目实施效果的调查中发现，仅有25％的企业认为政府资金投入力度大，而在企业自筹资金方面，接近的2/3企业认为"投入力度大"。可见，多数企业希望政府加大资金投入，减少自筹资金投入。在金融支持方面，牛羊及栏舍无法作为抵押物进行贷款，除少数龙头企业可贷少量资金外，其余基本上难以得到贷款。由于资金缺口很大，导致一些项目推进困难。二是人才投入不足。专业人才短缺是制约我省牛羊产业发展的又一关键因素。企业专业技术人才不足，畜牧兽医队伍青黄不接，专业人才队伍与技术支撑体系不健全，本科以上专业学生进入并留在牛羊企业的意愿不高。

（七）可用资源不足

畜禽养殖用地难，林地使用更难，由于江西省没有开展草地确权，并在林权改革中大部分草地被确权为林地，使用困难多、投入大、成本高。适宜饲草种植的缓坡地大部分已种植果树、茶叶、油茶、花生等经济作物，种草养畜往往只能利用山区、梯田等不利于机械化作业的地块，加上秸秆等农副资源利用不足，生产成本较高。

三、江西省牛羊产业高质量发展的对策建议

根据"创新、协调、绿色、开放、共享"的发展理念和"良繁提质、扩群增量、草畜配套、加工增效"的发展思路，针对现阶段江西省牛羊产业自身存在的阶段性问题，顺应牛羊产业未来发展趋势，提出江西省牛羊产业高质量发展的对策建议：

（一）提升规模化养殖水平

引导和支持适度规模养殖场改造升级，推广应用现代养殖工艺和设施设备，推动牛羊由散养向适度规模养殖转变，开展牛羊养殖标准化示范创建，支持牛羊规模养殖场建设，加快现代家庭牧场发展，提升标准化规模养殖水平。加快提升母牛规模化程度，推动母牛散养向适度规模养殖转变，培育母牛养殖大户、专业合作社，探索南方乳肉兼用牛生产模式，扩大母牛存栏规模，提高省内犊牛自给率。因地制宜，引导和支持部分因设施条件、环保限制而不适合生猪养殖的场户实施转产改造，发展牛羊规模生产。

（二）健全良种繁育体系

一是完善良种繁育基础支撑体系建设。加大省级种公牛站、地方牛羊保种场、扩繁场和人工授精场等的建设力度，做好品种保护、品系选育、疫病净化、设施设备升级等，健全良种推广队伍，加快先进技术转化速率，提高良种推广速度。二是加快本土优质牛羊品种改良。以本地牛羊优良品种为基础，以引进品种的本土化选育及本土优质遗传资源保种、提质为目标，抓住"北繁南育"趋势创造的便利条件，利用好紧靠中原牛羊主产区的地利优势，积极引进优良种源，通过纯种繁育、杂交等手段逐步实

现，加强优质牛羊肉良种供给能力。三是加强基础母畜扩群，提高母畜繁育能力。鉴于牛羊母畜养殖的特殊性要求及江西省小养殖户为主的特征，充分发挥群体的力量繁殖母畜，以千家万户为基础，藏牛（羊）于户，走"公司＋农户"模式，户繁企育，发挥各自优势，实现"小群体，大规模"；进一步完善基础母畜养殖奖补机制，提升饲养母牛积极性，保障种源稳定；依托校企联盟方式，开展同期发情、冷配、早期断奶、孕期补饲技术的研究与推广，建设一整套繁育体系，提高母畜繁育能力。

（三）提高草饲资源开发利用率

一是建立资源高效利用的饲草料生产体系。推动荒山闲地流转，推行节水高效人工种草；推广秋冬闲田和草田轮作；以开展粮改饲试点及南方现代草地畜牧业发展项目建设为契机，推进"粮—经—饲"种植业三元结构调整，整合资金投入，保障粮改饲耕、种、收、贮等环节高效运行；加快青贮专用玉米品种培育推广，加强粮食和经济作物加工副产品等饲料化处理和利用；合理规划草场，通过引进新品种、加强牧草种质资源的收集保存和优良新品种选育，推进草种保育扩繁推广一体化发展，夯实优质饲草生产基础，实施相应的资金扶持与鼓励政策，推广优质牧草种植；鼓励成立专业化草业公司，为牛羊产业发展提供专业化草料供给服务。二是推行草畜配套发展。以县域为单元进行种养平衡设计，以养定种，以畜定需。根据资源承载力和种养业废弃物消纳半径，确定种植规模和养殖规模，合理布局养殖场，配套建设饲草基地和粪污处理设施。草畜两方面补贴与支持政策打包下达，优先支持养殖场流转土地自种、订单生产等种养紧密结合的生产组织方式，鼓励有条件地区建成优质草地放牧饲养牛羊。

（四）完善技术创新和推广服务体系

一是加大科研投入，通过自主研发和加强合作，积极开展秸秆等农副产品及非常规饲料利用术、饲草转化和科学喂养、草畜一体化等技术研发；通过设置补贴专项，积极引进，完善草产品加工设施设备建设。二是加大政策支持，坚持"走出去，引进来"，针对一时难以突破的技术难题，应加大引进或购置力度，如实施牧草收获机械购置补贴。三是建立并利用好示范园区。通过示范园区把新生产技术应用于实际，完成新技术的转化，并通过示范园区的示范带动作用，推广新技术。四是加大先进生产技术推广普及力度。设立专业的技术推广机构，配置足够的人员，完善技术推广体系建设，确保技术推广的深度和广度，真正实现科技成果转化。

（五）提升产业化经营水平

一是加强牛羊养殖过程标准化建设。在良种化的基础上，应逐步完善标准化建设各环节。通过资金、技术和政策支持，协助养殖农户建造标准化栏舍，实现养殖设施化；通过大力发展标准化规模养殖，逐步完成适度规模养殖场改造升级，制定并实施科学规范的饲养管理规定实现生产规范化；通过培训、随时技术指导、不定期抽检强化监督、建立完整规范的养殖档卡和生产记录数据库，对生产过程、投入品购置和使用进行动态监控和记录，实现牛羊产品质量可追溯化；通过建立完善的牲畜防疫体系，加强动物防疫工作重要性宣传，提升各层次防疫意识，加强基层兽防员的技术培训和考核等实现防疫制度化；通过建立健全畜禽养殖废弃物处理和资源化利用制度，严格监管，贯彻政府支持、企业主体、市场化运作的方针，不断探索畜禽养殖废弃物资源化利用市场机制、加强畜禽养殖废弃物综合利用科学支撑等实现粪污处理无害化；各级监管部门应把牛羊养殖过程中各环节的监管工作当作日常工作来抓，督促产业标准化生产真正落实，实现监管常态化。

二是重视牛羊养殖产业上下游企业相关行业标准的配套跟进，如政府牵头、行业内部制定与完善饲料条例标准、设备及建设全行业标准、肉牛、肉羊的屠宰与加工标准等，全方位推进牛羊产业标准化生产进程。

三是加大养殖企业品牌创建扶持力度，针对国内市场特点，分级生产，牢牢控制中低档产品市场，并组织名牌产品向国际市场进军。支持和引导大型屠宰企业实现养殖、屠宰加工、运输销售产业链一体化经营，发挥龙头企业在品牌、质量、规模、技术等方面的优势，鼓励企业践行屠宰加工场就是家庭厨房的"中央厨房理念"，针对连锁餐饮和家庭餐桌逐步开展牛羊肉产品精深加工。加强品牌培育，依托本地优质品种及深加工产品，通过龙头企业的组织和带动，对照"三品一标"要求，大力推进无公害、绿色、有机认证和地理标志产品认证，创造一批名牌产品，增强产品品牌影响力和市场竞争力。

四是积极引导企业与各大超市、酒店饭馆及网络电商平台联合，共同打造具有地方特色的羊牛肉品牌。

(六) 加大产业发展投入力度

一是加大政府在牛羊良种繁育、标准化场区建设及牲畜补充、能繁母牛母羊补助、优质饲草料基地建设、品牌建设等方面的政策支持和资金扶持力度，积极引导社会资本、工商资本等注入。二是鼓励和支持保险机构发展多形式、多渠道的保险制度，引导和鼓励金融机构增加对牛羊业的信贷支持，拓宽融资渠道。三是加大专业人才引进与培养力度。产业重点区域，通过与外来企业合作引进先进的技术和人才，破解产业发展中遇到的瓶颈；加强本地人才培养，通过产学研机构协调与合作，加大后备人员培养，为产业发展积聚力量。四是引导扶持新型经营主体，鼓励养殖户成立专业合组织，引导家庭农场、养殖小区和专业合作社的发展，建立利益联结机制，发展多样化社会服务组织，建立健全牛羊产业社会化服务体系。五是鼓励企业密切关注行业相关新兴业态，积极引导，协助企业顺时而动，抢占先机，推动"互联网＋"与草食畜牧业生产经营主体深度融合。

(七) 创设扶持政策

保障草地畜牧业用地政策，在用地审批上给予优先支持，将肉牛肉羊养殖场生产设施用地及附属设施用地，作为设施农用地管理。鼓励利用林草资源发展林下养殖，尽早开展草地确权工作，为提高草地资源利用率提供制度保障。实行环境登记备案制和环评告知承诺制，取消除饮用水源核心保护区以外的牛羊饲养禁养规定。

附录4 江西省牛羊产业2019年度产业经济发展报告

江西省牛羊产业体系产业经济岗

党的十八大以来，我国经济形势发展进入"新常态"，在消费端，个性化和多样化成为主流；在供给侧，由规模速度型粗放增长转向质量效益型集约发展的新阶段。为及时有效推进产业结构调整战略，农业农村部于2014年发起了"南方现代草地畜牧业推进行动"，江西省积极策应，及时启动了"南方现代草地畜牧业发展项目"，并于2018年将牛羊产业作为九大重点农业产业之一，为农业产业结构调整做出了应有的产业贡献，谋求了在全国应有的产业地位，形成了产业新格局，战略成效显著。当然，在新形势下，牛羊产业发展也面临突出的阶段性问题，为谋求高质量跨越式发展，需要精准施策，有效破解难题。

一、牛羊产业发展现状

（一）全国牛羊产业发展现状：一个上升，三个稳步

21世纪以来，全国牛羊产业经济快速发展，整体表现为"稳中求进"，具体体现在如下"一个上升，三个稳步"：

1. 产业总产值快速增长，呈波动式上升趋势

从2001年至2017年，牛羊产业总产值由834.77亿元增至5 442.7亿元，增长近7倍，年均增长271.05亿元；牛羊产业总产值在畜牧业总产值中的比重以年均3.12%的增速呈波动式上升趋势（图附4-1）。

2. 产业结构不断优化，产能稳步提升

21世纪以来，国家以提质增效为目标，出台多项政策调整畜牧业结构，畜牧业结构不断优化，牛羊业产能稳步提升。自2001年至2017年，牛出栏率由28.82%增长至48.02%，年均增长2.72%；牛肉产量由1998年的479.9万

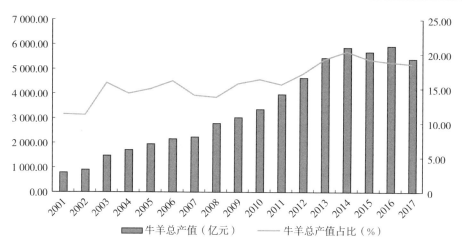

图附4-1 2001—2017年我国牛羊产业产值情况统计

资料来源：中国农村统计年鉴（2002—2018）。

吨增至2017年的634.6万吨，年均增长1.48%；羊出栏率由64.23%增长至101.87%，年均增长2.46%；羊肉产量由1998年的234.6万吨增长至2017年的471.1万吨，年均增长3.74%，超过猪肉年均1.8%的增长率；牛羊肉产量在肉类总产量中的占比由12.48%增长至12.78%，年均增长0.12%，呈波动式增长态势；牛奶产量由1998年的622.90万吨增至2017年的3 038.60万吨，年均增长3.77%。（图附4-2、图附4-3、图附4-4、图附4-5）。

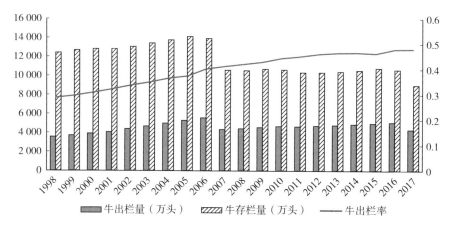

图附4-2 1998—2017年我国牛存出栏情况统计

资料来源：中国畜牧兽医年鉴（1999—2018）。

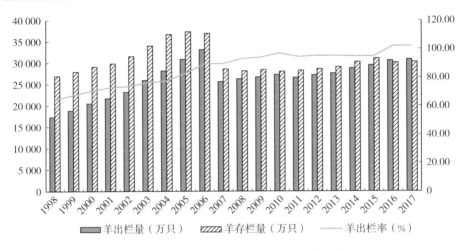

图附 4 - 3　1998—2017 年我国羊存出栏情况统计

资料来源：中国畜牧兽医年鉴（1999—2018）。

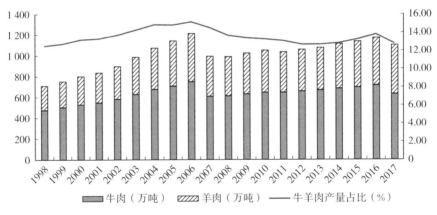

图附 4 - 4　1998—2017 年我国牛羊肉产量情况统计

资料来源：中国畜牧兽医年鉴（1999—2018）。

3. 消费结构不断升级，人均消费量稳步增加

2013 年至 2018 年，我国居民人均牛羊肉消费量由 2.4 千克上升至 3.3 千克，年均增长 6.58%，超过猪肉年均 2.86% 的增长速度；在居民肉类消费中的比重由 9.41% 上升至 11.19%（图附 4 - 6）；人均牛奶消费量由 11.7 千克增至 12.2 千克，年均增长 0.84%。2019 年，国内肉食结构升级趋势明显，牛羊肉市场消费量价齐升。

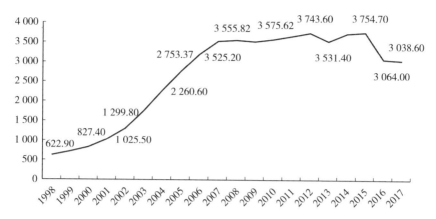

图附4-5 1998—2017年我国牛奶产量情况统计（单位：万吨）
资料来源：中国畜牧兽医年鉴（1999—2018）。

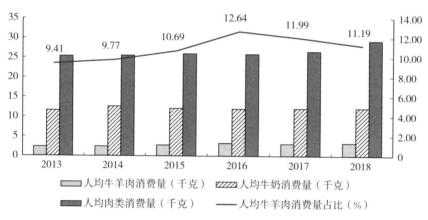

图附4-6 2013—2018年我国人均牛羊肉消费情况统计
资料来源：中国统计年鉴（2014—2019）。

4. 进口快速增加，贸易逆差持续扩大

2016年至2018年，我国牛肉进口量由579 836吨增至1 039 388吨，增加79.26%，进出口逆差由575 693吨扩大至1 038 954吨，扩大80.47%；羊肉进口量由220 063吨增长至319 036吨，增加44.97%，进出口逆差由216 003吨扩大至315 742吨，增长46.17%。2019年前三季度牛肉进口同比增加53.4%、出口同比减少48.2%，羊肉进口同比增加16.8%、出口同比减少25.8%，贸易逆差持续扩大（表附4-1）。

表附 4-1 2016—2019 年我国牛羊肉进出口情况统计

单位：吨

年份	牛肉出口量	牛肉进口量	羊肉出口量	羊肉进口量
2016 年	4 143	579 836	4 060	220 063
2017 年	922	695 087	5 158	248 976
2018 年	434	1 039 388	3 294	319 036
2019 年前三季度	177	1 132 388	1 170	289 550

资料来源：中国海关总署。

（二）江西省牛羊产业发展现状：四个不断，四个更加

在全国牛羊产业经济整体表现为"稳中求进"的情况下，江西省积极承担和落实南方草食畜牧业工程项目和农业产业结构调整战略工程项目，落实产业政策，取得了明显成效，突出表现为如下"四个不断，四个更加"：

1. 草饲资源利用水平不断提升，草畜一体化步伐更加快速

一是按照"以畜带草，以草促畜"的发展思路，利用秋冬闲田、撂荒地等大力推广科学种草养畜技术，一批种草养畜企业（如高安裕丰、江西春晖、新余洪泰、浮梁浩然等）得到快速发展。二是在草业生产、人工草地建植、草地改良、配套养畜、草地合理利用、饲用秸秆氨化、青饲存贮加工等方面，开展了大量试验研究，进一步推进了草饲科技进步，提高草饲资源利用率。三是注重草品开发，积极探索草产品加工技术，一批草产品加工企业相继建设和发展，草产品供给逐步专业化、规模化。四是实施草地建设项目，如"草山草坡开发示范工程""草地植被恢复建设""种子繁育基地建设""飞播种草"等，推动了草业建设步伐。

2. 基础设施建设不断完善，粪污综合利用更加有效

一是推进设施养殖，引导养殖栏舍、道路、沼液粪污处理设施等进行改扩建或新建，通过示范基地创建工作，形成了高安裕丰、三王牧业、萍乡牧蕾、九江亿合、江西春晖等设施养殖典型模式，建成一批肉牛"草畜配套一体化"示范基地和"肉羊高床养殖"示范基地。二是通过开展牛羊粪生物发酵制备有机肥、牛羊粪养殖蚯蚓、粪污水沼气发电、沼液用于牧草灌溉等方法，最大限度地解决了牛羊粪污堆积污染环境的难题，并开展

了循环利用，构建了"牛羊粪污—蚯蚓粪—果蔬""牛羊粪污—蚯蚓—畜禽"等农业循环模式，不断提高牛羊养殖粪污资源化利用水平。

3. 产品加工水平不断提升，品牌建设意识更加强化

通过政策扶持、项目推进及社会资本介入，产品加工水平不断提高。目前，全省已建立一批现代化屠宰加工和精深加工生产线，肉牛肉羊等草食畜加工企业 50 多家，其中省级以上龙头企业有 18 家，销售收入超亿元的有 9 家。全省肉牛屠宰加工能力超 10 万头，全产业链综合实力日益提升。

为加快推进特色品牌建设，江西省支持地方以优势企业为依托，培育了一批牛羊标准化示范场和重点地方特色品牌企业，高安裕丰农牧有限公司被认定为国家肉牛核心育种场，拟打造"锦江黄牛"品牌；江西省仙姑寨牧业有限公司"桃花牛"牛肉获得有机认证，是江西省第一个有机牛肉品牌；江西胜龙牛业有限公司的"胜龙牛业"品牌已经是广州市生鲜牛肉专卖第一品牌；峡江水牛入选 2018 年度第二批国家地理标志保护农产品。

4. 牛羊肉消费量不断增长，市场前景更加看好

2015 年至 2018 年，江西省居民人均牛肉消费量由 1.6 千克上升至 2.2 千克，年均增长 11.2%；人均羊肉消费量由 0.2 千克上升至 0.4 千克，年均增长 25.99%；在人均总肉类消费量中，牛肉占比上升至 7.19%，年均增长 4.23%，羊肉占比上升至 1.31%，年均增长 18.1%，均超过猪肉占比年均 0.64% 的增长速度。城镇居民人均牛羊肉消费量从 2.6 千克、0.4 千克分别上升至 3.3 千克、0.6 千克，农村居民人均牛羊肉消费从 0.7 千克、0.1 千克分别上升至 1.2 千克、0.2 千克。人均牛羊肉消费量年均增长速度分别高出全国水平 3.52%、23.29%。2018 年，江西省人均奶消费量 10.8 千克，保持稳定增长态势。2019 年受猪肉价格影响，牛羊肉消费增长势头不减。

二、牛羊产业发展的总体形势

（一）全国趋势：三个持续

从全国发展趋势看，牛羊产业发展形势主要表现为如下"三个持续"：

1. 国家"北繁南育"战略持续推进，全域资源优化整合不断加强

北方草原地区长期以来是我国牛羊的核心产区，但是多年的过牧化利用，草地退化，单位畜产品产量逐渐下降。而我国南方地区饲料资源丰富，而且秋冬季节气温适宜，有利于牛羊育肥。为提高我国草食畜产品的国际竞争力，国家"北繁南育"战略将持续推进，从全域视角优化整合农业资源，利用北方繁殖母畜基数大和夏季水草充足的优势生产架子牛、架子羊，秋冬季节充分利用南方气候、饲料、秸秆和劳动力优势进行架子牛、架子羊短期育肥，盘活南北方资源，实现优势互补，生产优质高效的草食家畜产品，促进我国传统草原畜牧业向现代畜牧业转变。

2. 适度规模化趋势持续推进，产业标准化势在必行

随着我国居民饮食结构调整，牛羊肉需求量不断增加。牛羊肉产量增长速度落后于居民消费量增长率速度，国内牛羊肉供给不足主要受困于产业发展小而散的格局。近年来我国牛羊产业散户加快退出，产业格局随之调整。2007 年至 2018 年，50 头以下牛场数量减少 40.88%，50 头以上牛场数量增加 3.36%；100 只以下羊场数量减少 47.61%，100 只以上羊场数量增长 10.77%，牛羊规模化养殖趋势持续推进。2019 年，我国牛羊产业规模化生产态势仍然保持。

为保障国家食品安全，坚定消费市场购买信心，牛羊产业发展过程中必将注重品种优良化、粪便处理无害化、环境生态化、防疫达标化、生产标准化、管理科学化、经营市场化和产品绿色化，标准化生产势在必行。

3. 消费市场多元化持续演进，新业态不断涌现

随着国民生活水平的提高及消费方式的转变，牛羊肉产业生产端和销售端也将跟随消费市场需求的变化调整生产和供给模式，如"互联网＋"与草食畜牧业生产经营主体深度融合下的智慧牧场、专业化的生鲜农产品电商、逐步成为社会共识的生态友好型农业等，新业态将不断涌现，产业发展更加多元。

（二）江西形势：三个明显

在全国牛羊产业"北繁南育"战略背景下，江西省牛羊产业经济整体表现为在三个方面，归结为"三个明显"：

1. 从与周边省份对比看,江西省的产业地位明显提升

江西省牛羊产业底子薄,自身体量有限,产业总体在全国并不突出,但是自 1998 年至 2017 年产业发展速度较快。与相邻省份相比,江西省牛出栏量及牛羊肉产量增长优势明显。牛出栏量年均增长 2.78%,增速遥遥领先;羊出栏量年均增长 4.27%,高于安徽、福建和浙江;牛羊肉产量几乎翻番,年均增长 3.34%,位居第二。中部六省中,江西省牛出栏量年均增长速度居首位;羊出栏量年均增长速度仅次于湖北、湖南;牛羊肉产量年均增速仅次于湖南(图附 4 - 7、图附 4 - 8、图附 4 - 9)。

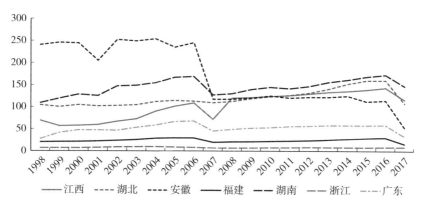

图附 4 - 7　1998—2017 年江西省及相邻省份牛出栏量走势(单位:万头)

资料来源:中国畜牧兽医年鉴(1999—2018)。

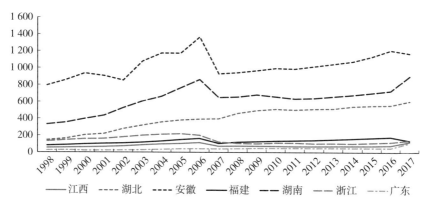

图附 4 - 8　1998—2017 年江西省及相邻省份羊出栏量走势(单位:万只)

资料来源:中国畜牧兽医年鉴(1999—2018)。

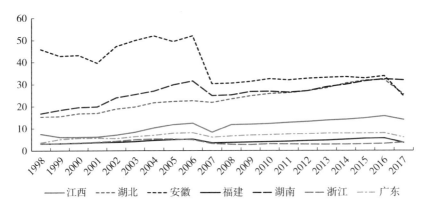

图附 4 - 9　1998—2017 年江西省及相邻省份牛羊肉产量走势（单位：万吨）

资料来源：中国畜牧兽医年鉴（1999—2018）。

2. 从全省 11 个地市对比看，产业版图明显扩大

目前，江西省初步形成了宜春、吉安、赣州肉牛优势产区和赣西、赣西北和赣东北肉羊优势产区。2018 年，宜春、吉安和赣州三市的牛总存栏量、出栏量和产肉量分别占全省的 71.19%、76.75% 和 76.67%；萍乡、宜春、九江、赣州和上饶五市的羊总存栏量、出栏量和产肉量分别占全省的 84.35%、84.2%、和 84.19%（表附 4 - 2）。

从发展趋势看，在现有优势产区的辐射带动和影响下，全省牛羊养殖产业版图呈现继续扩大的明显趋势，先后涌现出抚州市肉牛新兴生产区、上饶市肉羊新兴生产区，以及赣州和南昌奶牛新兴生产区。

表附 4 - 2　2018 年江西省各地市牛羊发展情况统计

占比（%）	南昌	景德镇	萍乡	九江	新余	鹰潭	赣州	吉安	宜春	抚州	上饶
牛存栏	4.47	0.61	3.25	1.75	2.20	1.94	20.58	28.56	22.05	6.71	7.87
牛出栏	3.25	1.45	1.07	1.22	3.31	1.90	21.77	34.65	20.32	3.45	7.60
牛肉	3.17	1.39	1.12	1.29	3.20	1.76	21.41	34.34	20.92	3.92	7.47
羊存栏	2.43	2.06	23.32	21.91	1.20	1.05	8.49	5.81	22.67	3.11	7.96
羊出栏	2.34	1.70	23.37	21.56	1.22	1.14	8.21	6.25	23.20	3.15	7.86
羊肉	2.30	1.67	23.05	21.18	1.27	1.14	8.19	6.25	23.67	3.18	8.08

资料来源：江西统计年鉴（2019）。

3. 从产业实体经济发展看，产业规模明显扩张

随着基础设施建设逐步完善及散养户退出加速，江西省牛羊产业规模化趋势显著。2007 年至 2018 年，年出栏牛 9 头以下的养殖（场）户减少了 550 695 家，降低了 57.99 个百分点；年出栏牛 50 头至 499 头的养殖（场）户增加了 1 169 家，增长了 1.45 倍；年出栏牛 500 头以上养殖（场）户增加了 67 家，增长了 11.17 倍；年出栏羊 99 只以下的养殖（场）户减少了 42 436 家，降低了 41.71 个百分点；年出栏羊 100 只至 999 只的养殖（场）户增加了 1 138 家，增长了 1.25 倍；年出栏羊 1 000 只以上的养殖户（场）增加了 4.2 倍，达 26 家（图附 4 - 10、图附 4 - 11、图附 4 - 12）。2019 年，牛羊肉产品价格继续上涨，养殖户扩栏意愿增强，规模化趋势持续。

从产业体量来看，总体体量不断增大。与 1998 年相比，2018 年全省牛出栏 119.4 万头，提高了 73.29%，存栏 241.4 万头，降低了 37.07 个百分点；羊出栏 131.5 万只，存栏 100.3 万只，分别提高 135.66% 和 37.59%；牛羊肉产量 14.6 万吨，提高了近一倍。2019 年，为保障市场供应作出"江西贡献"，江西确保年调出生猪 1 000 万头，那么，要满足江西市场的基本肉类需求，牛羊等畜产品供应显然会保持强劲增长态势。前三季度，牛出栏 80.5 万头，羊出栏 96.5 万只，分别增长 3.4%、7.1%，牛肉、羊肉分别增长 5.4%、7.4%（农业农村厅网站）。

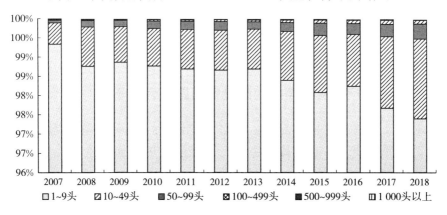

图附 4 - 10　江西省牛养殖规模情况统计

资料来源：中国畜牧兽医年鉴（2008—2019）。

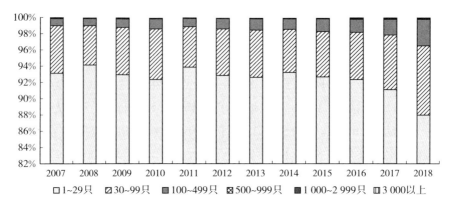

图附 4-11　江西省羊养殖规模情况统计

资料来源：中国畜牧兽医年鉴（2008—2019）。

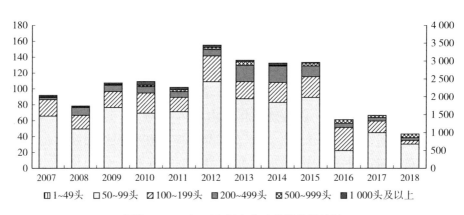

图附 4-12　江西省奶牛养殖规模情况统计

资料来源：中国畜牧兽医年鉴（2008—2018）。

三、牛羊产业发展面临的阶段性问题：六个不足

对标江西省畜牧业千亿产业工程的战略目标，从高质量、跨越式、全产业链发展的要求来看，我省牛羊产业经济发展还面临阶段性的突出问题，主要体现为如下"六个不足"：

（一）良种繁育体系不健全，牛源羊源供给不足

一是牛羊繁育基础设施建设不完善，现有牛羊种畜场数量少、规模小，与我省牛羊产业规模化发展的育种需求不匹配。二是基础母畜存栏量

低，增长速度慢，多数牛源羊源需从北方购买，成本较高，疾病风险大。三是地方优质品种保护、提质重视度不够。本土优质牛羊品种资源的开发、改良力度不够，开发的深度和连续性不强，重引种、轻育种，地方优质品种的基因保护和质量提升滞后，优质种质资源延续性受到威胁。四是专用肉牛肉羊品种缺乏，高档牛羊肉供给不足。多数品种与专用肉牛肉羊品种在产肉性能、生长速度、肉质、转化率等方面有明显差距，导致牛羊肉档次提升难度大，产品品质欠佳。

（二）草饲供给产业化程度低，草饲资源开发利用不足

一是草饲资源整体开发和利用率不高。2017 年，江西省秸秆饲用率为31.58%，比全国水平低了 17.88 个百分点；人工种草取得了一定的成效，但总量有限，仅有 238.1 万亩（表附 4-3）。二是优质牧草供给不足。天然草场内草种杂乱，草场产草量不高，营养价值低，肉牛肉羊采食后能量转化低下，适合牛羊生产需要的优质牧草种植面积小，现代化草场建设滞后。三是专业化的草业公司建设落后。大型牛羊养殖企业有配套草地，企业自身牧草供给充足，但出售盈余牧草能力有限。数量庞大的小养殖户冬季牧草需求较大，专业化草业公司的缺位造成牧草供给季节性矛盾凸显，农户冬天只能靠劣质的干稻草维持，造成牛羊冬季掉膘严重，经济效益下降。

表附 4-3　2017 年全国及周边地区牧草种植与利用情况

单位：万亩、万吨

地区	年末保留种草面积			秸秆产量	秸秆饲用量	秸秆加工饲用量	其他农副资源饲用量
	总面积	人工种草	改良种草				
全国	29 577.0	18 034.0	10 711.0	37 578.34	10 217.76	5 053.24	740.03
湖南	1 351.5	1 223.8	77.8	2 287.37	309.22	43.27	4.39
山西	589.1	460.2	128.8	45.92	16.62	3.61	1.52
湖北	299.7	202.4	95.8	628.48	190.83	84.23	6.56
江西	269.1	238.1	31.0	168.54	18.08	5.71	1.57
河南	129.1	120.6	4.6	6 007.08	1 423.84	654.93	11.86
安徽	114.7	103.8	11.0	3 155.22	493.44	330.50	4.23
广东	59.2	57.8	1.3	173.87	48.72	13.07	4.72
福建	48.3	48.3	—	10.46	10.37	10.31	—

资料来源：中国草业统计（2017）。

（三）草饲技术攻关尚有难度，技术创新与示范推广不足

一是草饲收集加工机械产品的研发技术不成熟。现有适宜南方地形、土壤特点的牧草收割、秸秆收集、加工利用等机械产品研发推广较少，造成江西省草料收割、秸秆收集机械化利用率低，大量农作物秸秆、优质牧草等饲草资源无法得到有效利用。二是草饲转化技术有待提升。江西省牛胴体重 103.5 千克，比全国水平低了 42.7 千克，料肉比高于全国平均水平，除却品种因素外，饲养技术是关键。三是非常规饲料开发利用、不同精粗饲料科学配制、草畜一体化等实用技术的集成配套与推广体系远未形成。

（四）养殖加工技术含量偏低，产业标准化不足

标准化养殖方面。截至 2018 年底，江西省年出栏牛 50 头以下的养殖（场）户占比 80％，年出栏羊 100 只以下的养殖（场）户占比 58％。受困于小户散养为主的养殖现状，由于资金、技术、人才、土地等条件制约，栏舍设计缺乏科学规划，"夏不避暑、冬不御寒"的栏舍不在少数，标准化栏舍比例偏低，产业标准化进程缓慢。

标准化加工方面。尽管有强烈的标准化意识，但是在屠宰、加工、贮藏、运输、配送、销售、包装和标识等方面还缺乏相关技术标准和法律法规，导致不同企业有不同的加工条件、加工方式和加工标准，产品品质参差不齐。

（五）品牌建设基础薄弱，质量体系保障不足

江西省牛羊产业标准化程度低，产品品牌建设基础薄弱。养殖企业市场品牌开拓力度不够，产品知名度低，市场影响范围小，市场竞争主要表现为品种竞争，而非品牌竞争。目前，具备江西特色的牛羊公共品牌还未建立，地标性牛羊产品品牌缺乏，牛羊奶产品在全国的显示度不高，市场竞争力不强。同时，牛羊肉质量保障体系建设滞后，从生产到加工销售的产业链条上，政府监管存在一些薄弱环节，牛羊肉品质安全保障体系保障有力不够，消费市场购买信心受到影响。

（六）资金与人才短缺，行业快速发展后援不足

畜牧业是资金密集度相对较高的行业，融资困难成为江西省牛羊产业规模化发展的桎梏。在江西省南方现代草地畜牧业发展项目实施效果的调

查中发现，仅有 25% 的企业认为政府资金投入力度大，而在企业自筹资金方面，接近的 2/3 企业认为"投入力度大"。可见，多数企业希望政府加大资金投入，减少自筹资金投入。在金融支持方面，牛羊及栏舍无法作为抵押物进行贷款，除少数龙头企业可贷少量资金外，其余基本上难以得到贷款。由于资金缺口很大，导致一些项目推进困难。专业人才短缺是制约江西省牛羊产业发展的又一关键因素。企业专业技术人才不足，畜牧兽医队伍青黄不接，专业人才队伍与技术支撑体系不健全，本科以上专业学生进入并留在牛羊企业的意愿不高。

四、牛羊产业发展的对策建议：六个体系

根据"创新、协调、绿色、开放、共享"的发展理念和"良繁提质、扩群增量、草畜配套、加工增效"的发展思路，针对现阶段江西省牛羊产业自身存在的阶段性问题，顺应牛羊产业未来发展趋势，提出江西省牛羊产业高质量发展的"六个体系"的对策建议：

（一）巩固提升优质产品供给能力，建立健全良种繁育体系

一是完善良种繁育基础支撑体系建设。加大省级种公牛站、地方牛羊保种场、扩繁场和人工授精场等的建设力度，做好品种保护、品系选育、疫病净化、设施设备升级等，健全良种推广队伍，加快先进技术转化速率，提高良种推广速度。二是加快本土优质牛羊品种改良。以本地牛羊优良品种为基础，以引进品种的本土化选育及本土优质遗传资源保种、提质为目标，利用好紧靠中原牛羊主产区的地利优势，积极引进优良种源，通过纯种繁育、杂交等手段逐步实现，加强优质牛羊奶良种供给能力。三是加强基础母畜扩群，提高母畜繁育能力。鉴于牛羊母畜养殖的特殊性要求及江西小养殖户为主的特征，充分发挥群体的力量繁殖母畜，以千家万户为基础，藏牛（羊）于户，走"公司＋农户"模式，户繁企育，发挥各自优势，实现"小群体，大规模"；进一步完善基础母畜养殖奖补机制，提升饲养母牛积极性，保障种源稳定；依托校企联盟方式，开展同期发情、冷配、早期断奶、孕期补饲技术的研究与推广，建设一整套繁育体系，提高母畜繁育能力。

（二）提高草饲资源开发利用率，不断完善草饲供给体系

一是建立资源高效利用的饲草料生产体系。推行节水高效人工种草；

推广秋冬闲田和草田轮作；以开展粮改饲试点及南方现代草地畜牧业发展项目建设为契机，推进"粮—经—饲"种植业三元结构调整，整合资金投入，保障粮改饲耕、种、收、贮等环节高效运行；加快青贮专用玉米品种培育推广，加强粮食和经济作物加工副产品等饲料化处理和利用；合理规划草场，通过引进新品种、加强牧草种质资源的收集保存和优良新品种选育，推进草种保育扩繁推广一体化发展，夯实优质饲草生产基础，实施相应的资金扶持与鼓励政策，推广优质牧草种植；鼓励成立专业化草业公司，为牛羊产业发展提供专业化草料供给服务。二是推行草畜配套发展。以县域为单元进行种养平衡设计，以养定种，以畜定需。根据资源承载力和种养业废弃物消纳半径，确定种植规模和养殖规模，合理布局养殖场，配套建设饲草基地和粪污处理设施。草畜两方面补贴与支持政策打包下达，优先支持养殖场流转土地自种、订单生产等种养紧密结合的生产组织方式，鼓励有条件地区建成优质草地放牧饲养牛羊。

（三）加大草饲技术投入力度，加快完善产业技术服务体系

一是加大科研投入，通过自主研发和加强合作，积极开展秸秆等农副产品及非常规饲料利用术、饲草转化和科学喂养、草畜一体化等技术研发；通过设置补贴专项，积极引进，完善草产品加工设施设备建设。二是加大政策支持，坚持"走出去，引进来"，针对一时难以突破的技术难题，应加大引进或购置力度，如实施牧草收获机械购置补贴。三是建立并利用好示范园区。通过示范园区把新生产技术应用于实际，完成新技术的转化，并通过示范园区的示范带动作用，推广新技术。四是加大先进生产技术推广普及力度。设立专业的技术推广机构，配置足够的人员，完善技术推广体系建设，确保技术推广的深度和广度，真正实现科技成果转化。

（四）强化基础设施建设，提升产业标准化体系

一是加强牛羊养殖过程标准化建设。在良种化的基础上，应逐步完善标准化建设各环节。通过资金、技术和政策支持，协助养殖农户建造标准化栏舍，实现养殖设施化；通过大力发展标准化规模养殖，逐步完成适度规模养殖场改造升级，制定并实施科学规范的饲养管理规定实现生产规范化；通过培训、随时技术指导、不定期抽检强化监督、建立完整规范的养殖档卡和生产记录数据库，对生产过程、投入品购置和使用进行动态监控和记录，实现牛羊奶产品质量可追溯化；通过建立完善的牲畜防疫体系，加强动物防疫工作重要性宣传，提升各层次防疫意识，加强基层兽防员的技术培训和考核等实现防疫制度化；通过建立健全畜禽养殖废弃物处理和资源化利用制度，严格监管，贯彻政府支持、企业主体、市场化运作的方针，不断探索畜禽养殖废弃物资源化利用市场机制、加强畜禽养殖废弃物综合利用科学支撑等实现粪污处理无害化；各级监管部门应把牛羊养殖过程中各环节的监管工作当作日常工作来抓，督促产业标准化生产真正落实，实现监管常态化。二是重视牛羊养殖产业上下游企业相关行业标准的配套跟进，如完善饲料条例标准、设备及建设全行业标准、肉牛、肉羊的屠宰与加工标准、牛奶等，全方位推进牛羊产业标准化生产进程。

（五）夯实品牌基础，强化质量保证体系

一是加大养殖企业品牌创建扶持力度，针对国内市场特点，分级生产，牢牢控制中低档产品市场，并组织名牌产品向国际市场进军。二是支持和引导大型屠宰企业实现养殖、屠宰加工、运输销售产业链一体化经营，发挥龙头企业在品牌、质量、规模、技术等方面的优势，鼓励企业践行屠宰加工场就是家庭厨房的"中央厨房理念"，针对连锁餐饮和家庭餐桌逐步开展牛羊肉产品精深加工。三是加强品牌培育，依托本地优质品种及深加工产品，通过龙头企业的组织和带动，对照"三品一标"要求，大力推进无公害、绿色、有机认证和地理标志产品认证，创造一批名牌产品，增强产品品牌影响力和市场竞争力。四是积极引导企业与各大超市、酒店饭馆及网络电商平台联合，共同打造具有地方特色的牛羊肉、奶品品牌。

（六）针对资源瓶颈，夯实产业发展支撑体系

一是加大政府在牛羊良种繁育、标准化场区建设及牲畜补充、能繁母牛母羊补助、优质饲草料基地建设、品牌建设等方面的政策支持和资金扶持力度，积极引导社会资本、工商资本等注入。二是鼓励和支持保险机构发展多形式、多渠道的保险制度，引导和鼓励金融机构增加对牛羊业的信贷支持，拓宽融资渠道。三是加大专业人才引进与培养力度。产业重点区域，通过与外来企业合作引进先进的技术和人才，破解产业发展中遇到的

瓶颈;加强本地人才培养,通过产学研机构协调与合作,加大后备人员培养,为产业发展积聚力量。四是引导扶持新型经营主体,鼓励养殖户成立专业合组织,引导家庭农场、养殖小区和专业合作社的发展,建立利益联结机制,发展多样化社会服务组织,建立健全牛羊产业社会化服务体系。五是鼓励企业密切关注行业相关新兴业态,积极引导,协助企业顺时而动,抢占先机,推动"互联网+"与草食畜牧业生产经营主体深度融合。六是充分发挥行业协会在资源整合、技术培训、市场推广等方面的作用。

图书在版编目（CIP）数据

江西省牛羊产业发展研究 / 郭锦墉，曹大宇著. —
北京：中国农业出版社，2023.10
ISBN 978-7-109-31316-3

Ⅰ.①江⋯　Ⅱ.①郭⋯ ②曹⋯　Ⅲ.①养牛学－产业
发展－研究－江西②羊－产业发展－研究－江西　Ⅳ.
①F326.33

中国国家版本馆 CIP 数据核字（2023）第 210076 号

江西省牛羊产业发展研究
JIANGXISHENG NIUYANG CHANYE FAZHAN YANJIU

中国农业出版社出版
地址：北京市朝阳区麦子店街 18 号楼
邮编：100125
责任编辑：王秀田
版式设计：杨 婧　责任校对：张雯婷
印刷：北京通州皇家印刷厂
版次：2023 年 10 月第 1 版
印次：2023 年 10 月北京第 1 次印刷
发行：新华书店北京发行所
开本：700mm×1000mm　1/16
印张：19
字数：295 千字
定价：78.00 元